守望相助

——中国农业银行脱贫攻坚金融服务纪实

中国农业银行 ◎ 编著

中国金融出版社

责任编辑：马海敏
责任校对：孙　蕊
责任印制：张也男

图书在版编目（CIP）数据

守望相助：中国农业银行脱贫攻坚金融服务纪实/中国农业银行编著. —北京：中国金融出版社，2021.6

ISBN 978-7-5220-1203-2

Ⅰ.①守…　Ⅱ.①中…　Ⅲ.①扶贫—金融支持—工作概况—中国　Ⅳ.①F126

中国版本图书馆CIP数据核字（2021）第104800号

守望相助——中国农业银行脱贫攻坚金融服务纪实

SHOUWANG XIANGZHU: ZHONGGUO NONGYE YINHANG TUOPIN GONGJIAN JINRONG FUWU JISHI

出版

发行　中国金融出版社

社址　北京市丰台区益泽路2号

市场开发部　　（010）66024766，63805472，63439533（传真）

网 上 书 店　www.cfph.cn

　　　　　　　（010）66024766，63372837（传真）

读者服务部　　（010）66070833，62568380

邮编　100071

经销　新华书店

印刷　北京侨友印刷有限公司

尺寸　169毫米×239毫米

印张　23.5

字数　268千

版次　2021年6月第1版

印次　2021年6月第1次印刷

定价　68.00元

ISBN 978-7-5220-1203-2

如出现印装错误本社负责调换　联系电话（010）63263947

编委会

编写组

主　　编：湛东升　陈　军

副 主 编：孙希晨　郑　斌　王春雨　谭　刚　武建洲
　　　　　魏彦军

执行主编：王春雨　惠　超　何源源　李青吉

成　　员：刘　斌　叶艳秋　刘亚威　张　哲　欧海燕
　　　　　戚剑楠　苏晓龙　曹　凯　王瑜洁　姚长存
　　　　　何　杨　刘献良　周红乐　王　兰　李世杰
　　　　　方　琦　李　骥　么晓颖　刘　婷　郜　雪
　　　　　雷娅滨　陈　言　仲伟光　蒋潺潺　徐　博
　　　　　郗　磊　彭　卓　翟　墨　李佳鑫　张艺林
　　　　　李忠良　唐国伟　屈昕璐　董晓宇　杨雯雅
　　　　　田　雨　董秀义

序

    建立一个没有贫穷的大同世界，是中华民族几千年来无数仁人志士的共同追求。中华人民共和国成立后，中国共产党团结带领人民自力更生、发愤图强，为摆脱贫困打下了坚实基础。改革开放以来，党领导人民实施了大规模有计划有组织的扶贫开发，取得了前所未有的巨大成就。党的十八大以来，以习近平同志为核心的党中央把脱贫攻坚摆在治国理政突出位置，组织开展了声势浩大的脱贫攻坚人民战争。经过8年的持续奋斗，中国如期完成了新时代脱贫攻坚目标任务，几千年来困扰中华民族的绝对贫困问题得到历史性解决。

    中国农业银行（简称农行）作为一家中国共产党领导下的金融机构，自新中国成立后，虽然自身身份从国家专业银行、国有独资商业银行到国有控股上市银行多次转变，但不变的是农行人始终听党话、跟党走，不变的是农行人始终把服务"三农"、金融扶贫作为自己的使命和责任。党的十八大以来，作为国务院扶贫开发领导小组成员单位中唯一的国有控股大型商业银行，农行历届党委始终把金融扶贫作为农业银行必须要履行好的政治责任，全面倾斜各类经营资源，全力以赴助力打赢脱贫攻坚战。

始终坚持加强党的领导，以党建统领农行金融扶贫工作。持续深入学习贯彻习近平总书记关于扶贫工作的重要论述，不断夯实农行各级党委脱贫攻坚主体责任和各级纪委监督责任，健全党建促扶贫机制，配强扶贫金融服务人员，选拔使用优秀扶贫干部，为脱贫攻坚提供强有力的组织保证。2020年末，农行全系统有2 400多名优秀干部奋战在扶贫一线。

始终坚持合力攻坚优先投入，形成脱贫攻坚的共同意志、共同行动。深入贯彻党中央脱贫攻坚决策部署，扎实做好金融扶贫和定点扶贫工作，与各方面扶贫力量密切协作，合力攻坚。全行信贷资源、审批资源、财务资源、人力资源、捐赠资源全面向脱贫攻坚倾斜，优先保障金融扶贫工作需要。2016年以来，农行在832个国家扶贫工作重点县新建人工网点168个、自助网点599个，人工网点总量达3 704个、自助网点总量达2 305个，惠农通电子机具行政村覆盖率达89.5%，手机银行注册客户数量达3 932万人。

始终坚持落实精准方略，确保金融资源真正用在扶贫对象上。精准投放扶贫贷款、精准制定非信贷帮扶措施、精准出台各类金融扶贫政策、精准考核金融扶贫成效，确保金融活水精准滴灌到贫困地区扶贫产业项目和贫困农户。截至2020年末，农行在832个国家扶贫工作重点县贷款余额12 831.7亿元，比2015年末增加6 707.5亿元，增幅109.5%，高于同期全行贷款增幅35.6个百分点；精准扶贫贷款余额4 835.8亿元，比2015年末增加3 226.1亿元，增幅200.4%，高于同期全行贷款增幅126.5个百分点，5年来累计投放精准扶贫贷款9 778.1亿元，服务带动贫困人口1 646万人次；4个定点扶贫县贷款余额119.3亿元，比2015年末增加86.3亿元，增幅261.5%，高于同期全行贷款增幅187.6个百分点，定点扶贫各项任务全部完成。

始终坚持调动全行员工积极性、主动性、创造性，营造扶贫济困的浓厚氛围。 农行先后组织实施了东西部行协作扶贫、消费扶贫、"金穗圆梦"助学活动、贫困家庭大学生招聘"千人计划"等专项行动，充分发挥农行点多面广的独特优势，广泛动员全行力量共同为打赢脱贫攻坚战加油出力。鼓励各级行因地制宜创新推出商业可持续的特色扶贫产品和模式，2016年以来，全行创新了"龙头企业带贫""政府增信扶贫"等25种金融扶贫模式，累计研发了78款金融扶贫区域特色产品，加大了"惠农e贷""扶贫商城"等金融科技产品服务在贫困地区的推广使用力度，推出了一系列金融扶贫差异化信贷政策。对金融服务脱贫攻坚中涌现出来的先进个人、先进集体进行表彰宣传，大力弘扬和衷共济、团结互助传统美德。

始终坚持求真务实、较真碰硬，确保金融扶贫成效经得起时间检验。 全行上下既紧扣中央脱贫攻坚的目标任务，又坚持金融的基本原理和运作规律，根据大型商业银行的特点和贫困人口致贫主要原因，科学设计商业金融扶贫的有效路径，注重加强金融扶贫工作中各类风险跟踪研判和系统防控，总体实现了金融扶贫"服务到位、风险可控、商业可持续"。截至2020年末，农行832个国家扶贫工作重点县贷款不良率为0.96%，比2015年末下降1.11个百分点；精准扶贫贷款不良率1.27%，比全行平均水平低0.3个百分点。

回首过去，脱贫攻坚走过了一段波澜壮阔、极不平凡的历程。农行作为金融扶贫的国家队主力军，与贫困地区各级党政部门、扶贫企业个人、建档立卡贫困农户及其他各方面社会扶贫力量一起，守望相助，共同向贫困宣战，最终打赢了脱贫攻坚这场没有硝烟的战争。当前，脱贫攻坚战已如期取得全面胜利，能够投身于这项对中华民族、对人类都具有重大意义的伟大事业，并为之作出应有的努力和贡献，是所有农行人的骄傲，是我们人生难得的幸事。

我们感到有必要把农行服务脱贫攻坚的历史和足迹完整地记录下来，作为每个农行人奋力战贫的见证；有必要从农行的视角讲好中国扶贫故事，缩影式地展现全党全社会在打赢脱贫攻坚战中守望相助、共同担当的生动实践；有必要系统地梳理和总结农行服务脱贫攻坚的基本做法和工作体会，为下一步更好地服务乡村振兴提供借鉴和帮助。

道阻且长，行则将至。站在向第二个百年奋斗目标迈进的历史关口，农行将继续深入学习贯彻习近平总书记关于"三农"工作的重要论述，认真落实中央关于全面推进乡村振兴战略的各项决策部署，深刻认识农行肩负的新的政治责任和历史使命，全力以赴高质量服务好巩固拓展脱贫攻坚成果和全面推进乡村振兴各项工作，充分发挥好金融服务"三农"国家队、主力军作用，奋力为加快实现农业农村现代化、全面建设社会主义现代化国家作出农行更大的贡献！

本书编委会

二〇二一年五月十七日

目 录

绪　言

党的十八大以来，党中央把脱贫攻坚作为全面建成小康社会的底线任务，组织实施了声势浩大的脱贫攻坚人民战争。习近平总书记亲自指挥、亲自部署、亲自督战，以"钉钉子"精神将脱贫攻坚一抓到底。各地区各部门坚持目标标准，全力推进精准扶贫、精准脱贫。东西部省市县协作攻坚，走出了先富带后富的共同富裕之路。社会各界积极投身脱贫，形成了人人愿为、人人可为的社会帮扶良好氛围。广大党员、干部吃苦耐劳，攻克了一个又一个贫困堡垒。广大贫困群众自立自强，依靠勤劳双手改变命运。经过8年持续奋斗，中国脱贫攻坚战取得了全面胜利，现行标准下9 899万农村贫困人口全部脱贫，832个贫困县全部摘帽，12.8万个贫困村全部出列，区域性整体贫困得到解决，完成了消除绝对贫困的艰巨历史任务。

金融扶贫是社会扶贫的重要组成部分，金融机构是打赢脱贫攻坚战的一支重要力量。中国农业银行作为国务院扶贫开发领导小组成员单位，始终把做好金融扶贫工作作为重大政治责任，在金融扶贫中始终坚持以习近平总书记关于扶贫工作的重要论述为指引，全面贯彻落实中央脱贫攻坚决策部署。中国农业银行党委组织领导全行干部员工全力以赴，尽锐出战，积极投身到这场波澜壮阔的脱贫攻坚战中，取得了一系列丰硕成果，留下了一个个感人的扶贫故事。

第一章
金融扶贫的历史性成就

党的十八大以来，农行把金融扶贫作为重大政治任务，不断加大对脱贫攻坚金融服务的资源和工作投入，切实履行金融扶贫国家队、主力军作用，金融扶贫各项工作取得了历史性成就，各项扶贫贷款跨越式增长，贫困地区金融渠道服务能力明显增强，消费扶贫、东西部协作等非信贷扶贫行动成效显著，金融产品和政策创新取得丰硕成果，定点扶贫工作取得突出成效，圆满完成金融扶贫各项目标任务。

一、扶贫贷款跨越式增长

农行将信贷投放作为金融服务脱贫攻坚的重中之重，充分发挥金融机构资金优势，投入大量的信贷资金，不断提高贷款精准度，积极满足贫困地区扶贫产业发展、项目建设和贫困人口融资需求。

（一）贫困地区贷款规模实现翻番

截至2020年末，农行在832个国家扶贫工作重点县贷款余额12 831.7亿元，比2015年末增加6 707.5亿元，增幅109.5%，高于同期全行贷款增幅35.6个百分点，如图1-1所示。在深度贫困地区，截至2020年末，贷款余额4 891.3亿元，比2015年末增加2 621.3亿元，增幅115.5%，高于同期全行贷款增幅41.6个百分点，其中，在"三区三州"深度贫困县贷款余额1 343.5亿元，比2017年末增加462.8亿元，增幅52.6%，高于同期全行贷款增幅10.1个百分点。如图1-2所示。

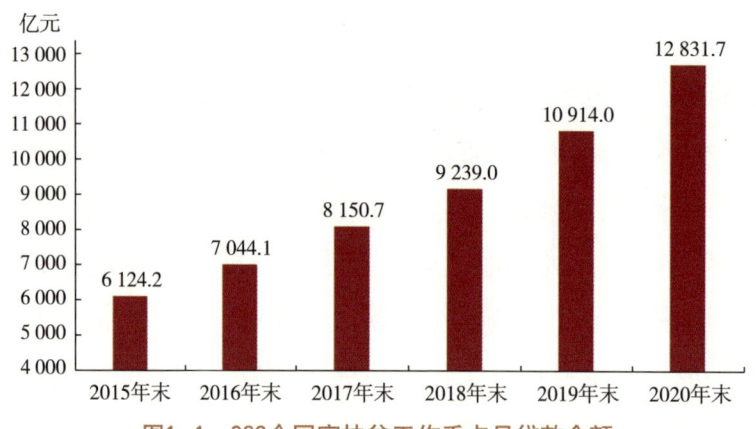

图1-1 832个国家扶贫工作重点县贷款余额

图1-2 深度贫困地区、"三区三州"深度贫困地区贷款余额

（二）精准扶贫贷款惠及千万贫困人口

自2016年以来，农行累计投放精准扶贫贷款9 778.1亿元（人民银行口径），带动服务贫困人口1 646万人次。2020年末，精准扶贫贷款余额4 835.8亿元，比2015年末增加3 226.1亿元，增幅200.4%，高于同期全行贷款增幅126.5个百分点。其中，到户精准扶贫贷款余额838.0亿元，比2015年末增加747.0亿元，增幅820.9%，高于同期全行贷款增幅747.0个百分点；其他个人精准扶贫贷款余额147.9亿元，比2015年末增加134.2亿元，增幅979.6%，高于同期全行贷款增幅905.7个百分点；产业精准扶贫贷款[①]余额1 914.6亿元，比2015年末增加1 484.7亿元，增幅345.4%，高于同

① 产业精准扶贫贷款是指农行发放给境内企（事）业法人或国家规定可以作为借款人的其他组织的，用于发展产业并对建档立卡贫困人口具有扶贫带动作用的贷款。扶贫带动作用指通过安排建档立卡贫困人口就业，或通过土地托管、牲畜托养、吸收农民土地经营权入股，或与建档立卡贫困人口签订帮扶协议或交易合同等途径，带动建档立卡贫困人口增收。满足下列条件之一的可认定为具有扶贫带动作用：（1）借款人为微型企业并吸纳建档立卡贫困人口就业1个（含）以上；小型企业吸纳建档立卡贫困人口就业3个（含）以上，或占职工总人数2%（含）以上；中型企业吸纳建档立卡贫困人口就业5个（含）以上，或占职工总人数2%（含）以上；大型企业吸纳建档立卡贫困人口就业10个（含）以上，或占职工总人数2%（含）以上；农民专业合作社吸纳建档立卡贫困人口就业1个（含）以上；其他非企业单位吸纳建档立卡贫困人口就业1个（含）以上。（2）借款人为小型、微型企业或农民专业合作社，并有1个（含）以上建档立卡贫困人口参股。（3）借款人为微型企业，与1个（含）以上建档立卡贫困人口签订帮扶协议或交易协议；小型企业与3个（含）以上建档立卡贫困人口签订帮扶协议或交易协议；中型企业与5个（含）以上建档立卡贫困人口签订帮扶协议或交易协议；大型企业与10个（含）以上建档立卡贫困人口签订帮扶协议或交易协议；农民专业合作社与1个（含）以上建档立卡贫困人口签订帮扶协议或交易协议；其他非企业单位与1个（含）以上建档立卡贫困人口签订帮扶协议或交易协议。

期全行贷款增幅271.5个百分点；项目精准扶贫贷款①余额1 935.3亿元，比2015年末增加860.2亿元，增幅80%，高于同期全行贷款增幅6.1个百分点。如图1-3、图1-4所示。

---

① 项目精准扶贫贷款是指银行业金融机构发放给境内企（事）业法人或国家规定可以作为借款人的其他组织，服务于建档立卡贫困人口的项目的贷款。主要包括以下内容。

易地扶贫搬迁贷款：银行业金融机构发放给境内企（事）业法人或国家规定可以作为借款人的其他组织，用于建档立卡贫困人口易地扶贫搬迁的贷款。

农田基本建设贷款：银行业金融机构发放的用于贫困地区小型农田水利设施、改造大型灌区、进行中低产田改造、提高耕地质量和农业防灾减灾能力等项目的贷款，该项目服务的地区人口中建档立卡贫困人口占比须不低于10%，地区人口以地区户籍人口数据为准（下同）。

生态环境改造贷款：银行业金融机构发放的用于贫困地区退耕还林还草、防护林建设、石漠化治理、防沙治沙、湿地保护与恢复、坡耕地综合整治、退牧还草、水生态治理等项目的贷款，该项目服务的地区人口中建档立卡贫困人口占比不低于10%。

农村基础设施贷款：银行业金融机构发放的用于贫困地区农村生活设施、农业服务体系建设、农村流通体系设施建设、农村公共设施建设等项目的贷款，该项目服务的地区人口中建档立卡贫困人口占比须不低于10%。其中，交通设施贷款是银行业金融机构发放的用于贫困地区公路等交通设施及道路运输辅助设施等项目的贷款，该项目服务的地区人口中建档立卡贫困人口占比须不低于10%；农网升级改造贷款是银行业金融机构发放的用于贫困地区农网升级改造等项目的贷款，该项目服务的地区人口中建档立卡贫困人口占比须不低于10%；水利设施贷款是银行业金融机构发放的用于贫困地区病险水库水闸除险加固、节水改造等水利项目工程，农村饮水安全工程，抗旱水源建设工程，中小河流治理、水土流失综合治理工程等项目的贷款，该项目服务的地区人口中建档立卡贫困人口占比不低于10%；教育贷款是银行业金融机构发放的用于贫困地区学校的贷款，该校学生中建档立卡贫困人口占比须不低于10%。

图1-3　精准扶贫贷款余额

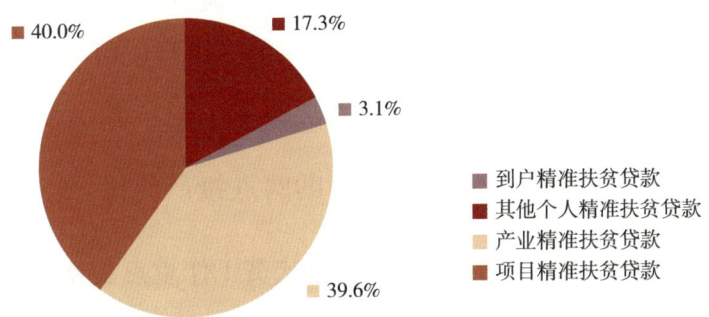

图1-4　2020年末4类精准扶贫贷款余额占比

（三）对建档立卡贫困户和深度贫困地区法人精准扶贫贷款主动让利

自2019年起，农行对全行建档立卡贫困户（含已脱贫享受政策户）生产经营类精准扶贫贷款执行不高于基准利率、最低可执行基准利率0.9倍的优惠政策，对深度贫困地区法人精准扶贫贷款客户执行不高于LPR的优惠政策，有效降低了贫困户和带贫企业融资成本。2020年，农行进一步加大贷款利率优惠力度，建档立卡贫困户生产经营类精准扶贫贷款利率最高为贷款基准利率或基准利率的0.9

倍，最低可按照同期LPR执行。2020年，全行建档立卡贫困户（含已脱贫享受政策户）生产经营类精准扶贫贷款的加权平均利率为4.31%，比2018年下降32个基点；深度贫困地区法人精准扶贫贷款的加权平均利率为4.13%，比2018年下降93个基点。

二、贫困地区金融服务可获得性明显改善

农行不断拓展贫困地区金融服务渠道，构建了"物理网点+自助银行+惠农通服务点+互联网金融平台+流动服务"的"五位一体"体系，让贫困地区群众足不出村、足不出户就可以获得便捷高效的基础金融服务。

（一）一批新建人工网点、自助网点投产使用

自2016年以来，农行在832个国家扶贫工作重点县累计新建人工网点168个、自助网点599个。截至2020年末，农行在832个国家扶贫工作重点县人工网点数量达3 704个、自助网点数量达2 305个，占全行网点数量的19.4%，比2015年末提升了4.8个百分点。如图1-5、图1-6所示。

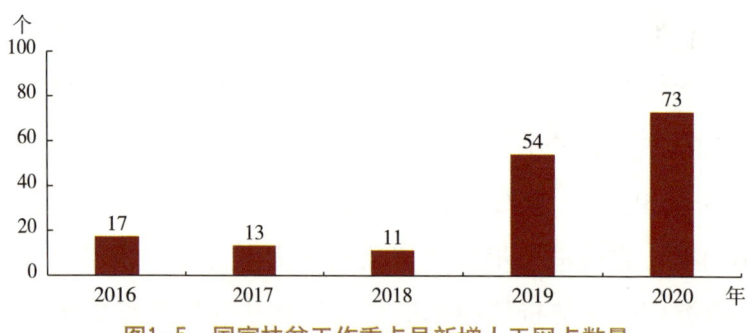

图1-5　国家扶贫工作重点县新增人工网点数量

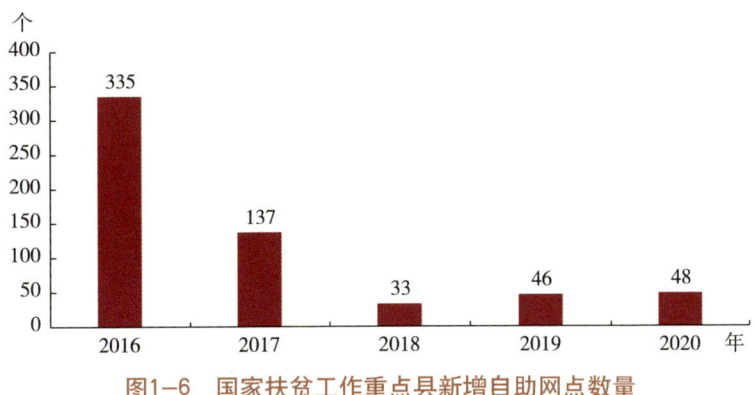

图1-6　国家扶贫工作重点县新增自助网点数量

（二）惠农通电子机具行政村覆盖率进一步提升

对物理网点和自助银行无法覆盖的乡镇、贫困村，农行大力布放惠农通电子机具，为贫困农户提供便捷的小额取现、转账、缴费、查询、消费等综合性基础金融服务，有效提升了基础金融服务的覆盖面。截至2020年末，832个国家扶贫工作重点县的惠农通电子机具行政村覆盖率达89.5%，比2015年末提升了16.6个百分点。如图1-7所示。

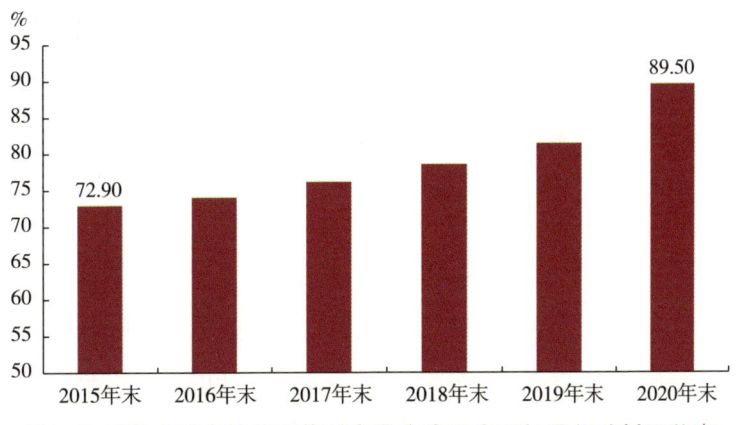

图1-7　832个国家扶贫工作重点县惠农通电子机具行政村覆盖率

（三）线上金融服务渠道蓬勃发展

农行不断加大掌上银行、网上银行等线上金融服务渠道的推广力度，积极提供基础金融服务、贷款、理财和电商等拓展性功能，为贫困地区客户提供全天候的线上金融服务，掌银、网银等互联网服务渠道已覆盖到全部贫困县。截至2020年末，832个国家扶贫工作重点县掌银注册客户数量为3 932万人，比2016年末增加2 464.1万人，增幅167.9%；网银注册客户数量为4 074万人，比2016年末增加2 395.1万人，增幅142.7%。如图1-8所示。

图1-8 832个国家扶贫工作重点县掌银、网银注册客户数量

（四）流动金融服务有效开展

农行通过移动金融服务车、流动客户经理组、马背银行等方式，为边疆、高原、山区等边远贫困地区民众提供存取款、转账汇款、代收代付等流动金融服务，填补了偏远贫困乡村基础金融服务空白，有效解决了金融服务"最后一公里"问题。截至2020年末，农行在贫困地区累计投入移动金融服务车43辆，为600余个空白乡

镇提供移动金融服务，服务贫困地区百姓10万余人次。

三、非信贷扶贫行动成效显著

农行不断拓展非信贷扶贫模式，组织实施了消费扶贫、东西部扶贫协作、教育扶贫、就业扶贫、捐赠扶贫等专项扶贫行动，凝聚全行力量，形成强大的扶贫合力，取得了显著成效。

（一）消费扶贫力度持续加大

自2018年起，农行启动消费扶贫专项行动，发挥系统优势，动员全行力量，以线上线下两种方式，从直接购买、帮助销售两个方面，全力帮助贫困地区销售农产品，助力贫困农户增收。截至2020年末，农行累计直接购买贫困地区农产品3.9亿元、帮助贫困农户销售24.9亿元。同时，研发创办"扶贫商城"，在掌银、网银等线上渠道为贫困县搭建特色农产品展销平台，与388家中央单位建立了消费扶贫合作关系，累计助销贫困地区农产品超过7.9亿元。

（二）东西部扶贫协作取得实效

自2019年起，农行建立东西部扶贫协作机制，组织12家东部地区分行结对帮扶西部地区"三区三州"深度贫困地区，全力助推脱贫攻坚。在招商引资方面，截至2020年末，累计帮助"三区三州"引进落地招商项目31个，落地投资金额超过10亿元，有力支持了区域产业发展。在引进帮扶资金方面，帮助"三区三州"引进各类帮扶资金约1 500万元，重点支持了学校、医院等民生项目建设。在人才交流方面，实施"双百"干部人才结对帮扶计划，从深度贫困地区选择100家县支行，与东部发达地区100家一级支行实施干部人才结对帮扶，累计选派295名"双百"干部交流挂职，全面提升基层行金融扶贫能力水平。

（三）教育扶贫助学万名贫困学子圆了大学梦

2018年，农行启动"金穗圆梦"深度贫困地区大学生助学活动，按每人5 000元的标准资助"三区三州"深度贫困地区、农行定点扶贫县和重点帮扶县建档立卡贫困家庭大一新生，帮助贫困家庭子女继续求学之路，阻断贫困的代际传递。2018年启动后，活动一次性募集捐款5 178万元，其中农行单位捐赠800万元，农行员工捐款4 373万元，行外爱心人士捐款5万元。经过3年的组织实施，累计资助贫困大学生超过万名。

（四）就业扶贫"千人计划"圆满完成

自2018年起，除常规的人员补充之外，农行启动面向深度贫困地区建档立卡贫困家庭大学生就业的"千人计划"专项招聘，计划三年招聘1 000人左右到农行就业。三年来，累计超过千名深度贫困地区建档立卡贫困家庭大学毕业生成功应聘农行，实现一人就业、全家脱贫。

（五）捐赠资金向扶贫地区全面倾斜

自2016年以来，农行单位扶贫捐赠总额超3.2亿元，其中，向国家扶贫工作重点县捐赠金额近3亿元。重点支持贫困地区学校、医院、基础设施等"两不愁、三保障"项目建设，扶持一批产业扶贫、教育扶贫项目，直接让贫困人口从中受益。

四、金融扶贫创新取得丰硕成果

农行因地制宜、积极创新，推出了一系列符合贫困地区企业、贫困人口需求的金融扶贫产品和模式，制定了一套差异化扶贫信贷支持政策，极大提升了贫困地区信贷金融服务的可得性和覆盖面。

（一）创新推出一批金融扶贫特色产品

自2016年以来，农行不断扩大贫困地区分支行产品创新权限，在贫困地区设立了37个"三农"产品创新基地，因地制宜累计创新推出金融扶贫贷款产品78项，积极满足各地扶贫企业和贫困户差异化的融资需求。在到户扶贫方面，在推广使用惠农e贷、扶贫小额信贷、农村个人生产经营贷款等全行性通用农户贷款和扶贫贷款的基础上，与地方党政、龙头企业、担保公司、保险机构等各方主体密切合作，创新贷款授信方式、担保方式、风险分担方式，推出了一批区域特色到户扶贫产品，缓解了贫困户担保难、融资难问题。在产业扶贫方面，创新构建了"银行让利、企业带动、贫困户受益"的扶贫利益联结机制，帮助贫困户以入股、务工、农产品订单、土地流转等形式融入产业发展体系，增强脱贫致富内生动力，实现了"支持一个产业、繁荣一片区域、带富一方百姓"。在创新担保方式方面，围绕三权抵押、农业（政策性）信贷担保公司担保、政府风险补偿基金增信、政府增信组合等，创新推出农行安徽省分行农权脱贫贷、农行湖北省分行美丽乡村精准扶贫贷款、农行山东省分行政府增信扶贫四联贷等为代表的一批区域特色扶贫产品，为贫困地区和贫困人口发展注入更多金融资金。

（二）总结推广一批金融扶贫运作模式

农行在系统总结全行金融扶贫工作实践的基础上，提炼形成25种金融精准扶贫模式，在全行大规模推广，有效提升了金融服务脱贫攻坚能力，努力实现服务到位、风险可控、发展可持续的有机统一。在到户扶贫方面，创新推出小额信贷扶贫模式，选择有经营能力、致富意愿和贷款需求的建档立卡贫困户，通过直接到户的扶贫小额信贷、基于信息建档的线上信用贷款、扶贫商城助销扶贫产品等方式，支持其发展生产经营，脱贫致富。在产业扶贫方面，围绕不同的带贫主体、带贫路径，创新推出龙头企业带贫模式、专业合作社（大户）带贫模式、特色产业扶贫模式、旅游扶贫模式、工业扶贫模式、"扶贫车间"模式、资产收益扶贫模式、产业闭环扶贫模式、"三变"改革扶贫模式、产业链扶贫模式、"公益岗位"扶贫模式，通过支持产业发展，建立长效带贫机制，带动贫困人口增收。在项目扶贫方面，围绕不同的扶贫工程和重点项目，创新推出民生工程扶贫模式、光伏扶贫模式、水利扶贫模式、农地金融扶贫模式、新农村建设扶贫模式，将支持扶贫工程、基础设施建设与服务贫困人口紧密联系起来。在非信贷扶贫方面，创新推出党建引领扶贫模式、东西部协作和定点扶贫模式、消费扶贫模式、教育扶贫模式，凝聚更大的扶贫合力，打造立体式大扶贫格局。

（三）专门出台一揽子差异化扶贫信贷政策

农行针对深度贫困地区、"三区三州"深度贫困地区、南疆深度贫困县、52个挂牌督战县、西藏、四省藏区、川陕苏区、赣南苏区等贫困地区出台了一系列专项区域性信贷政策，通过建立差异化信贷业务准入标准、优化用信条件、开辟信贷审批绿色通道、扩大贷款风险容忍度等方式，促进扶贫贷款投放力度不断加大。同时，对建档立卡贫困户在客户评级、信贷准入、利率定价和办贷流程等方面实施差异化政策，确保贫困户贷得到、贷得快、成本低。在尽职免责方面，出台了《中国农业银行尽职免责十四条规定》《中国农业银行法人精准扶贫贷款业务尽职免责实施细则》《小额信贷业务尽职免责实施细则》等一系列文件，细化完善尽职免责规定，为扶贫干部担当作为撑腰鼓劲。

五、定点扶贫工作取得突出成效

根据党中央、国务院关于做好定点扶贫工作有关要求，农行定点帮扶河北武强县、饶阳县，重庆秀山县，贵州黄平县4个国家扶贫工作重点县（以下简称定点扶贫县）脱贫攻坚，每年都圆满完成《中央单位定点扶贫责任书》各项指标任务，并自我加压开展重点帮扶工作。在2017—2020年中央单位定点扶贫工作考核中，农行三次评为"好"（第一档）。农行定点扶贫县挂职干部先后荣获"2019年全国脱贫攻坚创新奖""2019年全国金融五一劳动奖章""2020年全国劳动模范""全国脱贫攻坚先进个人"等荣誉称号，农行扶贫工作团队和个人荣获"全国脱贫攻坚先进集体""省级脱贫攻坚先进集体"等荣誉10余次。

（一）定点扶贫县贷款规模持续快速增长

截至2020年末，农行在4个定点扶贫县贷款余额119.3亿元，比

2015年末增加86.3亿元，增幅261.5%，高于同期全行贷款增幅187.6个百分点。如图1-9所示。

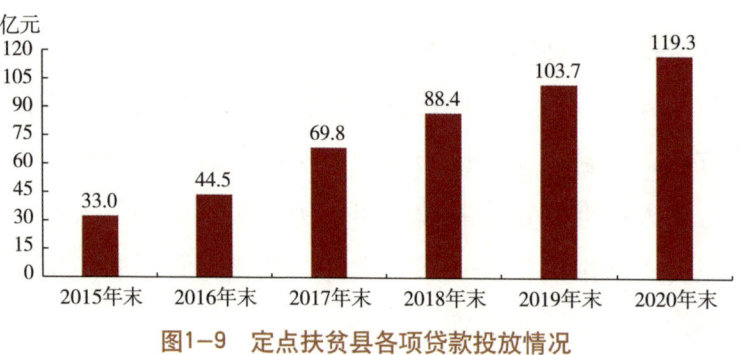

图1-9 定点扶贫县各项贷款投放情况

（二）无偿帮扶资金投入力度明显加大

自2016年以来，在帮扶4个定点扶贫县方面，农行共计直接投入帮扶资金2.77亿元，引进帮扶资金5 016万元，培训基层干部19 307人、技术人员57 085人，购买贫困地区农产品3.83亿元，帮助销售贫困地区农产品23.85亿元，帮助河北武强县、饶阳县，重庆秀山县，贵州黄平县11.4万名贫困人口脱贫。如图1-10所示。

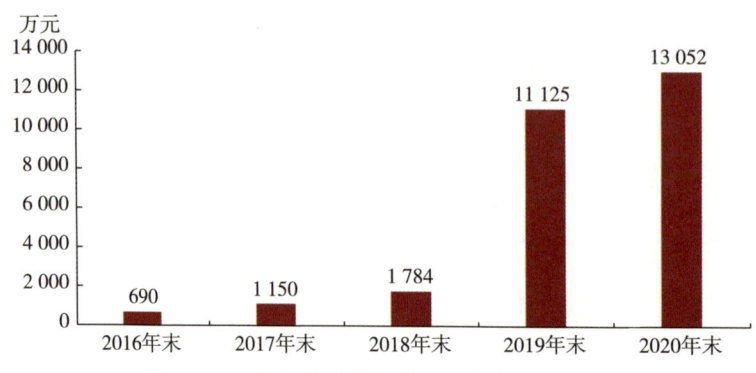

图1-10 定点扶贫县直接投入帮扶资金情况

（三）招商引资及引进无偿帮扶资金取得明显成效

自2018年起，农行发挥客户资源优势，结合当地产业发展规划，累计帮助定点扶贫县引进招商引资项目10个，落地投资金额达7.1亿元。同时，积极协调各类企业将捐赠资金、公益项目投向定点扶贫县，累计帮助引进无偿帮扶资金5 016万元。

（四）选优配强挂职扶贫干部

农行切实履行社会责任，认真完成各级政府安排的定点扶贫、驻村帮扶等工作，自2015年以来，全行累计向贫困地区基层政府选派扶贫挂职干部4 223人次，全力助推脱贫攻坚。其中，对于4个定点扶贫县，自2016年起，累计选派15名扶贫挂职干部，确保每个定点扶贫县都有1名挂职副县长（协助分管扶贫工作）、至少1名驻村第一书记。

（五）重点帮扶工作取得积极成效

农行自加压力，2016年主动将国家扶贫工作重点县河北阜平县纳入总行重点帮扶范围，2018年将贵州雷山县、台江县，甘肃舟曲县、渭源县，江西石城县5个国家扶贫工作重点县纳入总行重点帮扶范围，2020年将云南墨江县、河北张北县纳入总行重点帮扶范围。截至2020年末，农行在8个重点帮扶县各项贷款余额107.5亿元，比2017年末增加40.4亿元，增幅60.3%，高于同期全行贷款增幅17.8个百分点。自2016年以来，累计捐赠近0.3亿元，支持了一批产业扶贫项目和民生工程建设；累计向8个重点帮扶县选派扶贫挂职干部35人，主要担任县支行副行长和驻村第一书记。如图1-11所示。

图1-11 重点帮扶县各项贷款投放情况

六、金融扶贫政策体系和管理机制不断健全

8年来，农行在金融扶贫实践过程中，积极探索创新，建立了系统化组织推进机制、精准化政策支持体系、长效化带贫益贫机制、立体式金融扶贫模式，形成了一套具有农行特色的金融扶贫政策体系和管理机制。在组织推进上，农行始终坚持以党建统揽金融扶贫工作全局，以习近平总书记关于扶贫工作的重要论述作为根本遵循和行动指南，建立了各级行党委脱贫攻坚主体责任落实机制、总分行党委成员挂点帮扶贫困县支行机制、金融扶贫业务督导推进机制和金融扶贫专项考评激励机制，在总行和脱贫攻坚任务重的省分行成立了扶贫开发金融部和金融扶贫工作领导小组，选派了一大批政治素质过硬、业务能力突出、担当意识强的党员扶贫干部投身到扶贫一线，为金融服务脱贫攻坚建立了坚强的组织机制保障。在政策支持方面，农行建立了全方位的政策资源保障体系，在产品创新、信贷政策、渠道建设、人员招录、干部交流、财务费用等方面

给予贫困地区行最大限度的政策支持。在带贫益贫方面，农行探索建立了"银行让利、企业带动、贫困户受益"的利益联结机制，通过给企业、能人和大户贷款，帮助贫困户融入产业发展体系实现长效增收、稳定脱贫。在扶贫模式方面，农行充分发挥大型金融机构的系统和规模优势，创新构建以信贷扶贫为基础，以消费扶贫、东西部行扶贫协作、教育扶贫、就业扶贫、捐赠扶贫等为重要内容的立体式金融扶贫模式，为在实践中进一步探索金融服务乡村振兴的有效路径提供了有益借鉴。

专栏1

新中国成立以来农行金融扶贫的主要历程

农行因农而生、因农而长、以农为本，与国家农村扶贫开发事业有着天然的血脉关系。1951年农行刚成立，就开办了贫下中农无息专项贷款，组织办理贫农合作基金贷款、极贫户贷款，有力地支持了贫困农民的生产生活和农业的合作化。1979年农行恢复成立后，召开的首次全国分行行长会议就明确指出，"重点支持农村发展商品生产，帮助农村农民富裕起来"，并从20世纪80年代中期开始，开展了大规模的信贷扶贫工作，每年安排专项扶贫贷款计划，支持国定贫困县发展农牧业生产。2008年国家改革扶贫贴息贷款管理体系之后，农行以市场性、商业化方式继续支持贫困地区、贫困人口发展生产。特别是党的十八大以后，农行扶贫贷款规模不断增加，业务种类不断丰富，扶贫精准度不断提高，覆盖范围不断扩大，为打赢脱贫攻坚战提供了有力支持。回顾农行金融扶贫历史，大致可以分为三个阶段：

第一阶段：1951—1985年，服务"三农"与金融扶贫一体推进

新中国成立后，由于"基础差、底子薄"，农村贫困现象非常普遍。中央政府主要通过抓农业生产解决贫困人口温饱问题，在政策上向贫下中农倾斜。1951年7月，为满足新中国农业生产发展的金融需要，农行前身农业合作银行正式成立，随后经历了与人民银行的"三分三合",到1979年2月第四次恢复成立。从1951年到1979年,农行在成立时期积极开展农村金融业务,组织办理贫农合作基金贷款、极贫户贷款、贫下中农无息贷款及农田水利、国营农业、牧业贷款,有力地支持了农业生产和农业合作化运动。据统计,截至1978年,尚未解决温饱问题的农村贫困人口有2.5亿人,占农村总人口的30.7%。

1978年党的十一届三中全会以后农村首先开始实行改革,即家庭联产承包责任制改革,与此同时,在农村进行农产品价格逐步放开、大力发展乡镇企业等多项改革,极大地解放了农村生产力,调动了广大农民生产经营的积极性。这一时期,为服务好农业经营体制改革和农林牧副渔业发展,农行从1983年起试办开发性贷款。开发性贷款资金主要用于支持生产周期长、分年投资以形成长期稳定生产能力的种植业、养殖业等中小型生产建设项目,贷款对象主要是实行联产承包责任制的专业队、专业组和专业户,贷款利率较低,贷款期限可以长达10年。从1983年到1987年,农行累计发放开发性贷款50.98亿元。截至1985年,没有解决温饱的贫困人口减少到1.25亿人,占农村总人口的比例下降到14.8%。

第二阶段:1985—2012年,承担国家专项扶贫贴息贷款计划,对商业化金融扶贫工作进行初步探索

1985年,国务院成立贫困地区经济开发领导小组,安排专项扶贫资金,制定专门的优惠政策,确定开发式扶贫方针。农行系统的主要负责同志都作为领导小组成员,参加了各级政府成立的扶贫专门机构。1986年，贫困地区经济开发领导小组决定开办"扶持贫困地区专项贴息贷款"业务，支持全国重点贫困县发展商品生产，解决群众温饱问题。为此，人民银行与中国农业银行联合下发《扶持贫困地区专项贴息贷款暂行办法》，规定了此项贷款为专项贷款，专款专用，贷给贫困户或联户自主使用。截至1994年，农行累计发放248.5亿元的各类专项扶贫贴息贷款。

1994年3月，国家出台了"八七扶贫攻坚计划"。按照国务院的指示，同年，中国农业银行将专项扶贫贴息信贷业务划转到新成立的农业发展银行。到1998年5月，扶贫贷款业务由农发行再次划转回农行。此次，农行共接受农发行划转的专项扶贫贷款353.57亿元，后又根据国务院、人民银行要求继续按当时的政策发放了两年多的专项扶贫贴息贷款，到2000年底，贷款余额达到705亿元，翻了一番。2001年6月，国务院印发了《中国农村扶贫开发纲要（2001—2010年）》（以下简称《纲要》）。在《纲要》指导下，从2001年到2007年末，农行继续发放一般扶贫贷款1 492亿元，扶贫贴息贷款885.8亿元。在这一时期，农行还继续承担了康复扶贫贷款发放和管理工作，从1998到2008年，每年投放约8亿元的康复扶贫贷款。

2008年4月，国务院扶贫办、财政部、人民银行和银监会联合下发了《关于全面改革扶贫贴息贷款管理体制的通知》。在此之后，农行不再承担扶贫贴息贷款的发放和管理工作。为此，农行及时转变扶贫思路，建立了与国家"大扶贫"理念相一致的新扶贫贷款管理体制，将"两类县、一重点"（"两类县"是指国定贫困县和省定贫困县，"一重点"是指国家扶贫龙头企业）作为今后扶贫工作的主要对象，继续保持与国务院扶贫办、残联、妇联等政府部门的密切沟通，加大信贷投放力度。从2008年到2009年，农行向国家和省级扶贫开发重点县累计投放贷款4 180.97亿元。当时，在全国625家国家扶贫龙头企业中，与农行建立信贷关系的有205家，占比35%。

第三阶段：2012—2020年，坚持商业可持续经营原则，以高度的政治责任感全力推进金融精准扶贫

党的十八大以后，以习近平同志为核心的党中央将扶贫工作提升到治国理政的新高度，作出了一系列重大决策部署，以前所未有的力度在全国范围内打响了脱贫攻坚战。农行党委深入学习贯彻习近平总书记关于扶贫工作的重要论述，全面倾斜政策资源投入，全力做好脱贫攻坚金融服务工作。

2013年，农行在充分调研基础上印发了《中国农业银行关于加强集中连片特困地区金融服务工作的意见》，明确提出推广政府增信扶贫模式，并在健全金融扶贫推进机制、增强片区县支行金融扶贫能力、建立金融扶贫考评激励机制等方面作出了初步探索。"十二五"期间，农行累计在832个国家扶贫工作重点县［592个国家扶贫开发重点县与680个集中连片特困地区县合计（去重）共832个国家扶贫工作重点县］投放贷款12 851亿元，贷款年均增幅14%。

2015年11月，中央扶贫开发工作会议召开后，农行党委第一时间召开了全行金融扶贫工作推进会，出台了金融扶贫五年规划，聚焦精准扶贫、精准脱贫方略，全力落实中央关于"延伸服务网络、创新金融产品、增加贫困地区信贷投放"的金融扶贫工作总要求。此后5年，农行以习近平总书记关于扶贫工作的重要论述为根本遵循和行动指南，紧盯深度贫困地区和建档立卡贫困人口，逐步建立系统化组织推进机制、精准化政策支持体系、长效化带贫益贫机制和立体式金融扶贫模式，凝聚全行力量服务国家脱贫攻坚战略，切实发挥出金融扶贫国家队、主力军作用。2018年10月17日至11月30日、2019年12月23日到2020年1月15日，中央巡视组对农行金融扶贫工作开展了专项巡视及专项巡视"回头看"。农行对中央巡视组反馈意见进行了严肃认真的整改，以整改推动全行金融扶贫工作质效显著提升。在全行上下共同努力下，自2016年以来，农行累计投放精准扶贫贷款9 778.1亿元，带动服务贫困人口1 646万人次；832个国家扶贫工作重点县贷款余额较2015年末翻了一番，各项非信贷扶贫行动取得显著成效，为金融服务脱贫攻坚战贡献了农行力量。

第二章

强有力的金融扶贫工作推进体系

习近平总书记强调"实现贫困人口如期脱贫，是我们党向全国人民作出的郑重承诺。责任重于泰山，各级党委和政府一定要不辱使命。要强化扶贫开发工作领导责任制，把中央统筹、省负总责、市（地）县抓落实的管理体制，片为重点、工作到村、扶贫到户的工作机制，党政一把手负总责的扶贫开发工作责任制，真正落到实处"。农行在金融扶贫实践中，始终以习近平总书记关于扶贫工作的重要论述作为根本遵循和行动指南，将金融服务脱贫攻坚作为一项重要政治任务来抓，充分发挥全国性大型商业银行独特优势，建立系统化组织保障体系、精准化政策支持体系、长效化带贫益贫机制、立体式金融扶贫模式，有效发挥了金融扶贫国家队、主力军作用。

一、坚持党的创新理论武装

农行不少分支机构思想认识和工作方式还停留在按照专项扶贫贴息贷款计划投放扶贫贷款的时期，金融精准扶贫贷款新时期"不愿干、不敢干、不会干"的情况还较为普遍。针对这种现实情况，农行把持续加强党的脱贫攻坚理论学习作为开展金融扶贫工作的重要抓手，特别是党的十八大以来，组织全行持续深入学习习近平总书记关于扶贫工作的重要论述和指示批示精神，深刻理解习近平总书记关于脱贫攻坚要坚持党的领导、坚持精准方略、坚持加大投入等新思想新观点新要求，做到"学思用贯通，知信行统一"。

（一）在学和知上下苦功夫

第一，党委带头学。农行党委通过党委会及时学、党委理论学习中心组专题学、脱贫攻坚民主生活会对照问题学等方式，对习近平总书记关于扶贫工作的重要论述和指示批示精神，反复学习、深入领会。同时，抓好分支机构的督学导学，引导全行党员干部主动扛起政治责任。第二，全行统一学。依托"农行大讲堂"，邀请行外专家深入讲解习近平总书记关于扶贫工作的重要论述，并以视频方式向全行同步授课，进一步统一全行思想认识，坚定做好金融扶贫工作的决心和信心。同时，重点引导贫困地区各级行党委结合工作实际集中学习习近平总书记关于扶贫工作的重要论述，掀起全员学习热潮。农行各一级分行还把学习习近平总书记关于扶贫工作的重要论述纳入党员干部培训课程。第三，结合实践学。总分行党委成员将到扶贫一线调研学习作为每年"规定动作"，到田间地头，到扶贫企业，进村入户看真贫、扶真贫，进一步深刻领会习近平总书记关于扶贫工作的重要论述和指示批示精神。通过深入学习习近平总书记关于扶贫工作的重要论述，全行上下对脱贫攻坚的认识高度和重视程度有了显著变化，各级行各部门包括扶贫任务相对较轻的东部行都在谈扶贫、讲扶贫。

（二）在思和信上下硬功夫

思考的深度、笃信的程度决定学用结合、知行合一的力度。农行在开展多种形式的学习活动同时，动员全行上下结合工作实际，撰写学习报告，利用报刊、展板、办公业务资源网、新媒体等载体，刊发有关学习体会的理论和实践文章。从全行来看，各级农行干部员工深刻认识到消除贫困、改善民生、实现共同富裕是共产党人的初心使命，是社会主义的本质要求；认识到扶贫开发是社会主义现代化建设"五位一体"总体布局和"四个全面"战略布局的重要组成，是决胜全面建成小康社会必须打赢的三大攻坚战之一；认识到"六个精准"是解决区域性、整体性减贫效果日益递减的重要方略，"五个一批"是因村因户"对症下药"的具体举措。对于脱贫攻坚的理解，全行上下总体做到了既知其然又知其所以然。同时，国家脱贫攻坚不断取得重大成就也给各级扶贫干部员工上了一堂生动的实践课。在金融扶贫实践中，农行干部员工真切地看到，通村通组路直接修到了贫困户家门口，家家有产业带动、户户有专人帮扶，贫困户的生产生活条件发生了显著变化。这些看得见的变化进一步坚定了农行干部员工打赢脱贫攻坚战的信心和决心，指引理论学习往深里走、往实里走、往心里走，"思"出行动自觉，"信"出责任担当，"悟"出金融扶贫好模式。

（三）在用和行上下实功夫

学知、思信的目的在于用行。农行把学习和实践统筹起来，通过解决"怎么学"以便更好地促进"怎么干"。在深入的学习和实践中，全行上下把加强党的领导作为根本保障，层层压实各级行党委脱贫攻坚责任；把精准施策作为基本方略，建立"银行让利、企业带动、贫困户受益"的利益联结机制；把支持产业扶贫作为治本之策，因地制宜创新支持贫困地区主导特色产业发展；把凝聚各方合力作为重要途径，大力推广银、政、企、户、保等多方合作的金融扶贫模式；把加大资源投入作为坚实支撑，全面保障贫困地区行的信贷、财务、人事、审批等资源需求；把打通服务渠道作为重要手段，构建线上线下相统一的新型渠道服务体系，切实将习近平总书记关于扶贫工作的重要论述精神融会贯通到金融扶贫工作中。

二、坚持夯实各级行党委金融扶贫主体责任

农行在推进金融扶贫工作中，高度重视党建对脱贫攻坚引领作用，始终把坚持党的领导、加强党的建设，作为开展金融扶贫工作的"根"和"魂"；始终把全力助推打赢脱贫攻坚战，作为增强"四个意识"、坚定"四个自信"、做到"两个维护"的内在要求和具体体现；始终以"等不起"的紧迫感、"慢不得"的危机感和"坐不住"的责任感，压紧压实各级分支机构金融扶贫工作责任链、任务链，高效推动全行金融扶贫重点工作、重要项目和重大政策落地实施。

（一）强化各级行党委脱贫攻坚主体责任

农行要求各级行党委承担脱贫攻坚主体责任，党委"一把手"负总责，亲自抓、亲自管，级级传导压力，层层推进落实，构建起责任清晰、各负其责、合力攻坚的责任体系。为此，总行成立了金融扶贫工作领导小组，承担全行金融扶贫工作的议事、

协调和决策职能，党委书记、董事长任组长，其他党委委员任副组长，成员包括三农业务总监，党委书记、董事长任组长，其他党委委员任副组长，成员包括三农业务总监，党委办公室、审计局、党委组织部、财务会计部、资产负债管理部、信息管理部、风险管理部、内控合规监督部、运营管理部、个人信贷部、三农政策与业务创新部、扶贫开发金融部、农户金融部、信用管理部、信用审批部、网络金融部、科技与产品管理局、党委宣传部、机关党委、巡视办等总行20个部门的主要负责同志，涵盖了前中后台各相关部门。贫困地区各一级分行也比照总行成立了金融扶贫工作推进小组，研究推动辖区内金融扶贫各项工作。

（二）行党委统筹部署脱贫攻坚各项工作

自2016年以来，农行党委每年初在全行服务"三农"和金融扶贫工作会议上，对全年金融扶贫工作进行重点部署；年中召开全行金融扶贫工作视频会、现场会，以问题为导向对金融扶贫各项工作进行再督导、再推进、再部署。2016年以来，在全行先后召开的6次金融扶贫视频会、现场会上，行党委亲自部署安排金融扶贫各项工作，会议以视频方式开至县支行。根据农行党委关于金融扶贫的部署安排，农行先后印发《关于做好"十三五"时期金融扶贫工作的意见》《关于金融支持深度贫困地区脱贫攻坚的意见》《关于做好国务院扶贫开发领导小组挂牌督战的52个贫困县、1 113个贫困村脱贫攻坚金融服务工作的意见》《关于进一步加大政策支持力度　全力做好挂牌督战县、"三区三州"深度贫困县金融扶贫工作的通知》及每年度的金融扶贫工作意见等10余个专项政策意见，明确全行金融扶贫目标任务、工作措施、政策制度等。

图2-1　2019年3月，中国农业银行召开金融扶贫和服务"三农"工作会议

（三）行党委专题研究推动金融扶贫具体工作

自2016年以来，行党委每年多次召开党委会、金融扶贫工作领导小组会，学习传达习近平总书记关于扶贫工作的重要讲话和最新指示精神，研究推动深度贫困地区扶贫、定点扶贫、消费扶贫等金融扶贫工作，听取全行金融扶贫工作推进情况报告。行党委班子成员在分管领域研究落实金融扶贫专项政策和工作举措。仅2019年，在行党委的亲自推动下，全行在渠道建设、产品创新、人才队伍、考评激励、资源配置、挂点指导、定点扶贫、消费扶贫、东西协作、尽职免责等方面，累计出台政策文件93个，形成了较为完备的金融扶贫政策制度体系。

图2-2　2020年6月，中国农业银行召开金融扶贫工作推进（视频）会议

（四）强化脱贫攻坚金融服务组织保障

农行建立了"总行统筹、省市分行推进、县支行抓落实"的组织保障体系。在总行专门挂牌设置了扶贫开发金融部，统筹推动全行金融扶贫各项工作。有国家扶贫重点县的22个省和相关地市，其辖内分行也都设立了扶贫开发金融部，保证有专门的机构和人员落实总行关于扶贫工作的部署安排。县支行是农行业务经营的基本单位。贫困地区800多家支行结合地方脱贫攻坚规划和产业发展实际，对照全行金融扶贫目标措施和政策要求，逐个研究制订了金融服务方案，将业务经营和金融扶贫统筹推进。

（五）开展总分行党委成员挂点指导贫困县支行工作

农行建立了总分行党委成员脱贫攻坚挂点指导制度，总分行党委成员直接挂点指导贫困县支行，以问题为导向推动支行金融扶贫工作开展。仅从总行来看，2019年行党委成员挂点指导深度贫困县支行，通过实地调研，累计带回地方党政建议诉求和基层各类意见建议160多条，都逐一分解到相关部门和分行抓好落实，解决了一批基层金融扶贫工作的痛点和难点问题。2020年，根据决战决胜脱贫攻坚工作需要，行党委成员将挂点指导县支行全部调整到挂牌督战县支行，在新冠肺炎疫情防控期间分别电话连线挂点指导挂牌督战县相关分支行，研究解决金融扶贫实际困难问题共71个。在行党委成员推动解决的困难问题中，有些问题在全行具有一定的普遍性，通过完善相关政策制度解决相关问题，有力推动了全行金融扶贫工作开展。例如，针对农行凉山分行、农行日喀则分行等反映的业务用车、职工周转房等问题，行党委协调开展专项研究，明确对深度贫困地区机构根据实际需求申请的财务费用，总行予以全额保障，并额外按每家分、支行原则上1辆的标准增加业务用车编制，允许根据金融扶贫工作实际上浮越野车配置标准，按需建设职工周转房。

三、坚持强化派驻纪检监察组金融扶贫主体监督责任

中央纪委国家监委驻中国农业银行纪检监察组成立以来，认真贯彻落实党的十九届四中、五中全会精神，增强"四个意识"、坚定"四个自信"、带头践行"两个维护"，以中央脱贫攻坚专项巡视及巡视"回头看"为契机，紧扣党中央关于脱贫攻坚的决策部署，靠前监督、精准监督，充分发挥监督保障执行、促进完善发展作用，为脱贫攻坚决战决胜提供坚强的纪律保障。

（一）强化政治监督，压实主体责任，督促农行党委落实脱贫攻坚金融服务政治责任

驻农行纪检监察组切实履行好监督责任，督促农行党委定期召开党委会、金融扶贫工作领导小组会，及时学习传达扶贫工作重要会议精神和重要文件，研究部署扶贫工作。督促农行党委把脱贫攻坚工作作为必须履行的政治任务进行安排部署，组织召开全行脱贫攻坚专项巡视整改推进会，开展对22家承担脱贫攻坚任务分行专项巡视，就中央脱贫攻坚专项巡视及"回头看"整改和金融扶贫工作进行部署。约谈了全系统37家一级分行党委书记、纪委书记，对承担脱贫攻坚任务的22家一级分行逐一提出了工作要求；逐一听取脱贫攻坚专项巡视整改工作组专题汇报，监督了解总行各牵头部门落实中央脱贫攻坚专项巡视发现问题整改情况，推动总行部门和各分行层层传导压力、落实落细责任。

（二）实施精准监督，灵活运用监督方式，切实承担好脱贫攻坚工作监督责任

驻农行纪检监察组成立5个检查组，采取"四不两直"方式，2019年和2020年在全系统组织两轮监督检查，对承担脱贫攻坚任务的22家一级分行开展穿透式、点穴式监督检查，向被抽查单位党委逐一反馈，督促整改落实。全面开展扶贫领域信访举报问题"回头看"，指导分行纪委重新了解核查20件，重新追责9件。对中央脱贫攻坚专项巡视组移交的信访举报，专门制订处置工作方案，明确处置原则，严肃处理有关责任人。对2015年以来内外部监督检查发现的金融扶贫领域问题，严格对照党规党纪，对责任人进行问责追

责。将农户贷款中以权谋私、以贷谋私等违法问题作为腐败问题整治重点，对违法问题线索一件一件督办，有力形成高压与威慑作用。深挖细查扶贫领域的形式主义、官僚主义问题，对履行主体责任不到位，扶贫贷款监管不力，导致脱贫攻坚效果打折扣，对中央巡视发现问题整改不重视甚至弄虚作假等典型问题严肃查处问责。

图2-3　2020年9月，中国农业银行召开年中纪检监察工作推进会，对脱贫攻坚巡视整改等工作进行安排部署

（三）开展挂牌监督，对挂牌督战贫困县、贫困村金融服务开展"穿透式"一线监督

2020年，驻农行纪检监察组以脱贫攻坚挂牌督战监督工作为抓手，制定下发《关于加强对挂牌督战的52个贫困县和1 113个贫困

村脱贫攻坚金融服务监督工作的意见》，以挂牌督战监督统揽全年脱贫攻坚监督工作。坚持分工负责的原则，建立驻农行纪检监察组统筹谋划、相关省市分行纪委全程跟进、县支行纪委日常落实的四级联动工作机制。从52家县支行所在分行抽调专人组成工作专班。工作专班在驻农行纪检监察组的直接指导下，穿透式地对52家县支行挂牌督战情况进行监督。建立"一行一策"监督工作机制，对涉及52家挂牌督战县支行发生的扶贫领域问题线索，驻农行纪检监察组实施提级直接核查，对金融扶贫过程中的违规放贷、损公肥私、优亲厚友、吃拿卡要、打着扶贫旗号谋取私利等从严查处，快查快办，点名道姓通报曝光。对不担当、不作为严重影响扶贫任务、搞虚假扶贫、数字扶贫的严肃问责，对思想认识不到位、工作推动不及时、未完成序时任务指标的及时约谈提醒。

四、坚持狠抓脱贫攻坚专项巡视整改

根据党中央统一部署，2018年10月17日至11月30日，中央第十五巡视组对农行党委开展了脱贫攻坚专项巡视。这是中央首次聚焦单一重点领域开展的巡视，涵盖了26家单位，其中金融机构包括中国农业银行和农业发展银行。重点巡视农行落实党中央脱贫攻坚方针政策、落实党委脱贫攻坚主体责任、落实纪委监委监督责任和有关职能部门监管责任、落实脱贫攻坚过程中各类监督检查发现问题整改任务等情况，并于2019年1月19日向农行党委通报了脱贫攻坚专项巡视反馈意见，肯定了农行服务脱贫攻坚的成绩，指出了工作中存在的问题，提出具体整改要求。2019年12月23日至2020年1月15日，中央第十五巡视组对农行脱贫攻坚专项巡视进行了"回头看"，充分肯定了农行脱贫攻坚专项巡视整改和金融扶贫工作成效，提出了新的反馈意见。农行党委高度重视专项巡视及"回头看"整改工作，在强力部署抓好中央反馈意见整改的同时，自觉以狠抓专项巡视整改为契机，着力推动金融扶贫能力和水平的全面提升。

（一）提高站位，高层次高起点部署专项巡视整改工作

农行党委高度重视中央脱贫攻坚专项巡视及"回头看"整改工作，强力部署推动整改。中央第十五巡视组向农行党委反馈专项巡视意见后，农行党委第一时间成立了专项巡视整改领导小组，由党委书记任组长、其他党委成员参加，下设由各党委班子成员任组长的7个整改专项工作组。每个专项工作组都明确了问题整改主责任部门和具体落实部门，建立了日常例会、联席会议等沟通机制。对照中央专项巡视反馈意见指出三个方面19个问题，及时研究制定《脱贫攻坚专项巡视反馈意见整改工作方案》，建立问题、任务、责任"三个清单"，制定时间节点清晰、工作措施具体、阶段工作明确、工作进度可控的109条整改措施。总行党委班子成员及时到扶贫一线调研了解扶贫情况，走访建档立卡贫困户和带贫企业，与基层员工座谈，听取意见、解决问题，指导金融扶贫工作，并将扶贫一线调研指导工作机制化，党委同志每人挂点指导一个贫困县支行。在广泛调研听取意见建议的基础上，于2019年3月中旬召开农行党委专项巡视整改专题民主生活会，深入查摆问题，提出整改措施。结合专项巡视整改工作部署和专题民主生活会查摆的问题，进一步细化明确了303项具体工作任务，明确具体责任领导、责任部门和完成时限，实行挂图作战、销号管理。

（二）全行动员，高规格高质量抓整改落实务求工作取得实效

农行党委把脱贫攻坚专项巡视及"回头看"反馈问题整改作为重要政治任务和全行中心工作，扛在肩上、抓在手上、落实在行动上，要求各级党委逐级动员、层层落实，上下联动、举一反三，一体整改、一体推进。总行党委在全行党建和经营工作会议、全行金融扶贫和服务"三农"工作会议、年中党建和经营工作会议、季度经营分析会上，均专门重点强调专项巡视及"回头看"整改和金融扶贫工作。分别于2019年7月、2020年6月专门召开专项巡视整改推进会和金融扶贫工作推进（视频）会，以视频形式开到县支行，对做好专项巡视整改和金融扶贫工作进行再动员、再部署、再推进。同时，通过下达计划任务、广泛宣传动员、强化专项考核、开展调研培训、严格督导督办、开展巡视巡察和专项审计等多种方式，压紧压实各分支机构、各部门金融扶贫工作责任，推动金融扶贫和专项巡视及"回头看"整改工作有效开展。仅2019年，总行党委成员任组长的各整改专项工作组就先后召开了108次各类工作会议。分支行按照总行统一部署，积极对接当地政府扶贫任务和工作安排，围绕扶贫信贷投放、延伸贫困地区金融服务网络、创新推广金融扶贫产品、积极开展电商消费扶贫、帮助贫困地区招商引资发展产业、高质量做好定点扶贫等工作，尽锐出战、攻城拔寨，取得了良好成效。截至2020年末，农行党委对照中央要求研究制定的专项巡视及"回头看"整改措施已全部落实完成，中央巡视组指出的有关问题已全部整改。全行对金融扶贫工作的思想认识高度统一，统筹全行资源服务脱贫攻坚的合力不断强化，金融扶贫各项工作取得历

史性成绩，得到中央有关部委和地方党政、扶贫企业和基层组织、贫困农户的一致肯定。

（三）建章立制，高标准高要求形成金融扶贫长效机制安排

农行党委坚持问题导向和目标导向，在狠抓具体问题整改的同时，注重金融扶贫长效制度机制建设，要求总行部门和分行对专项巡视及"回头看"整改和金融扶贫工作中形成的好机制、创新的好产品、探索的好做法制度化机制化，形成金融扶贫长效机制安排。党委同志落实领导干部"一岗双责"，推进党建与金融扶贫深度融合，在抓党建中助力脱贫攻坚，在攻坚克难中推动农行党建工作高质量发展。各整改主责任部门、业务牵头部门和具体落实部门，围绕考评激励、资源配置、产品模式创新、渠道建设、定点扶贫、消费扶贫、东西协作、差异化信贷风险政策、尽职免责等方面，2019年出台了93项专项巡视整改和金融扶贫制度办法及工作文件，2020年又累计出台和修订完善了115项制度文件，形成了一整套金融扶贫差异化制度安排。总行抓统筹督导、分支行抓推进落实的统分结合工作推进机制，领导干部挂点指导、点面结合的工作督导推动机制，自上而下与自下而上有机结合的金融扶贫政策产品创新机制，内部"以工补农""以城带乡"的资源倾斜配置机制，东西部协作、全行"一盘棋"抓扶贫的协作机制，"综合+专项+穿透"的扶贫考核激励机制，以及责任追究和尽职免责相结合的权责约束机制，在专项巡视整改和金融扶贫工作中形成的这一整套机制安排，成为农行讲政治、惠民生、谋发展有机结合的成功实践，也为今后继续履行好国家意志、服务好经济大局，特别是乡村振兴战略和实体经济发展、实现自身发展积累了有效经验。

五、坚持聚焦重点精准助力脱贫攻坚

农行在开展金融扶贫工作中，认真落实党中央脱贫攻坚决策部署，始终坚持精准扶贫、精准脱贫基本方略，将"六个精准"基本要求融入具体工作实践，聚焦金融扶贫重点区域，按年出台金融扶贫工作意见，明确金融扶贫重点工作内容，确定具体目标要求，引导各级行对准"穷根"，因地施策、因户施法，建立和巩固带动贫困人口增收的产业链、利益链，切实做到扶贫贷款投放精准、非信贷帮扶措施制定精准、各类金融扶贫政策出台精准、扶贫成效考核精准。

（一）精准投放扶贫贷款

在区域定位上，将832个国家扶贫工作重点县、深度贫困地区、"三区三州"、国务院挂牌督战的52个县等作为金融扶贫工作开展的重点区域，切实加大贷款投放力度，全力支持贫困地区产业培育、基础设施建设、生产生活环境改善。在服务对象选择上，按照"宜农则农、宜林则林、宜牧则牧、宜商则商、宜游则游"的思路，重点支持具有扶贫带动意愿和能力的农业产业化龙头企业、涉农加工企业，专业合作社、专业大户等新型农业经营主体、吸纳贫困人口就业的县域制造业企业发展，支持其以入股、务工、农产品订单、土地流转等多种形式，将贫困人口纳入现代产业发展体系，增强贫困人口脱贫致富内生动力。将支持产业发展和改善贫困地区交通、运输、能源、通讯等基础配套设施有机结合，大力支持贯通贫困地区的水电路气讯等基础设施建设项目、"美丽乡村"建设项目、易地扶贫搬迁项目、东西部扶贫对口支援项目及承接产业转移项目发展，着力破除制约贫困地区发展的基础设施瓶颈约束。围绕贫困地区医疗、教育、饮水、养老等基础性生活配套服务，切实加大综合金融服务力度，着力改善贫困地区人居环境，推动贫困地区基本公共服务水平提升，为各类投资、旅游、创业、消费创造条件。按照"户贷、户用、户还"原则，采取随用随贷、周转使用的灵活方式，对信用良好、有劳动能力和产业带动的建档立卡贫困人口，积极发放扶贫小额信贷，满足其发展生产资金需求，帮助其增收致富。

（二）精准制定非信贷帮扶措施

在扶贫方式上，举全行之力，广泛协调和充分动员全行各级机构和员工积极参与到金融扶贫工作中。针对贫困地区特色农产品销售难、变现难等问题，大力实施消费扶贫专项行动，创新线上、线下等多种方式，努力增加贫困地区特色农产品销售，千方百计帮助贫困人口增加收入。针对贫困地区缺产业、缺项目、缺人才等问题，启动实施东西部行扶贫协作，发挥东部地区行客户资源和经营管理优势，主动协调各类社会资源支持西部贫困地区发展、为东部地区企业赴西部贫困地区投资牵线搭桥、为贫困地区行优化经营管理提供智力支持。为缓解贫困家庭大一新生学费、生活费缺乏的窘境，启动实施教育扶贫专项行动，全行员工自愿参与，向贫困学子捐赠一份爱心，传递一份希望。为确保脱贫成效的长期性、稳定性，农行创造性地实施就业扶贫行动，对报考农行的贫困家庭大学毕业生，实施同等条件下优先录用政策，实现就业一人、全家脱贫。将贫困地区作为培养锻炼干部的摇篮，持续选派优秀人才奔赴贫困地区专职从事扶贫工作，挂任贫困县副县长、贫困县支行副行长、贫困村驻村第一书记等职位。广大扶贫干部长年奋战在扶贫一线，依托农行资源优势，尽心尽力协助当地政府引进资金、信息、技术等资源，着力改善贫困地区生产生活条件，赢得地方党政和群众广泛认可。

（三）精准出台各类金融扶贫政策

在信贷投放、产品创新、渠道建设、财务资源、风险管理、挂点指导等方面，持续对832个国家扶贫工作重点县、深度贫困地区、"三区三州"、挂牌督战县等地区行实施优惠政策，将各类资源最大限度向其倾斜，实行重点推动、靶向突破。建立"银行让利、企业带动、贫困户受益"的利益联结机制，将扶贫带动能力作为企业授用信调查的重要内容，作为落实优惠贷款条件的重要依据，激励扶贫企业带动贫困农户共同发展。按照摘帽不摘责任、摘帽不摘帮扶、摘帽不摘政策、摘帽不摘监管的"四个不摘"要求，对脱贫不稳定户、已脱贫仍享受政策的贫困户，继续执行与未脱贫户相同的支持政策。对于产业发展前景良好的边缘户，积极提供信贷支持，并比照建档立卡贫困户实行利率优惠。对带动脱贫不稳定户和边缘户效果明显的地方主导产业、基础产业和特色产业，持续加大信贷支持力度，努力帮助已脱贫人口巩固脱贫成果、未脱贫人口加快脱贫。主动加强与地方政府合作，积极推动各地政府增信、风险补偿、财政贴息等扶贫开发政策建立，努力提高扶贫企业和建档立卡贫困户贷款可得性，切实降低融资成本。

（四）精准考核扶贫成效

将促进建档立卡贫困人口脱贫增收作为最核心目标，制定金融服务脱贫攻坚中长期工作规划，明确中长期工作目标与阶段性工作要求。对照规划，按年出台金融扶贫专项考核方案，引导各行围绕金融扶贫重点工作，精准开展工作。专门研发精准扶贫贷款统计系统（APSS），对接全国建档立卡贫困人口数据库，对客户经理录入的贫困人口数据自动进行校验。在信贷管理系统（C3）上线建档立卡贫困户身份识别功能，对发放的农户贷款由系统自动进行是否属于建档立卡贫困户的身份识别与提示，确保针对建档立卡贫困人口的信贷利率优惠政策执行精准。制定《金融精准扶贫贷款认定指导手册》《金融精准扶贫贷款统计规范》等操作性文件，对精准扶贫贷款定义、各类精准扶贫贷款认定要点、收集证明材料要求等作出详细规定，指导各行认真做好精准扶贫贷款认定与统计等相关工作，确保扶贫数据真实准确，为扶贫考核提供精准数据支撑。审计部门针对22家有脱贫攻坚任务的一级分行，持续深入开展精准扶贫专项审计，及时发现和纠正政策执行不精准等问题，确保金融扶贫政策执行精准、成效统计精准、绩效考核精准。

六、坚持创新提升金融扶贫服务水平

贫困地区普遍产业基础薄弱，资金、人才、技术等生产要素匮乏，金融发展相对滞后。农行作为党的银行、人民的银行，面向"三农"是最主要的经营定位，服务脱贫攻坚是义不容辞的政治责任。同时，农行也是一家国有控股大型商业银行，在金融扶贫贷款投放过程中，必须坚持商业可持续原则，处理好金融扶贫和自身可持续发展的关系。农行在开展金融扶贫工作过程中，深入落实党中央关于创新金融产品、延伸服务网络、增加贫困地区信贷投放有关要求，在金融创新和管理精细化上狠下工夫，不断完善金融扶贫产品创新机制，有效压实金融扶贫产品创新责任，强化创新激励，引导各级行加快创新真正符合扶贫企业和贫困人口需要的好用、管用、方便用的金融服务产品，为助力打赢脱贫攻坚战提供有力支撑。

（一）在完善产品创新机制上下工夫

建立健全金融扶贫产品创新机制，统筹推进扶贫产品创新工作。总行重点承担金融扶贫产品创新的统筹谋划和组织推动责任，并根据业务发展需要，组织开展全行通用性金融扶贫产品创新；一级分行作为金融扶贫产品的创新主体，承担辖区内区域性特色产品创新与管理责任；二级分行及基地针对辖区内特定产业和客户，重点承担创新精准度高、操作性强的特色产品责任。对西藏、新疆、青海、甘肃、四川、云南分行辖区内"三区三州"深度贫困地区、定点扶贫县和重点帮扶县的精准扶贫信贷产品创新，在符合法律法规、监管规定的前提下授权一级分行审批，超出总行现行政策制度规定范围的，备案总行相关制度维护部门。对"三农"产品创新基地单项信贷产品创新，在重点发展类一级分行用信余额不超过10亿元，其他分行不超过5亿元的前提下，由一级分行审批后抄报总行相关前台主管部门后实施。

（二）在加快产品创新上下工夫

积极引导各行立足辖区特色产业发展，按照"靶向瞄准，精准到位"原则，创新扶贫小额信贷、产业扶贫、项目扶贫、线上扶贫等相关金融产品。鼓励各行充分利用"农银e创"平台，积极开展金融扶贫产品创意征集与评选活动，引导全行员工积极参与创新、支持创新、主动创新，为持续丰富金融扶贫产品体系出谋划策，贡献力量。要求各级行积极与各级党政部门、龙头企业、金融同业和社会力量合作，优势互补，协同开展金融扶贫产品创新，重点在拓宽产品适用范围，丰富担保方式，设计差异化产品要素，方便客户使用等方面下工夫，合力解决涉农企业、小微客户、建档立卡贫困户担保难、融资难等现实困难，努力降低扶贫贷款的经营成本和贷款风险。

（三）在创新金融扶贫模式上下工夫

坚持边干边总结、边总结边推广。总行在定期总结各级行业务推进中的好经验、好做法的基础上，近年来陆续提炼出小额信贷扶贫、特色产业扶贫、政府增信扶贫、龙头企业带贫、互联网金融扶贫、就业扶贫等25种金融扶贫具体服务模式，在担保方式、授信方式、风险分担等方面实现创新突破，形成近百个金融扶贫典型案例，下发各行复制借鉴推广。建立扶贫工作学习交流机制，通过视频交流、网上培训、业务简报等形式，加大金融扶贫好产品好模式好案例的全行推广力度，努力提升分支行对金融扶贫产品的应知应会和应用能力。

（四）在创新信贷政策上下工夫

为支持贫困地区特色产业发展和重点项目建设，总行陆续出台了一揽子差异化、精细化的区域特色产品和信贷支持政策。专门出台《"三区三州"深度贫困地区差异化信贷政策》《深度贫困地区、挂牌督战贫困县和定点扶贫县差异化信贷政策》，优化深度贫困地区等脱贫攻坚重点区域特色信贷业务准入条件和信用贷款条件，提高贷款可得性。开辟信贷审查审批绿色通道，对深度贫困地区上报总行的信贷审批业务，全部实行优先办结。适度扩大深度贫困地区产业类精准扶贫贷款风险容忍度，放宽"三区三州"深度贫困地区精准扶贫产品创新权限，切实引导深度贫困地区行加大贷款投放。2020年新冠肺炎疫情防控期间，针对贫困地区分支行在信贷产品和政策方面的个性化需求，以"一事一议""一客户一政策"等方式，专门研究出台针对河北、安徽、广西、四川、云南、西藏、陕西、新疆等分行的差异化信贷支持政策，涵盖客户准入、授信期限、贷款额度、业务授权等内容，在促进贫困地区信贷投放、支持贫困地区抗击疫情和产业发展上发挥了积极作用。

（五）在创新帮扶方式上下工夫

除大力实施信贷扶贫外，农行还着力发挥全国性大型商业银行优势，广泛动员、积极协调行内外资源参与到金融扶贫工作中，创新构建以信贷扶贫为基础，消费扶贫、东西部行扶贫协作、教育扶贫、就业扶贫等为重要内容的立体式金融扶贫模式。在消费扶贫上，动员全行各级机构和全体员工，通过后勤集采、员工自愿购买、帮助销售等方式，积极采买贫困地区特色农产品。充分发挥农行遍布全国的客户资源、网点资源优势，主动为农行客户购买贫困地区农产品牵线搭桥。研发创办"扶贫商城"，为贫困地区搭建特色农产品展销平台。在东西部行扶贫协作上，发挥东部地区行经营管理、资金技术、客户资源等方面优势，统筹安排上海、江苏等12家东部地区行结对帮扶"三区三州"12个地州。建立日常对接机制，协助深贫县政府招商引资、引进无偿资金。在教育和就业扶贫上，实施"金穗圆梦"助学活动，由农行各级单位和员工自愿捐款5 000多万元，按每人5 000元的标准，专项用于资助贫困家庭大一新生圆大学梦。实施"千人计划"，将应聘农行的深度贫困地区贫困家庭大学毕业生全部纳入笔试和面试范围，符合条件的优先录用，累计专项招聘1 000多名深度贫困地区贫困家庭大学毕业生。

七、坚持动员各方力量共同扶贫

大鹏之动，非一羽之轻；骐骥之速，非一足之力。脱贫攻坚是一项涉及方方面面的系统工程，需要全方位、持续性地加大投入。既要加大信贷投放，将金融活水精准滴灌到贫困地区和贫困农户，又要深化行内外合作，凝聚全社会多方面力量，在改善贫困地区生产生活条件、培育贫困地区产业基础、提高贫困人口素质等方面发挥协同效应。农行在金融扶贫工作过程中，认真贯彻习近平总书记关于创新扶贫举措、构建大扶贫格局指示要求，着力发挥全国性大型商业银行优势，广泛动员、积极协调行内外资源参与到金融扶贫工作中，全力助推贫困地区打赢脱贫攻坚战。

（一）各级行班子带头

农行党委带头持续深入学习贯彻习近平总书记关于扶贫工作的重要论述，深刻领会总书记关于扶贫工作重要论述的科学内涵和核心要义，将总书记关于扶贫工作重要论述的精髓融入到金融扶贫具体实践中。党委成员以身作则，以上率下，每年深入贫困地区实地调研，走访扶贫企业，慰问贫困户，协调解决基层行金融扶贫实际问题，带动全行各级党组织、干部员工积极投身于脱贫攻坚战。各级行认真落实总行决策部署，分支行党委对金融扶贫工作直接部署、直接推动，"一把手"对金融扶贫重点工作直接抓、直接督，领导班子直接挂点联系辖区内贫困县支行，身体力行帮助贫困县支行推动工作开展，带动全行将金融扶贫工作不断抓实抓细。

（二）部门条线协同发力

各条线、各职能部门充分发挥各自专业优势和管理优势，按照农行党委统一部署，密切配合、通力协作，全行"一盘棋"，有效推动全行金融扶贫重点工作持续开展、重要项目实施和重大政策落地。扶贫开发金融部承担总行金融扶贫领导小组办公室日常运作职能，为领导小组研究、制定相关决策提供服务保障，协调推动"总行统筹、省市分行推进、县支行抓落实"的金融扶贫工作机制落地实施。党委办公室、审计局、党委组织部、财务会计部、资产负债管理部、信息管理部、风险管理部、内控合规监督部、运营管理部、个人信贷部、"三农"政策与业务创新部、扶贫开发金融部、农户金融部、信用管理部、信用审批部、网络金融部、科技与产品管理局、党委宣传部、机关党委、巡视办等领导小组成员部门根据各自部门职责，分别在扶贫挂职干部选派、新员工招聘、考评激励、财务资源、利率政策、信贷投放、产品创新、渠道建设、风险管理、尽职免责、挂点指导等方面提供政策资源支持，全力推动金融扶贫工作不断走向深入。

（三）基层行全力攻坚

基层行承担金融扶贫具体落实工作。为确保工作富有实效，贫困地区行以高度的责任感和紧迫感，尽锐出战，以"钉钉子"精神和"绣花功夫"，抓实抓细工作落实，不达标准不交账，不出成效不过关，推动全行金融扶贫工作整体水平不断提高。主动对接当地政府部门，协调建立政府增信机制，力争在金融服务扶贫重点产业、重大项目及支持贫困户生产发展上开展合作与创新。密切与监管部门沟通汇报、联系互动，争取工作理解与政策支持。广大基层员工坚持以工作为先、大局为重，克服条件艰苦、工作劳累、交通不便、难以兼顾家庭等困难，"5+2""白+黑"全身心投入金融服务脱贫攻坚工作，走村入户、寻贫访苦，深入调查贫困户需求，逐一为贫困户匹配金融服务方案，以满腔的热情和高度的责任心，投身打赢脱贫攻坚战。

（四）东部地区行积极协作

结合地方党政结对帮扶关系和农行实际，专门出台东西部行扶贫协作工作方案，统筹安排北京分行对接新疆和田分行、天津分行对接甘肃甘南分行、上海分行对接云南怒江分行、江苏分行对接青海分行、浙江分行对接四川凉山分行、福建分行对接西藏林芝分行、山东分行对接新疆喀什分行、广东分行对接四川甘孜分行、深圳分行对接西藏日喀则分行、青岛分行对接云南迪庆分行、宁波分行对接贵州黔西南分行、厦门分行对接甘肃临夏分行。要求帮扶双方建立日常对接机制，东部地区行充分发挥经营管理、资金技术、客户资源等方面优势，主动协助被帮扶地区招商引资，积极引导有明确产业转移计划、有可行项目落地的客户到帮扶地区投资兴业，并协调做好融资、融信、结算等配套金融服务。积极协调各类捐赠资金、公益项目投向被帮扶地区，通过组织开展捐款捐物、志愿服务、体验走访等形式多样的帮扶活动，切实帮助被帮扶地区经济发展。同时，帮扶行选派优秀处级、科级干部赴被帮扶二级分行或县支行交流挂职，协助开展金融扶贫工作，将东部地区行好的政策产品、服务理念与先进管理经验等引进到被帮扶地区，提升被帮扶行金融服务能力和水平。

（五）挂职干部全身心投入

总行层面，选派优秀干部赴河北武强县、饶阳县、阜平县，重庆秀山县，贵州黄平县挂职副县长、驻贫困村第一书记，优选年轻干部赴农行部分贫困县支行担任副行长（行长助理）。启动"双百"干部结对帮扶计划，东部100个一级支行与深度贫困地区100个县支行互派干部，开展一对一精准结对帮扶。分行层面，各分行根据本行金融扶贫工作实际情况，选派优秀处级、科级干部赴辖区内贫困县政府、农行县支行开展形式多样的挂职交流工作。2020年全行新选派扶贫干部427人，扶贫干部总数超过2 400人。广大挂职干部依托农行资源优势，有效发挥沟通协调作用，积极推动被帮扶地区信用环境建设、开展金融扶贫创新、探索有效带贫模式；立足贫困地区产业发展实际，主动协助当地政府引进招商投资项目，并做好配套金融服务；积极协调无偿帮扶资金和捐赠资源，大力推动贫困地区产品销售，千方百计增加贫困地区收入。截至2020年末，农行获得地方政府表彰的扶贫干部有317人。

（六）全行员工主动参与扶贫

在总分行的有效引导和强力工作推动下，全行员工参与扶贫、投身脱贫攻坚的积极性、主动性空前高涨，形成"全行抓扶贫，全员促攻坚"的生动局面。总行启动"金穗圆梦"助学活动后，各级行单位和员工自愿踊跃捐款，奉献爱心，为阻断贫困代际传递贡献力量。为切实加大贫困地区农产品销售，全行各分支机构自营食堂将贫困地区特色农产品列为优先采购原材料，自觉加大对贫困地区油、米、面、蔬菜等特色农产品采购量。各级工会在采购会员慰问品和文体活动奖品上优先考虑贫困地区特色农产品。各级行还将思想教育活动与消费扶贫有机结合起来，深入挖掘贫困地区红色资源、爱国主义教育资源，优先将主题党日活动、团日活动目的地确定在贫困地区。各单位在招聘物业管理、食堂工勤、安保、司机等用工岗位时，也优先考虑贫困地区、贫困家庭就业需求，同等条件下予以优先聘用，切实增加贫困地区劳务服务消费。全行员工还积极将"益农融商""扶贫商城"作为推介贫困地区优质农产品的重要渠道，自愿充当"带货手"，主动宣传、推介、消费贫困地区特色农产品，努力帮助贫困地区增加销售。新冠肺炎疫情防控期间，全行干部员工通过"益农融商"平台自愿采买和帮助销售湖北省特色农产品，为缓解湖北省受疫情影响出现农产品滞销问题贡献力量。

八、坚持优先保障金融扶贫各类资源投入

习近平总书记强调，要增加投入，确保扶贫投入同脱贫攻坚目

标任务相适应。农行在金融扶贫工作过程中，认真贯彻习近平总书记关于加大对脱贫攻坚金融支持力度的有关指示要求，始终把解决贫困地区实际困难问题作为金融扶贫政策制定的出发点和落脚点，创新制定精准服务贫困地区和贫困人口的一系列金融支持政策；始终坚持加大投入，举全行之力，优先满足金融服务脱贫攻坚所需资源投入，确保政策配套到位、资金支持到位、人员保障到位，为助力贫困地区打赢脱贫攻坚战提供农行最有力的政策资源保障。

（一）加大信贷资源投入

持续对国家扶贫工作重点县支行贷款实行计划单列，加大信贷规模动态调剂和管理力度，对贫困县贷款需求予以全额保障。对52个挂牌督战县属于设限行业的客户和项目，在一级分行通过自求平衡、临时超限等途径，仍无法满足客户用信需求的前提下，可向总行申请配置专项行业限额。相关一级分行同步做好贫困县支行贷款规模匹配和动态管理，重点加强对贷存比偏低县支行的业务指导和督导，优先保障贫困地区行信贷投放，确保贫困县支行完成各年新增贷款投放目标，贷款增速高于全行平均水平。持续对贫困县支行倾斜配置经济资本，对贫困地区县支行经济资本超过计划部分，由总行全额安排战略性经济资本配置予以补充；对深度贫困地区贷款的经济资本占用全部减免，由总行全额承担，引导贫困县支行切实加大扶贫贷款投放。自2020年起，将原有对深度贫困地区各项贷款经济资本占用全部减免的政策范围扩大到52个挂牌督战县支行，并对832个国家扶贫工作重点县信贷计划完成情况较好的一级分行，适度调减分行经济资本成本，鼓励加大贷款投放。

（二）加大财务资源投入

对国家扶贫工作重点县、深度贫困地区、挂牌督战县等机构根据实际需求申请的财务费用、固定资产投资，总行在合规前提下予以全额保障。其中，总行采取穿透配置方式进行资源配置；对"三区三州"所在省一级分行，总行专项配置战略投资预算，由一级分行统筹调剂使用，并在建设准入和标准方面实行差异化倾斜。持续加大费用资源投入，支持扶贫重点县支行金融扶贫工作开展，并在服务"三农"下乡差旅费开支政策、"三区三州"深度贫困县机构职工周转房建设、业务用车等方面给予更大支持。全行捐助资金也主要用于贫困地区，重点满足农行对口帮扶地区、驻村干部派驻地区的捐赠资金需求，专项用于支持当地产业发展、贫困村基础设施建设、专业人员培训、"两不愁三保障"等重点领域。此外，对建档立卡贫困户正常类农户贷款、拨备全部由总行承担。

（三）加大渠道资源投入

优先满足贫困地区县支行的网点建设投资需求，在战略投资预算、建设准入上对贫困地区实行倾斜政策，新建和迁址的物理网点、自助网点优先摆布在扶贫重点县和深度贫困县。不断优化自助机具服务功能，针对贫困地区客户普遍受教育程度低、文盲半文盲占比大、倾向柜面办理业务的特点，专门研发上线电子指纹签名功能，实现用现场录入指纹的方式代替手工签名，研发在超级柜台、叫号机和自助服务终端上线少数民族文字和语音导航等功能，有效缩短业务流程，增强客户体验。在物理网点无法布局的乡镇，重点通过设立惠农通服务点、布放电子机具等方式，满足当地居民小额存取款、转账、代缴费、代理财政补贴资金等基础金融服务需求。实施互联网服务"三农"工作"一号工程"，优先对贫困地区惠农通金融服务点进行互联网化升级，加大掌上银行、网上银行和"惠农e通"平台（具有线上支付、电商交易、线上放贷等功能）等互联网金融服务的推广力度，贫困地区老百姓可十分便捷地通过手机进行贷款还款。在"三区三州"深度贫困县试点移动金融服务模式，配置移动服务车专项购置指标。通过优化网点劳动组合，实行弹性开门、弹性排班、弹性排柜等方式，释放人力资源投入到流动服务中去，有效缓解边远贫困地区的金融服务空白问题。农行已构建"人工网点+自助网点+惠农通服务点+互联网线上渠道+流动服务"五位一体的服务渠道网络。

（四）加大人力和工资资源投入

努力增加贫困地区就业机会，对所在地区分行增加招聘计划指标。有针对性地适度调整和放宽招聘条件，对老少边穷苦地区允许招聘全日制大专学历毕业生，其中，"三区三州"部分地区可招聘全日制中专及高中毕业生。2020年为832个国定贫困县招聘新员工2 606人。广泛动员，精心挑选，推荐政治素质好、工作能力强、有吃苦和奉献精神、对贫困地区和贫困群众有感情的优秀年轻干部赴贫困县、贫困县支行和贫困村挂职。加强对扶贫干部的日常服务管理，指导扶贫挂职干部发挥自身优势，积极参与地方政府建档立卡贫困人口精准识别、精准退出、产业扶贫、宣传培训等工作，推动贫困县信用环境建设、金融扶贫创新、招商引资等工作。把脱贫攻坚作为培养锻炼人才的大熔炉，明确提出要大胆提拔重用在脱贫攻坚中敢于担当、勇于作为、实绩突出的干部，激励干部在脱贫攻坚一线干事创业。持续选派优秀干部奔赴扶贫一线，仅2019年全行就新选派扶贫干部427人充实到扶贫一线。工资资源优先向贫困地区倾斜，自2016年起，总行每年投入专项工资1亿元，2019年增加到2亿元，2020年进一步增加到2.1亿元。专项用于对扶贫重点县支行金融扶贫工作进行激励。此外，为切实改善一线扶贫员工生活和工作条件，2019年总行为收入偏低的247个国家扶贫工作重点县的1 016个基层网点的员工每人增加基本工资2 000元，2020年标准提高到2 400元。从2019年开始，对国家深度贫困县支行员工核定每年人均5 000元的深贫补贴，补贴额度由总行直接核定并穿透配置至支行。从2018年开始为全行扶贫干部核定扶贫补贴，2019年补贴标准从2 000元/月提升到2 500元/月，2020年为进一步加大对挂牌督战的52个贫困县保障力度，对挂牌督战县扶贫干部补贴标准提高到3 500元/月。

（五）加大审批资源投入

建立信贷业务审查审批绿色通道。完善优先办结机制，对国家扶贫开发工作重点县、深度贫困地区贫困县支行上报项目，全部纳入优先办结范围，即来即审，加快审批。扩大52家挂牌督战贫困县支行农户小额贷款（含扶贫小额信贷）、农村个人生产经营贷款转授权，提高办贷效率。在符合法律法规、监管规定的前提下，扩大贫困县支行农户贷款（含扶贫小额信贷）转授权，提高办贷效率。在符合法律法规、监管规定的前提下，将贫困地区精准扶贫信贷产品创新授权一级分行审批，提升信贷产品创新效率。对产业类精准扶贫创新信贷产品，在不超过一定风险水平的前提下，相关一级分行可自主确定停复牌的贷款不良率指标。明确要求各分行简化信贷审批流程，提高审批效率，允许一级分行根据挂牌督战县、"三区三州"深度贫困县相关分支行风险防控能力、信贷管理模式等实际，适当下放贷款审批权限。

（六）加大社会资源投入

充分发挥农行客户优势和平台优势，多方筹措，主动协调各类帮扶资金、捐赠资金、公益项目投向贫困地区。通过开展企业对接会、劳务对接会、政策推介会等方式，积极为各类企业赴贫困地区投资产业和项目牵线搭桥，并提供配套金融服务。发挥农行布局广泛优势，除鼓励员工通过农行掌银扶贫商城购买扶贫商品外，还通过网点大屏和宣传彩页等方式在线下展示和宣传扶贫商城，推动网点客户了解农行扶贫商城、参与农行扶贫商城活动。总行定期面向掌银存量客户和新客户推出形式多样的促销优惠活动，引导、激活个人客户消费扶贫需求。主动向各类涉农生产企业和商贸批发类企业推荐贫困地区特色农产品，支持其在贫困地区建设特色农产品生产收购、加工基地，与贫困户建立稳定购销关系。充分挖掘对公单位员工福利采买及日常采购需求，积极向有合作关系的优质客户推荐农行扶贫商城商品，鼓励和引导其加大对贫困地区特色农产品的采购力度，努力帮助贫困地区销售更多特色产品。

九、坚持激发基层行金融扶贫内生动力

农行在推进金融扶贫工作中，始终坚持基层主体地位，充分挖掘基层行工作动力。始终把坚持党的领导、加强党的建设，作为开展金融扶贫工作的"根"和"魂"，把抓党建促攻坚贯穿于金融扶

贫工作全过程，切实发挥基层行脱贫攻坚战斗堡垒作用。通过建立完善的绩效考核体系、定期开展表彰奖励、搭建工作交流平台等方式，有效指导各级行金融扶贫工作开展，激发贫困地区县支行投身于脱贫攻坚的积极性和主动性。

（一）切实发挥基层行脱贫攻坚战斗堡垒作用

将抓党建工作贯穿于金融服务脱贫攻坚全过程。扎实开展"不忘初心、牢记使命"主题教育，深入推进"两学一做"学习教育常态化制度化，深化"三线一网格"党建建设，把做好金融扶贫工作作为各级行党组织特别是贫困地区行党组织守初心、担使命的重要内容和检验主题教育成效的重要标尺，引导贫困地区行基层党组织切实提升组织能力和领导能力，有效发挥脱贫攻坚战斗堡垒作用。聚焦严实标准，坚持实干导向，深入推进党员"带头人""标杆""生力军"三项计划，充分发挥扶贫重点县服务"三农"和脱贫攻坚党员"示范岗""责任区""志愿服务队"等先锋模范作用，鼓励基层党组织和党员组建金融扶贫"先锋队""突击队"，定期开展全行金融扶贫先进单位和个人评选表彰活动，激励各级行员工进一步增强投身于金融扶贫工作的积极性和主动性，为金融服务脱贫攻坚战提供源源不断的力量源泉和坚不可摧的组织保障。

（二）建立完善的绩效考核体系

在各分行年度综合绩效考核指标中，设置"脱贫攻坚"指标，对一级分行金融扶贫工作进行专项评价，重点考核各分行金融扶贫贷款投放情况、带动贫困人口情况及金融扶贫工作亮点等内容，考核结果同步纳入一级分行领导班子考核。连续多年在三农金融事业部考核方案中设置扶贫重点县贷款、精准扶贫贷款指标，明确要求相关分行在对"三区三州"等深度贫困地区相关支行、832个国家扶贫重点县相关支行绩效考核时，扶贫重点县贷款、精准扶贫贷款合计权重占比不得低于下限要求。按年出台"扶贫重点县机构金融扶贫专项评价方案"，直接穿透考核至贫困县支行，引导贫困县支行聚焦重点工作，确保金融扶贫方向不偏。将金融扶贫工作纳入各级党组织书记抓基层党建工作述职评议考核，作为各级党委班子及成员民主生活会对照检查的重要内容。对于不重视抓党建促脱贫攻坚工作、工作措施落实不力、脱贫攻坚专项评价结果较差的分行，进行约谈问责。出台基层党组织清单式管理和党员积分制管理（以下简称"两项管理"）实施意见，将基层党组织和党员在金融服务脱贫攻坚工作中主动作为、履职尽责情况及成效纳入"两项管理"，在深度贫困地区广泛设立"党员示范岗""党员责任区"，成立"党员先锋队""党员突击队"，激励引导各级党组织和广大党员在脱贫攻坚一线充分发挥战斗堡垒和先锋模范作用。在内部宏观审慎评估体系中，加强对贫困地区贷款投放情况的跟踪评价，对扶贫贷款综合评价得分较高、完成情况较好的分行，总行通过定向资金成本予以奖励，引导分支行努力加大扶贫贷款投放力度。

（三）出台对贫困地区县支行的定向补贴政策

对经营行因发放扶贫优惠利率贷款而导致的收益损失，总行建立专项收益补贴制度。如总行规定，2019年对享受财政贴息政策的建档立卡贫困人口生产经营性贷款执行人民银行基准利率，对未享受财政贴息政策的建档立卡贫困人口生产经营性贷款最低可执行人民银行基准利率0.9倍的优惠政策。对深度贫困地区法人类精准扶贫贷款客户执行不高于LPR的优惠利率政策（2020年总行精准扶贫贷款利率授权适用于52个挂牌督战县支行）。经营行因执行总行扶贫贷款优惠利率政策而导致的收益损失，总行自2019年起给予专项收益补贴，确保精准扶贫贷款收益不低于所在分行"三农"贷款平均收益。2020年，在原有补贴基础上，对挂牌督战县发放的扶贫优惠利率贷款补贴幅度进一步扩大50个基点。此外，总行明确规定，对挂牌督战县、"三区三州"深度贫困县支行2020年计提拨备支出超过所在一级分行平均水平的部分（按信贷成本率计算），将在2020年一级分行综合绩效考核中予以剔除。同时，要求相关一级分行比照总行政策，在辖区内各级行综合绩效考核中逐级相应剔除。

（四）定期开展金融扶贫表彰奖励活动

表彰名额坚持向基层和扶贫一线倾斜。重点评选在中央脱贫攻坚专项巡视整改、扶贫金融服务、定点扶贫、东西扶贫协作、消费就业教育扶贫、"双百"干部人才结对帮扶等重大任务中取得优异成绩的先进集体和在金融服务脱贫攻坚相关工作中敢于担当、尽职尽责、表现突出的先进个人。总行对先进集体颁发奖牌，对先进个人颁发荣誉证书。先进集体荣誉作为集体年度考核、绩效工资分配、主要负责人晋升的重要依据，先进个人荣誉记入个人档案，作为绩效工资分配、岗位晋升的重要依据，激励全行员工以最强力度投入金融服务脱贫攻坚战。除定期开展行内金融扶贫表彰评选外，总行还积极鼓励各级行、广大扶贫干部踊跃参加各地政府、社会团体组织的扶贫表彰评选活动。截至2020年末，农行获得地方政府表彰的扶贫干部有317人。

图2-4 2021年3月，中国农业银行召开脱贫攻坚金融服务表彰大会

十、坚持真扶贫、扶真贫、见真效

贫困之冰，非一日之寒；破冰之功，非一春之暖。农行在推进金融扶贫工作中，始终以"等不起"的紧迫感、"慢不得"的危机感和"坐不住"的责任感，从严从实，真抓实干，久久为功，认真落实中央专项巡视和"回头看"整改要求，建立内部巡视巡查、内部审计、专项督导督查等制度，把一切工作都落实到带动贫困人口脱贫致富上，不达标准不交账，不出成效不过关，确保真扶贫、扶真贫、见真效。

（一）开展内部巡视巡查

将各级行推进中央脱贫攻坚专项巡视和"回头看"反馈问题整

改情况、贯彻落实中央和总行决策部署情况、精准扶贫工作成效情况、纪委履行监督责任情况等，纳入全行巡视巡察工作范畴。强化对专项脱贫攻坚巡察的指导督导，推动各分行党委进一步压实脱贫攻坚政治责任，增强一抓到底的坚定决心，切实增强金融扶贫责任感、使命感和紧迫感，尽锐出战、主动作为，全力助推打赢脱贫攻坚战。对巡视巡察中发现的典型问题，督促分行及时整改、彻底整改，要求各行切实加大政策资源投入，积极创新金融扶贫形式，不断优化工作推进机制，确保全行金融扶贫工作扎实有序推进。

（二）实施专项审计

自2018年以来，总行审计局自觉把审计监督服务职责摆进全行金融扶贫工作大局，连续三年组织开展精准扶贫专项审计项目，对832个国定贫困县和334个深度贫困县所在的分行开展审计，以审计监督力量助力国家打赢脱贫攻坚战。审计紧紧围绕党中央脱贫攻坚工作部署，认真落实中央脱贫攻坚专项巡视及"回头看"反馈意见精神，聚焦"三区三州"等深度贫困地区、52个挂牌督战贫困县脱贫攻坚情况，不断加大政策跟踪审计力度。重点审计了各分行在党委主体责任落实、贫困地区信贷投放、金融扶贫产品创新、金融服务网络延伸、财务资源倾斜、定点扶贫、绩效考核、扶贫贷款管理、扶贫捐赠资金管理、整改长效机制建设等方面的落实情况，深入查找影响政策落实、制约业务发展的难点、堵点和痛点问题，揭示精准扶贫业务中的重大风险和违规问题，并从体制机制、制度流程、系统控制等管理层面分析问题产生的根源，提出有针对性的审计建议，促进中央金融扶贫重大政策措施在农行落地见效，推动全行全面加强管理，进一步提升金融扶贫工作水平，实现精准扶贫业务高质量发展。

（三）建立专项督查督导机制

建立总分行党委成员、总行金融扶贫工作领导小组成员单位负责人挂点指导贫困县支行制度。通过实地调研、业务督导等方式，及时了解并协调解决基层行金融扶贫工作中的痛点、难点问题，督导金融扶贫重点工作推进。建立针对52个挂牌督战县支行的金融扶贫工作督导专班，行党委成员直接牵头负责、相关业务部门承担具体督导工作，实现对52个挂牌督战县支行业务督导全覆盖。与挂牌督战县支行建立日常沟通联系机制，通过专项调研、电话会议、视频连线等方式，及时了解相关分支行落实行党委金融扶贫工作安排和政策措施落实情况。对金融扶贫工作进度慢的支行，督促支行党委深挖问题根源，拿出管用措施，协调推动问题解决。要求各相关一级分行和二级分行同步抓实抓细对挂牌督战县支行金融扶贫工作的指导和帮扶工作，落实好支行具体困难和问题解决，助力挂牌督战县如期打赢脱贫攻坚战。

（四）常态化开展扶贫领域作风问题专项整治和警示教育

出台《中国农业银行扶贫领域作风问题专项治理工作方案》《关于2018年至2020年开展扶贫领域腐败和作风问题专项治理工作方案》，在832个国家扶贫重点县、深度贫困县机构及相关二级分行、一级分行持续开展专项作风治理工作，重点治理"四个意识"不强、责任落实不到位、工作措施不精准、资金管理使用不规范、工作作风不扎实等问题。指导相关分行对照扶贫方面作风问题，逐条进行对比自查，列出问题清单，深刻剖析原因，重点在思想认识等方面挖掘作风问题的本源，并逐条落实整改措施。将问题整改与完善制度建设有机结合起来，要求各行对专项治理中发现的突出问题，深入分析、督促整改、完善政策、强化监管、堵塞漏洞。加强典型问题通报曝光力度，行党委多次召开金融扶贫领域典型问题警示教育大会，通报、剖析典型违规案例，以案为鉴、以案代训、以案示警、以案促改，用身边人身边事强化警示效果，引导员工知敬畏、存戒惧、守底线，以作风攻坚促进脱贫攻坚。

（五）出台尽职免责制度

制定印发了《中国农业银行尽职免责十四条规定》，明确了全行尽职免责、容错纠错工作的基本政策。其中，专门针对精准扶贫领域规定了具体的免责条款，激发广大干部员工干事创业、担当作为的精神。专门出台《中国农业银行法人精准扶贫贷款业务尽职免责实施细则》和《扶贫小额信贷、农户小额贷款尽职免责规定》。明确规定了法人精准扶贫贷款业务办理过程中，在建立扶贫利益联结机制、创新扶贫金融产品、开展金融扶贫统计、落实利率优惠等方面的具体工作要求和尽职标准。明确了法人精准扶贫贷款和扶贫小额信贷业务经办人员及参与具体业务流程的管理人员在无道德风险和依法合规的情况下，对发生的各类业务风险，予以免责的具体情形，强调了不得免责的若干种具体规定，为各级行客户经理规范办理业务提供了具体操作指引，有效增强客户经理工作积极性。

十一、坚持强力宣传传递金融扶贫正能量

脱贫攻坚开展以来，农行以"决胜全面小康、决战脱贫攻坚"

为主线，把"决战决胜脱贫攻坚"作为全行的重大宣传主题，通过多形式、分阶段有序推进扶贫主题宣传。整合外部媒体和自有宣传阵地，推出一系列内容丰富、形式多样、传播广泛的宣传作品，传播力、影响力、引导力和感染力显著提高。

（一）统筹推进脱贫攻坚专项宣传

有序推进预热宣传、深度宣传和总结宣传。每年年初制定《中国农业银行新闻宣传方案》，围绕习近平总书记关于扶贫工作的重要论述，明确脱贫攻坚宣传工作主题、宣传时间、宣传地点和宣传形式，有序推进扶贫举措和成效宣传。近年来，农行金融支持脱贫攻坚、金融服务"三农"等重磅新闻多次登上《人民日报》头版，被央视新闻联播报道数十次，在四大行名列前茅。陆续刊发高管层访谈或署名文章。在《人民日报》刊发《当好脱贫攻坚金融服务的排头兵》《谱写中国农村金融事业华彩乐章》等署名文章；在《中国扶贫》杂志策划刊发《全力以赴做好决战决胜脱贫攻坚金融服务》《为夺取脱贫攻坚全面胜利贡献金融力量》等署名文章；在《金融时报》刊发《扎实推进定点扶贫，助力高质量脱贫》署名文章；在人民日报社《普惠金融研究》杂志刊发《为全面打赢脱贫攻坚战贡献金融力量》署名文章。集中策划推出脱贫攻坚系列专题专刊报道。每年在"国家扶贫日"期间，集中在《人民日报》《经济日报》《农民日报》等中央主流媒体刊发农行关于脱贫攻坚举措和成效的综述报道，在《环球时报》刊发农行领导挂点指导挂牌督战县系列文章。在《21世纪经济报道》《中国经营报》《经济参考报》《每日经济新闻》等财经行业媒体刊发农行金融扶贫和定点扶贫专题或系列报道。

（二）深入开展典型宣传

聚焦"三区三州"深度贫困地区、52个挂牌督战县、4个定点扶贫县等金融扶贫典型模式和奋战在贫困地区基层一线的典型人物，开展"决战决胜脱贫攻坚中的农行力量""金融扶贫助力乡村旅游"等系列宣传。开展"农行改革耕耘路""改革发展再出发""打赢脱贫攻坚战"系列调研采访，进一步激发了滚石上山、决战决胜的斗志。整理了60名全行获得省部级以上政府类荣誉扶贫干部事例，组织编写《金穗情满扶贫路》读本，大力宣传基层行在决战脱贫攻坚一线涌现出来的先进典型和感人事迹。推进与农业大学关于金融扶贫"中国农业银行样本"经验和理论研究项目，总结提炼农行金融扶贫的好经验、好做法、好模式，探索世界金融扶贫的"中国样本"和中国金融扶贫的"农行样本"，努力形成理论成果、制度成果。

（三）创新宣传报道方式

2019—2020年，农行连续两年积极参加银保监会有关金融助力脱贫攻坚新闻发布会。在2020年"国家扶贫日"前夕举办中国农业银行脱贫攻坚成效主题发布会，创新打造"沉浸式"发布体验，通过新华网进行全程图文和视频直播，总体观看量超过121万人次。配合运营管理部在北京举办助力脱贫攻坚网点"云开业"发布会，创新采用"现场+视频+远程连线"的发布形式，现场连线了贵州毕节野马川支行和四川凉山螺髻山支行，向社会各界集中展示农行2019年以来新建开业乡镇人工网点风采及服务脱贫攻坚、特别是推进贫困地区金融服务网络建设的最新进展及成效，形成原发转载报道200余篇次，总阅读量上百万次。在全行开展扶贫短视频大赛，征集上百条视频作品，生动鲜活地讲好农行扶贫故事。与新浪、腾讯、搜狐、网易等重点网络媒体联手开展形式多样的扶贫主题系列宣传活动。其中，与腾讯新闻联手打造系列扶贫主题纪实类视频《向上之路》，总播放量1.3亿次；与网易联合推出《我热爱的生活》讲述农行扶贫干部的感人事迹，与其"浪潮工作室"和数据新闻栏目"网易数读"合作，对农行"扶贫商城"和提升贫困地区基础金融服务相关成效进行可视化、立体式深入报道，阅读量均超过10万次；与搜狐视频联合拍摄《当选择来找我》定点扶贫纪录片，通过搜狐董事局主席张朝阳"好物分享"直播带货推荐农行"扶贫商城"助力消费扶贫；与新浪微博联合推出新闻策划"扶贫路上的农行力量"，累计播放阅读量突破2亿次。

专栏2

农行金融扶贫主要产品、模式和政策

一、金融扶贫主要产品

序号	产品名称	对应分行产品
1	到户扶贫贷款	安徽分行"联动扶贫贷"
2		甘肃分行"金穗惠农精准扶贫贷"
3		河北分行"脱贫贷"
4		河北分行"小康贷"
5		湖北分行"扶贫惠农贷"
6		西藏分行"易地扶贫搬迁农户贷款"
7		西藏分行"精准扶贫小额到户贷款"
8		新疆分行"政农通精准扶贫小额贷款"
9		广西分行"扶贫小额e贷"
10		广西分行"脱贫巩固e贷"
11	产业扶贫贷款	青海分行"拉面产业扶贫贷"
12		四川凉山分行"大凉山扶贫产业园区贷"
13		四川凉山分行"核桃扶贫贷"
14	三权抵押扶贫贷款	安徽分行"农权脱贫贷"
15	农业（政策性）信贷担保公司担保扶贫贷款	河南分行"精准扶贫企业贷款"
16		安徽分行"扶贫快捷个人贷款"
17	政府风险补偿基金增信项下扶贫贷款	湖北分行"美丽乡村精准扶贫贷款"
18		湖北分行"黄冈抱团创收贷"
19		重庆分行"金穗精准扶贫贷款"
20		重庆分行"秀山金穗惠农精准脱贫致富贷款"

续表

序号	产品名称	对应分行产品
21	政府风险补偿基金增信项下扶贫贷款	湖北分行"扶贫兴业贷"
22		重庆分行"政府增信产业扶贫贷款"
23		吉林分行"金穗增信油用牡丹产业贷款"
24	政府增信组合扶贫贷款	安徽分行"助业脱贫贷"
25		安徽分行"扶贫快捷法人贷款"
26		吉林分行"金穗增信精准脱贫农户贷款"
27		山东分行"政府增信扶贫四联贷"

二、25种金融精准扶贫主要模式

序号	模式名称	模式定义
1	小额信贷扶贫模式	选择有经营能力、致富意愿和贷款需求的建档立卡贫困户，通过直接到户的扶贫小额贷款，支持其发展生产经营，脱贫致富
2	政府增信扶贫模式	政府建立扶贫贷款风险补偿机制，适度放宽贷款条件，共同解决贫困人口和扶贫企业的发展资金短缺问题
3	龙头企业带贫模式	与产业化龙头企业合作，以龙头企业为核心，沿产业链条，批量支持带动上下游的贫困农户
4	特色产业扶贫模式	立足贫困地区的优势特色产业，积极满足产业链上中下游各环节的金融需求，实现"支持一个产业，带富一方百姓"
5	旅游扶贫模式	以支持贫困地区旅游景区建设为切入点，为旅游产业链上相互依存的各经营主体提供全方位综合服务，有效带动周边贫困农户受益增收
6	民生工程扶贫模式	支持贫困地区贫困人口改善住房等基本生活条件，夯实"两不愁、三保障"的实施基础
7	互联网金融扶贫模式	利用互联网金融方式，将"惠农e贷""惠农e商"与扶贫相结合，降低服务成本，提高服务效率，助力脱贫攻坚

续表

序号	模式名称	模式定义
8	专业合作社（大户）带贫模式	支持有生产技能、有销售渠道的致富带头人，通过组织和发展专业合作社，吸收建档立卡贫困户入社，"大户带小户、富户带穷户"，解决贫困农户的致富渠道问题
9	就业扶贫模式	支持贫困地区主导产业、优质客户，通过直接安置就业或带动就业等方式，帮助贫困人口增收脱贫
10	光伏扶贫模式	信贷支持贫困户安装户用光伏发电系统，支持光伏企业建设村级小型光伏电站和集中式光伏电站，使贫困人口获得发电收入、土地流转收入、劳务收入等，实现增收脱贫。光伏扶贫模式为支持小水电、风电等可再生能源带动脱贫提供了借鉴和样板
11	党建引领扶贫模式	通过发挥党建引领作用，选派扶贫干部，进行驻村、驻点帮扶，将金融扶贫政策、金融扶贫产品推广到深度贫困县和乡镇，帮助当地发展产业，有效带动当地贫困户脱贫致富
12	东西部协作和定点扶贫模式	充分发挥发达地区行在客户资源、业务发展、经营管理等方面的优势，在招商引资、引进无偿帮扶资金、金融创新、业务交流等方面，与定点扶贫县及当地支行建立长效帮扶机制
13	消费扶贫模式	通过扶贫商城等线上平台，借助线上线下渠道直接或帮助对接、展示、销售深度贫困地区特色产品，帮助贫困人口增收
14	水利扶贫模式	通过金融服务骨干水源工程等重大民生项目，解决全国地区工程性缺水及农村饮水安全问题，改善农村人居环境
15	农地金融扶贫模式	依托国家和地方政策创新应用信贷产品，支持农村宅基地改革试点、土地整治等项目，解决农户安全住房问题，助力实现"两不愁、三保障"的住房保障
16	新农村建设扶贫模式	围绕贫困地区新农村建设，为美丽乡村建设提供综合金融方案，助力带动贫困农户改善生产生活条件，受益增收
17	养老扶贫模式	针对符合补缴条件但无法一次性足额补缴养老保险费用的被征地农民，创新推出了"农民养老贷"，切实解决了被征地农户和贫困户的养老之忧

续表

序号	模式名称	模式定义
18	教育扶贫模式	面向"三区三州"等贫困地区，通过提供捐赠资金、引进优质教育资源等方式，助力弥补贫困地区教育短板，提高贫困地区人口基本文化素质
19	工业扶贫模式	通过金融服务深度贫困地区"飞地"工业园区，解决园区及企业融资需求，带动贫困户就业增收
20	"扶贫车间"模式	金融支持贫困户自带机械设备资产，通过与龙头企业建立利益联结机制，进行生产经营取得收益
21	资产收益扶贫模式	立足贫困地区特色产业，联合政府和扶贫龙头企业，信贷支持建档立卡贫困人口参与产业发展，通过资产收益实现增收脱贫
22	产业闭环扶贫模式	集合信贷资金、金融科技等多种优势，打造集"农户+龙头企业+经销商"于一体的产业闭环。较好地实现了资金封闭运行，并助力加速农产品流通，有效带动建档立卡贫困户脱贫
23	"三变"改革扶贫模式	充分发挥资金、资源和智力优势，积极参与对口帮扶农村资源变资产、资金变股金、农民变股东"三变"改革，支持特色产业发展，扶持集体经济，带动贫困人口脱贫致富
24	产业链扶贫模式	与贫困地区龙头企业合作，金融支持产业链各参与环节，通过直接安置就业或带动生产等方式，推动贫困地区产业发展、贫困人口受益增收
25	"公益岗位"扶贫模式	针对当前剩余贫困人口多为五保低保等劳动能力较弱人员，以"公益岗位"为切入点，银政企合作，政府安排公益岗位，银企让利支付劳动薪酬补助，带动贫困户增收脱贫

三、金融扶贫主要政策

（一）资源配置政策

1.信贷资源

一是全额保障贫困地区信贷规模。总行向832个国家扶贫开发重点县机构单列信贷规模1 000亿元，相关一级分行保障信贷投放。明确深度贫困县、挂牌督战县支行信贷投放不受规模计划限制。对总分行核心客户在挂牌督战县、"三区三州"深度贫困县的子公司落地项目，优先切分集团授信额度和内部银团贷款份额。

二是强化经济资本配置。对832个国家扶贫开发重点县、深度贫困县、挂牌督战县机构的贷款经济资本超计划部分，总行全额安排战略性经济资本予以满足，并全额承担深度贫困县、挂牌督战县机构贷款经济资本占用，对应提升支行经济增加值。

2. 财务资源

一是满足财务费用需求。对832个国家扶贫开发重点县、深度贫困县、挂牌督战县机构根据实际需求申请的财务费用，总行予以保障。总行专门拿出专项费用，分配情况与832个国家扶贫开发重点县机构金融扶贫专项评价结果挂钩。

二是加大固定资产投资力度。全额保障832个国家扶贫重点县网点建设投资需求，总行穿透配置脱贫攻坚专项战略投资预算。满足挂牌督战县、"三区三州"深度贫困县支行固定资产投资需求，在战略投资预算、建设准入和标准上实行差异化政策，优化网点硬件设施和服务环境。新建和迁址的网点向832个国家扶贫重点县、深度贫困县倾斜。对深度贫困县机构，总行按每家原则上1辆的标准调整所在一级分行业务用车编制，允许根据金融扶贫工作实际上浮越野车配置标准，按需建设职工周转房（原先仅允许新疆、西藏、四省藏区机构建设职工周转房，现将该政策扩大至334个深度贫困县机构，其他地区不允许建设职工周转房）。

三是增加一线员工薪资水平。总行安排专项工资（2019年为2.47亿元，2020年与2019年持平），为收入偏低的国家扶贫工作重点县支行的基层网点的员工每人增加基本工资2 000元，为深度贫困县支行基层网点员工人均增加5 000元工资标准。总行专门拿出2亿元战略工资（2020年为2.1亿元），分配情况与金融扶贫专项评价结果挂钩（评价排名前400名的支行）。

四是执行精准扶贫贷款收益补贴。对深度贫困县支行执行优惠利率的精准扶贫贷款，总行对贷款收益进行补贴，确保精准扶贫贷款收益不低于所在分行"三农"贷款平均收益。对于挂牌督战县支行，在现有精准扶贫贷款收益补贴政策基础上，补贴幅度进一步扩大50个基点。

五是落实差异化的拨备政策。对挂牌督战县建档立卡贫困户正常类的农户小额贷款，由总行承担拨备。

3.人力资源

一是开展东西部行干部人才交流。实施精准扶贫"双百"干部人才结对帮扶计划，从东部12个分行的100家支行中选派100名优秀干部到深度贫困县支行挂职帮扶，从20个中西部省市区的100家深度贫困县支行中选派100名优秀干部到东部地区行交流学习。

二是加大员工招聘力度。将国家扶贫工作重点县、深度贫困县机构人员招聘的学历条件放宽至全日制大学专科应届毕业生，"三区三州"部分艰苦边远地区人员招聘学历条件放宽至全日制中专及高中。2020年，为52个挂牌督战县支行平均每家招聘3名大学毕业生。

三是实施金融扶贫培训。加大基层信贷人员培训力度，提高贫困县机构服务能力和人员工作水平。加强脱贫攻坚专题培训，把深度贫困县支行党委书记、扶贫干部全部轮训一遍。

（二）信贷政策

一是降低部分信贷业务准入门槛。深度贫困县、挂牌督战县的PPP业务，地方政府债务率指标可由100%放宽至120%。在挂牌督战县，对义务教育、基本医疗、住房安全和饮水安全保障等方面的法人客户，由国有控股担保公司全额保证担保的信贷业务，可增信一至二级准入。允许政府增信建档立卡户和边缘户评级向上推翻最多二级至良好级。

二是放宽行业限额管理。对挂牌督战县属于设限行业的客户和项目，全额满足用信需求。

三是调整客户分类政策。对挂牌督战县、"三区三州"深度贫困县单户授信额度在1 000万元及以下、国民经济行业分类为"农、林、牧、渔业"的客户，可比照小微企业政策，不进行客户分类。

四是灵活满足企业信贷需求。挂牌督战县、"三区三州"深度贫困县的中型企业可参照小企业授信理论值测算方法核定授信理论值，即在原担保法、公式法的基础上，可采用现金流法、收入法、订单法、应收账款法等测算。

五是下放信贷审批权限。对非首贷客户，允许一级分行向挂牌督战县、"三区三州"深度贫困县支行转授授信项下短期信用业务审批权限，具体转授权客户范围由二级分行实行名单制管理。

六是建立信贷审批绿色通道。对深度贫困县、挂牌督战县的贷款项目，一级分行要特事特办、限时办结；上报总行审批的，执行信用审查审批优先办结规定，不占用申报单位优先办结指标。

七是执行差异化产品创新政策。深度贫困县、挂牌督战县借鉴其他地区创新的精准扶贫信贷产品，在符合法律法规、监管规定的前提下授权一级分行审批，超出总行现行政策制度规定范围的，备案总行相关制度维护部门。

八是实施利率优惠政策。建档立卡人口和易致贫边缘户贷款利率按监管规定执行不高于中国人民银行同期基准利率，深度贫困县、挂牌督战县法人精准扶贫贷款利率执行不高于同期LPR。

九是合理设定风险容忍度。在经营计划和相关考核中，剔除挂牌督战县支行不良贷款和到期贷款偿还相关指标影响。建档立卡人口贷款不纳入农户不良贷款容忍度管理。

十是落实尽职免责。对于单户授信总额1 000万元以下的普惠金融领域信用业务和金融精准扶贫贷款业务，在不违反法律法规和监管规定的前提下，有轻微违规但未形成不良或形成不良后全额收回本息的，免除全部责任；收回50%以上不良贷款本息的，可以免除部分责任。

（三）考核政策

一是实施脱贫攻坚专项考评。每年制定"扶贫重点县金融扶贫专项评价方案"，对扶贫重点县机构实施穿透式考评，考评结果挂钩2亿元战略工资和2亿元专项费用分配。每年制定"脱贫攻坚专项评价方案"，考评结果对接在境内分行综合绩效考核方案中的"脱贫攻坚"专项指标。

二是在分支行综合绩效考核中设置扶贫考核指标。在三农金融事业部考核方案中设置"扶贫重点县贷款""精准扶贫贷款"指标，两项指标权重共5%。将三农金融事业部考核结果按15%的比例纳入分行综合绩效考核结果。在考核"三区三州"等深度贫困地区支行时，脱贫攻坚相关考核指标合计权重占比不低于50%，在考核深度贫困地区之外的832个国家扶贫重点县支行时，脱贫攻坚相关考核指标合计权重占比不低于40%。

三是在总行相关部门综合绩效考核中设置扶贫考核指标。根据总行金融扶贫工作领导小组成员部门职责，设置扶贫重点县贷款增量计划完成情况、巡视"回头看"整改落实情况、消费扶贫工作推进情况等考评指标。

四是将省市分行脱贫攻坚成效纳入分行党建和领导班子考核。在省市分行党建工作考核中，增设"脱贫攻坚专项评价"量化考核指标，依据"脱贫攻坚专项评价方案"结果进行考评，权重为5%。同时，将省市分行党建考核结果按照50%权重计入领导班子考核得分。

五是将挂牌督战县贷款情况纳入县域业务"提份额、增贡献、强基础"专项营销活动考评激励范围。对52家挂牌督战贫困县支行，贷款业务发展排名前10位的县支行，按照每家支行20万元战略费用和3 000元/人战略工资标准，给予专项激励。

（四）非信贷扶贫行动

一是实施消费扶贫。在线上扶贫商城专门设立"扶贫摘帽"频道，独立展示挂牌督战地区商户、商品信息，并优先为频道内商户、商品匹配营销资源。开展"扶贫爱心购"等专项活动，推广对公客户采购、东西部行协作、"直播带货"等帮助销售有效模式，加大对贫困地区特色产品的直接购买和帮助销售力度。

二是实施东西部行扶贫协作。组织上海、江苏、浙江等12家东部行对口帮扶"三区三州"12个地州和定点扶贫县，累计帮助引进项目31个，总投资超过10亿元。

三是实施"金穗圆梦"助学活动。"金穗圆梦"助学活动实施范围从"三区三州"深度贫困县扩大至全部挂牌督战县，积极资助即将入学的挂牌督战县建档立卡贫困家庭大一新生。自2018年以来，"金穗圆梦"助学活动累计资助贫困家庭大一新生超过1万名。

四是实施贫困家庭大学生招聘"千人计划"。在同等条件下，优先招聘录用深度贫困县、挂牌督战县建档立卡贫困家庭大学毕业生。自2018年以来，已累计招聘建档立卡贫困家庭大学生超过千人。

第三章
生动的金融扶贫实践

在开展脱贫攻坚的过程中，农行坚持精准方略，在实践中探索形成了以产业扶贫、项目扶贫、到户扶贫、基础金融扶贫、定点扶贫、东西部行协作扶贫、消费扶贫、就业扶贫、金融科技扶贫和教育扶贫等多元一体的精准扶贫体系，走出了有农行特色的金融扶贫之路。

一、产业扶贫：筑牢贫困群众脱贫增收产业根基

习近平总书记指出，产业扶贫是最直接、最有效的办法，也是增强贫困地区造血功能、帮助群众就地就业的长远之计。要加强产业扶贫项目规划，引导和推动更多产业项目落户贫困地区。农行充分发挥多年深耕农业农村形成的客户、产品和经验优势，把支持贫困地区主导特色产业发展作为服务脱贫攻坚的有力抓手，因地制宜推动服务方式和服务手段创新，全面落实精准扶贫、精准脱贫方略。

（一）针对特色产业提供一揽子专属金融服务

针对贫困地区特色产业发展周期、经营特点和金融需求各不相

同的情况，农行总行在全行范围内开展了"百优特色产区"金融服务专项行动，重点筛选贫困地区地理标志农产品，以清单化方式指导推动分支行做好金融精准扶贫工作。在实践中，各分支行因地制宜、分类施策，根据产业发展情况在贷款准入、期限、额度、担保等方面量身打造特色产品，先后推出了金穗油茶贷、金穗普洱贷、金穗猕猴桃贷、金穗脐橙贷等特色金融扶贫产品数十款，满足特色产业客户的差异化金融需求。例如，金穗油茶贷根据油茶生长周期，设置贷款宽限期3~5年，贷款期限最长可至15年，并允许以产出前的油茶林设定抵押，有效解决了赣南等地区油茶产业发展面临的信贷资金期限错配和担保难问题。

图3-1　农行江西分行客户经理深入油茶种植基地察看油茶生长情况，了解农户金融需求

（二）大力支持产业龙头企业和产业链上下游小微客户

各级农行把支持产业龙头企业做大做强作为实施产业精准扶贫

的切入点，重点选择具有产业引领和扶贫带动作用的龙头企业、核心客户，并围绕龙头企业、核心客户形成的农业产业链、价值传导链，重点支持链条上下游的新型农业经营主体、特色小微企业，将金融服务进一步向乡村延伸。同时，充分发掘龙头企业交易数据、政府部门纳税数据，积极在贫困地区推广线上贷款产品，采取龙头企业推荐、支行线下调查核定授信额度、系统生成白名单的方式，实现小微客户、农户批量授信、系统自动审查审批，切实提高办贷效率和扶贫贷款覆盖率。

（三）强化扶贫利益联结机制

产业金融扶贫必须想方设法避免"扶富不扶贫"。各级农行将产业主体的扶贫带动能力作为授、用信调查的重要内容，并根据带贫情况落实优惠贷款条件，建立"银行让利、企业（大户）带动、贫困户受益"的利益联结机制，强化产业主体扶弱助困的积极性和主动性。例如，对深度贫困地区具有扶贫带动效果的产业客户贷款，利率执行不高于同期LPR，给予最优惠的贷款利率。对于龙头企业与贫困户形成订单生产、收购协议等实际交易关系的，探索采用"企业+贫困户"统一授信、"企业担保+贫困户贷款"等基于产业链的信贷扶贫模式，进一步增强贫困户与产业主体的利益联结关系。部分分支行将"惠农e通"平台与龙头企业ERP对接，提供线上对账、订单和库存管理、经销商线上下单等服务，打造贷款支持贫困户生产、龙头企业提供技术指导并收购农产品、经销商销售产成品的产业闭环。

案例1：农行广西上林县支行"甜蜜贷"精准扶贫

广西上林县是国家级贫困县，糖业是该县的特色产业，甘蔗种植面积8万多亩。上林南华糖业有限责任公司（以下简称上林南华公司）是当地纳税前十名的国家级龙头企业，近年来，该公司常年收购农民原料蔗在28万～37万吨，日榨能量达4 000吨/天。作为上林县唯——家糖业公司，公司辐射带动了当地大批农户、专业合作社发展甘蔗种植和参与季节性砍蔗、甘蔗运输等工作，其中有当地贫困人口参与，其带贫能力和扶贫成效得到当地政府的高度认可。

农行上林县支行以上林南华公司为依托，通过积极支持企业流动资金贷款需求、向贫困蔗农发放"惠农e贷—甘蔗贷"等，大力支持广西甜蜜事业，切实带动贫困户增收脱贫。一是加强政银企合作。上林县支行积极协调县扶贫办、南华糖业有限责任公司、农担公司、蔗农代表，组织召开"银担企糖业金融服务座谈会"，积极宣传农行金融扶贫政策，宣传农行金融扶贫信贷产品，切实加强银企、银政合作，共同推进脱贫攻坚。二是推进"惠农e贷—甘蔗贷"。上林南华公司是典型的产业精准扶贫企业，据统计，在与其合作的甘蔗种植户中就有1 568户6 440名建档立卡贫困人口。在直接支持企业发展，提高其带贫能力的同时，支行积极与公司合作，大力推进"惠农e贷—甘蔗贷"业务。运用公司推荐、支行线下逐户实地调查、逐户核定授信额度、生成"惠农e贷"白名单，实现批量授信、系统自动审查审批，切实提高了办贷效率和扶贫贷款覆盖率。三是精准识别加大优惠。由上林南华公司向农行推荐个人信用良好、甘蔗种植面积10亩以上的甘蔗种植户名单，支行与当地扶贫办比对建档立卡贫困户名录，对识别出来的建档立卡贫困户进一步实行利率优惠。

截至2020年末，上林县支行累计发放糖业产业精准扶贫贷款4.25亿元，其中上林南华公司贷款3.5亿元，蔗农贷款0.75亿元，有效服务、带动建档立卡贫困人口10 159人，占全县贫困户人口的8.1％。农行突出的扶贫成效，也赢得了当地县委和政府的高度评价。

案例2：农行甘肃平凉分行金融支持苹果产业链助力扶贫

静宁县位于甘肃省中部，是甘肃省23个深度贫困县之一。苹果产业是当地的主导产业、特色产业和优势产业，被国家农业部划定为全国苹果优势产区。当地政府立足县情实际，坚持把发展苹果产业作为助农增收、脱贫致富的重要举措，全力推进扩量提质增效创牌，初步形成了产业基地规模化、生产标准化、产品品牌化、营销市场化、服务社会化的发展格局。甘肃平凉分行立足静宁县苹果产业资源优势，积极围绕苹果特色产业链模式服务当地经济，通过支持当地国家级农业产业化龙头企业静宁常津果品有限责任公司（以下简称常津果业），以"公司+农户"等模式带动农户和建档立卡贫困人口增收致富。

银企合作，助力企业发展。自常津果业公司成立以来，平凉分行就为其提供现金存取、汇款结算等业务。2014年、2015年连续两年，平凉分行（参融方）通过订单融资为公司办理跨境参融通2 800万元，有效解决了公司收购苹果流动资金不足问题。2016年以后，每年为公司发放流动资金贷款4 000万元，用于季节性收购苹果。通过多年的合作，公司规模、经营效益不断提升。

多方协作，创建服务模式。在平凉分行支持下，公司业务不断发展壮大，并创新发展模式和经营模式。先后成立了静宁县云翠果业专业合作社，同时积极与基地所在地8个农民专业合作社合作，建设2.2万亩优质苹果示范基地，辐射带动当地果农提高果园收益，在公司（合作社）和广大果农的配合和努力下，逐步形成了"公司+农户""公司+基地+农户""公司+合作社+基地+农户"等多种合作、经营、管理模式。

企农融合，帮助农户致富。在公司持续发展过程中，平凉分行通过公司担保，为县域南部10个乡镇优质苹果认证基地100户果农，发放产业链农户贷款500万元，有效解决了农户种植果园资金不足的问题，为农户支付提供资金支持和保障。

在平凉分行大力支持下，企业经营规模效益稳步提升，辐射带动贫困人口能力明显提升。企业从前期32孔苹果储藏保鲜库发展到86孔，储存量由2万吨提升到5万吨，效益由300多万元增长到1 000万元，苹果基地建设覆盖静宁县苹果主产区李店、仁大、治平等6个乡镇。公司积极打造企农融合利益共同体，不断延伸产业链，2019—2020年在静宁县深沟乡新植红富士苹果2 000亩，带动贫困人口265户907人，助推当地果农脱贫致富。每年为流转土地农民兑付土地流转费60多万元，户均实现流转土地收益5 000元以上。公司对建档立卡贫困户储藏苹果每箱减免1元仓储费，降低建档立卡贫困户的苹果储藏负担。

二、项目扶贫：补上贫困地区基础设施短板

习近平总书记指出，要把脱贫攻坚重点放在改善生产生活条件上，着重加强农田水利、交通通信等基础设施和技术培训、教育医疗等公共服务建设，特别是要解决好入村入户等"最后一公里"问题。农行聚焦事关贫困地区实现"两不愁、三保障"基础项目和关键工程，加大信贷投放力度，发挥金融扶贫国家队、主力军作用，助力贫困地区补上基础设施短板。

（一）改善贫困地区道路交通条件

要想富，先修路。农行与相关政府部门、企业密切合作，精准对接贫困地区重大道路交通建设项目，狠抓"总对总"服务，将道路交通项目承建企业纳入总分行核心客户管理，量身定制授信方案，优先满足项目建设资金需求。对沿途涉及贫困地区的道路建设项目，鼓励通过内部银团等方式，支持做好项目贷款在贫困地区的落地工作，将道路交通项目贷款与建档立卡贫困户建立利益联结机制，充分发挥道路交通项目对扶贫脱困的带动作用。例如，围绕贵州省政府"四在农家·美丽乡村"建设部署，以贫困县为重点，发放贷款100多亿元，支持66个贫困县、1 300多个乡、近7万个村（寨）的公路、小水源、危房、村容整治。

（二）大力支持贫困地区水利工程建设

工程性和资源性缺水问题是制约贫困地区农业产业发展的重要因素。农行专门出台《水利贷款管理办法》，满足水利建设全周期的融资需求，倾斜支持贫困地区重大水利工程建设。2020年又及时

研究出台《金融支持150项重大水利工程若干政策措施》，对150项重大水利工程落实差异化信贷政策，支持各级行做好对重大水利工程的综合金融服务。截至2020年末，全行水利行业（含水电）贷款余额3 891亿元，较2015年末增加1 569亿元。

图3-2　农行四川巴中分行在贫困地区支持的巴河水库项目

（三）创新支持易地扶贫搬迁工程

中央指定开发性、政策性银行承担约1 000万人的易地扶贫搬迁工程融资服务工作。作为商业银行，农行积极满足易地扶贫搬迁工程中过渡性、短期性融资需求。例如，在贵州推出了"生态移民工程扶贫贷"，大力支持贵州贫困县承接易地扶贫搬迁安置区建设的开发企业或建设公司。同时，还大力支持搬迁安置区的特色种养、林下经济、设施农业、乡村旅游等产业发展，帮助搬迁贫困户发展生产致富。

图3-3　农行四川凉山分行支持的彝族易地扶贫搬迁项目

（四）积极支持贫困地区学校医院建设

　　根据教育部等政府部门规定，金融机构不得向义务教育阶段学校放贷。农行制定出台《县域教育机构贷款管理办法》，鼓励各级行满足贫困地区高职高专院校、普通高级中学等教育机构的融资需求，支持提升办学条件和教育质量。为进一步支持贫困地区医疗卫生事业发展，改善和提升医疗机构诊治救治能力，还制定出台了《县域医院贷款管理办法》，积极满足贫困地区脱贫攻坚中的医疗服务需要。

案例3：农行河南分行支持"引鲇入固"PPP水利项目助力脱贫攻坚

固始县是国家级贫困县，也是河南第一人口大县，近年来人口不断增加，但固始县城供水事业发展相对滞后，供水能力不足，已无法满足固始城市发展及人民生活用水的需求。固始水发供水有限公司"引鲇入固"PPP项目总投资64 297万元，是河南省重点水利项目、财政部PPP示范项目和固始县重大民生工程。河南分行积极跟进，为项目提供融资4.6亿元，切实解决项目建设资金缺口难题，并推动企业共同带贫助贫，助力民生事业与扶贫事业协同发展。

在项目运作过程中，河南分行了解到该项目所在地有大量贫困人口，便积极与固始水发供水有限公司沟通，争取与当地扶贫办签订精准扶贫协议，通过在项目建设中优先吸纳贫困务工人员，优先解决贫困户的生产、生活用水等形式，有效带动建档立卡贫困人口及周边农户增收受益。在落实用信条件后，固始支行积极与扶贫办、上级行和固始水发供水有限公司沟通协调，敲定带贫协议内容、利率定价等事宜，督促固始水发供水有限公司积极向其上级公司汇报，履行审批程序。各项准备工作完成后，固始支行与固始县扶贫办、固始水发供水有限公司三方签订了《金融精准扶贫三方协议》，约定固始支行向固始水发供水有限公司发放贷款，实行优惠利率，由固始水发供水有限公司分三年实施带贫，通过捐赠帮扶方式助力贫困户增收。

截至2020年末，固始支行已向固始水发供水有限公司发放贷款4.59亿元，实行优惠利率，由固始水发供水有限公司分三年实施带贫，每年帮扶487个贫困户增收。工程建设涉及鲇鱼山水库到净水厂56.9公里输水管道铺设，并配套其他设施建设，工程量和用工都很大，施工期间还带动运输、餐饮等行业发展，公司均优先安排贫困户务工和就业，为贫困人口创造增收机会。此外，在工程实施过程中需要占用大量的临时用地，沿线部分贫困人口可获得占地补贴。"引鲇入固"饮水工程已于2020年11月正式供水，日供水量达6.5万吨，超原日供水量5万吨的计划，极大地缓解了当地用水紧张状况，有效地改善了固始县城的投资环境，有力地助推了固始县脱贫攻坚进程，社会效益、自身效益良好。

案例4：农行陕西商洛分行支持镇安抽水蓄能电站项目带动贫困户 增收脱贫

镇安是陕西省11个深度贫困县之一，地处秦岭南麓中段，县域总面积3 487平方公里，山大沟深，是典型的"九山半水半分田"土石山区。截至2017年12月末，仍有建档立卡贫困村96个，占全县行政村（社区）总数的64%，其中深度贫困村15个，建档立卡贫困户26 049户、80 891人，贫困发生率18.17%。贫困程度深、减贫成本高、脱贫难度大，脱贫攻坚任务异常繁重。支持镇安抽水蓄能电站，既是助力减贫摘帽的重要项目，也是事关群众利益的民生工程。

商洛分行积极对接省政府、水利厅，抓住省分行与商洛市政府签署《金融支持商洛脱贫攻坚战略合作协议》的有利机遇，强化系统联动，大力营销水电工程项目，积极争取政府支持，促进镇安抽水蓄能电站项目成功落地农行。分行对水电金融服务实行"一把手"负责、开展分层对接、建立联动服务机制。专门设计信贷方案，核定项目授信及固定资产贷款额度50亿元人民币，项目建设期贷款总额度中核定30%可循环使用额度，用于办理银行承兑汇票和国内信用证业务。加强资金监管，借款人在农行开立项目资金监管账户，贷款资金的支付使用须经农行审核确认。项目运营期，在镇安县支行开立水电资金缴纳专户，实现项目运营收入专户监管。商洛分行积极推动建立项目带贫机制，与镇安县扶贫局密切配合，协助月河镇的菩萨殿、朝阳等村成立劳务队，动员和组织建档立卡贫困户到项目建设工地参与一些辅属工程、临时性工程建设，组织贫困户向项目建设单位供应蔬菜、粮油等生活物品，通过劳务输出、商品供应、征地及拆迁补偿等多个纽带，不断深化项目建设与贫困户的利益联结，带动贫困户实现增收脱贫。在商洛分行的大力支持下，2018年末，镇安县累计实现2.5万户、7.8万贫困人口稳定脱贫，贫困发生率由2016年末的33.1%降至0.47%，成为陕西省11个深度贫困县中第一个脱贫摘帽县。

陕西镇安抽水蓄能电站在项目建设中，雇佣了大量当地农民务工，劳动力高峰人数约4 200人，项目施工方租用大量民房、购买当地蔬菜、粮油等生产生活用品，直接带动当地建档立卡贫困户821人增收，直接和间接服务月河镇全部贫困人口4 485人增收，占月河镇总人口13 898人的32.27%。商洛农行依托重点项目带动贫困户增收脱贫的成功做法，得到了上级行、地方党政、监管部门和当地群众的一致好评。中央、省、市各级媒体对商洛分行"项目带动"脱贫模式进行宣传报道，2016年至2018年，商洛分行连续三年在全省金融扶贫工作会议上介绍经验，2018年至2020年，商洛分行连续三年被市委、市政府评为"驻村帮扶"先进单位，2020年又相继被农总行评为"定点帮扶"先进集体、"金融服务脱贫攻坚"先进集体，荣获陕西分行"2020年度脱贫攻坚专项考核第一名"，被《华商报》评为商洛"扶贫最给力银行""市民最满意银行"，品牌形象和社会影响力大幅提升。

三、到户扶贫：助力提升贫困户自身发展能力

发展到户扶贫贷款，带动建档立卡贫困户通过发展生产劳动致富，是全行助力脱贫攻坚的重要方式。农行在开展金融扶贫过程中，始终把支持贫困人口脱贫致富作为信贷扶贫的重要出发点和落脚点，通过创新信贷产品和信贷模式，既有力地支持了贫困人口提升自我发展能力，又实现了贷款放得出、收得回。

（一）主动发放扶贫小额信贷

建档立卡贫困户财务情况普遍较差，缺乏有效的抵质押担保物，发展生产融资难是一个普遍问题。为有效解决这一困境，农行在确保风险可控前提下，对信贷政策制度进行了调整优化。首先，在贷款准入上，与各级政府开展的贫困户信用评价工作对接，把信用良好、有劳动能力和致富意愿的贫困户纳入支持范围，将原先农户贷款准入中对农户财务状况的要求改为对贫困户的诚信要求。其次，在担保方式上，积极与各级政府、政府担保公司开展扶贫合作，通过建立政府风险补偿基金、政策性担保公司提供担保等方式，有效分担贫困户贷款可能存在的风险和损失，在部分具备条件的地区，还引入了保险机构提供风险补偿。最后，在贫困户推荐和

贷款回收上，与政府基层组织密切合作，充分发挥"第一书记"、驻村工作队的作用，有效解决信息不对称问题，确保贷款及时回收。在上述工作基础上，农行积极向建档立卡贫困户发放"5万元以下、3年以内、免抵押免担保、基准利率、财政贴息"的扶贫小额信贷。

图3-4　河南驻马店农行客户经理走村入户为贫困户现场办理扶贫贷款

（二）积极支持贫困户发展生产

对于贫困户生产经营情况较好的，农行积极用农户小额贷款产品对接融资需求，贷款额度最高可达30万元。同时，根据贫困户生产经营情况，提供多种还款方式，对于因资金周转暂时无法偿还贷款的，允许调整还款方式、办理展期续贷。为降低贫困人口发展生产的融资成本，对建档立卡贫困人口（含已脱贫享受政策的贫困人口）生产经营性贷款、扶贫小额信贷执行利率最高不超过同期基准利率的优惠政策。其中，对未享受财政贴息政策的建档立卡贫困人口生产经营性贷款，执行不高于人民银行基准利率0.9倍的优惠利率。

图3-5　在农行2万元扶贫小额信贷的帮扶下，
陕西略阳县贫困户贺正丽酿包谷酒增收脱贫

（三）因地制宜开展信贷服务创新

实践证明，建立风险补偿基金、政策性担保公司担保等"政府增信、银政共管"模式是一种十分有效的到户精准扶贫贷款方式。农行从信贷政策上明确风险补偿基金是一种有效担保方式，最高可按基金额度放大20倍发放扶贫小额信贷，在全行推广政府增信扶贫模式。各分支行因地制宜推出了具有本地特色的扶贫小额信贷产品，例如，新疆分行"政农通"精准扶贫小额贷款产品等。西藏分行、河北分行还结合信用村信用户建设，推出了不依赖政府增信、纯信用模式的贫困户贷款产品。同时，各级行结合数字化转型工作，利用"惠农e贷"系统，依靠大数据推动扶贫小额信贷线上化，实现了批量化调查、自动化审批。

图3-6　农行西藏分行举办"雪域惠农e贷"集中发放仪式

案例5：农行西藏分行发放到户贷款倾情助力贫困户脱贫

西藏自治区地广人稀、高寒缺氧、气候复杂，生产生活条件较为艰苦，素有"世界屋脊"和"地球第三极"之称。艰苦的自然环境，居住分散的农牧民，显著增加了金融服务的成本，存贷汇等基础金融服务面临"最后一公里"问题。而且，西藏经济社会发展相对滞后，居民人均可支配收入居全国末位，是全国贫困面积最大、贫困程度最深的地区之一，也是全国唯一的省级集中连片特困地区，是全面建成小康社会最大的短板。薄弱的产业发展基础导致金融扶贫面临风险大、管理难问题，也导致贫困农牧民面临致富难、贷款难问题。

西藏分行根据雪域高原贫困户实际情况精心设计金融扶贫产品。为帮助贫困人口发展生产、脱贫致富，西藏分行根据雪域高原贫困户的情况，创新推出了"建档立卡贫困贷"产品，向贫困户提供最高额度5万元、最长期限3年、利率优惠、免抵押免担保的扶贫小额信贷，贷款办理流程简便高效，一般只需1至3天即可获得贷款。为服务农牧业发展和农牧民增收，农行西藏分行创新推出了"钻金银铜"四卡农牧户信用贷产品，结合农牧户信用评级，以钻卡、金卡、银卡、铜卡"四卡"为载体，向农牧户发放满足生产、生活资金需求的纯信用贷款。其中钻石卡最高授信额度可达20万元，金卡及其他卡最高授信额度为8万元。

小康路上一个都不能少。面对西藏脱贫攻坚和金融服务的种种困难，农行发扬"缺氧不缺精神、艰苦不怕吃苦"的奋斗精神，在帮扶贫困农牧民上想办法、出实招、下工夫，迎难而上，克服苦难，加大资源倾斜和投入力度，积极探索金融助力全区62.8万贫困人口脱贫致富、232万农牧民增产增收、偏远艰苦地区金融服务环境改善等的结合点和着力点，切实发挥金融助力西藏脱贫攻坚作用，得到自治区领导和广大人民群众好评。

截至2020年末，农行西藏分行建档立卡贫困户贷款余额62.69亿元，同业占比达99.8%以上，累计支持贫困农牧户23万户，实现了对有劳动能力、有致富渠道、有贷款需求的贫困人口基本覆盖；信贷支持农牧户45.53万户，占全区农牧户80%以上，实现了对农牧民人口信贷需求的基本覆盖。2018年，农行西藏分行被自治区党委、政府联合授予"西藏自治区脱贫攻坚组织创新先进单位"称号。2020年，被中共中央国务院授予"全国脱贫攻坚先进集体"称号。

案例6：农行吉林分行创新"金穗增信脱贫贷"助力脱贫攻坚

为助力全省打赢脱贫攻坚战，农行吉林分行紧紧围绕当地省委、省政府《关于全面推进脱贫攻坚的实施意见》，借助政府增信机制，针对贫困农户实际情况，积极开发农户小额扶贫信贷产品。以全省建档立卡贫困农户为精准扶持对象，发挥财政资金"四两拨千斤"作用，通过建立政府增信机制，撬动信贷资金放大投入，有效打通融资门槛，破解贫困农户"融资难""担保难"问题。

"金穗增信脱贫贷"是以惠农卡为载体，依托政府增信机制，对建档立卡贫困农户发放的小额信贷产品。贷款对象是吉林省建档立卡清单中符合农行贷款条件的贫困人口；贷款额度为3 000元至10万元；期限为最长5年；放大倍数按政府增信资金最高10倍；执行中国人民银行公布的同期金融机构人民币贷款基准利率，由当地财政部门进行贴息；贷款采取"政府增信＋"的方式，其主要机理是：市（州）或县（市）政府部门出资成立政策性担保公司或建立风险补偿基金，农行采取政府"增信资金担保＋其他担保"方式（包括信用方式），扩大支持范围。

"金穗增信脱贫贷"采取政府增信方式，主要有以下几个特点：一是风险补偿基金的建立，能够解决贫困户担保能力不足问题，同时大大增强银行放贷信心和贷款投放力度，起到融资增信作用。二是有利于充分发挥财政补贴资金的杠杆作用，风险补偿基金的资金来源是各级政府扶贫资金，通过设立风险补偿基金，放大一定倍数作为担保发放贷款，能够发挥"四两拨千斤"作用。三是有利于充分调动各级政府部门管理积极性。各级政府部门是管理风险补偿基金的主体，风险补偿基金安全的前提是管好贷款，建立风险补偿基金有利于借助政府的行政组织优势和影响力，通过银政企合作，促进金融扶贫工作开展。

农行吉林分行积极推进金融扶贫产品创新，切实有效破解贫困农户"融资难""担保难"问题。一是突出精准到户，切实带动建档立卡贫困户增收。"金穗增信脱贫贷"产品自2016年5月推出至2020年末，全省已有靖宇、和龙、镇赉等13个县（市、区）建立政府风险补偿基金，到位财政资金累计达到5 000万元。二是贫困农户贷款成本低，减少大量融资负担。农行吉林分行创新推出的"金穗增信脱贫贷"产品，为贫困农户发展生产和消费增添了"催化剂"，同时采取基准利率、当地财政部门贴息的方式，切实减轻了贫困农户负担，营造了和谐的社会环境。三是党委和政府满意。农行吉林分行创新金融产品、支持新型经营主体、服务"三农"工作获得吉林省委省政府的高度肯定和认可。"金穗增信脱贫贷"产品还获得吉林省政府金融创新专项奖励100万元的最高奖。

四、基础金融扶贫：打通金融服务贫困地区的"最后一公里"

针对贫困地区特别是自然环境恶劣的偏远地区普遍存在金融渠道偏少、服务不充分问题，农行着力构建了"人工网点+自助网点+惠农通服务点+互联网金融渠道+移动金融服务""五位一体"的新型服务渠道体系，提高贫困地区基础金融服务覆盖率。

图3-7　2020年7月，四川凉山分行7个乡镇网点同时开业，图为新开业的农行喜德县李子支行

（一）完善贫困地区渠道网络

在物理网点对贫困县已全覆盖基础上，农行优先在贫困地区乡镇新建物理网点，并对网点建设开辟绿色通道，加快建设周期。自2016年以来，在贫困地区乡镇累计新建人工网点168个、自助网点599个。特别是在青海省、西藏自治区等地，正常网点建设周期达620天，在监管部门支持和各级行共同努力下，平均建设周期缩短到不足100天。同时，在"三区三州"深度贫困县开展移动金融服务，为四川分行、云南分行、西藏分行、新疆分行等配置移动金融服务车，通过优化网点劳动组合，实行弹性开门、弹性排班、弹性排柜等方式，引导人力资源配置到流动服务中去。

（二）加大惠农金融服务点建设

在物理网点无法布局的乡镇和农村，农行选择农村商超、农

图3-8　湖南怀化分行扶贫服务小分队上门指导金穗惠农通服务点瑶族群众操作使用具有"查、转、缴、取"功能的"智付通"

资店、便民服务中心等人流量较大的合作方，通过布放电子机具"智付通"设立惠农通服务点，提供助农取款、转账汇款、代理缴费等基础金融服务。还在惠农通服务点推出聚合支付服务，帮助贫困地区店主实现二维码收款，有效提升了农村地区交易的便利性。截至2020年末，农行在832个国家扶贫工作重点县惠农通电子机具行政村覆盖率达89.5%，比2015年末提升了16.6个百分点。

（三）推广互联网金融服务

农行着力打造掌上银行，融合"惠农e贷""惠农e付""惠农e商"三大功能模块，让更多贫困客户贷农行的款、扫农行的码，用农行掌银购买农产品，享受农行的现代化线上综合服务。在"惠农e贷"办贷系统中，嵌入人脸识别程序，对接建档立卡贫困户名单，实现在办贷过程中，准确识别和验证贫困户身份，并自动提示客户经理给予贫困户优惠利率等功能，有效保证农行扶贫贷款政策精准落实到位。

案例7：农行云南分行深度贫困县乡镇网点为脱贫攻坚"铺路架桥"

作为打赢脱贫攻坚战中必须要重点攻克的"三区三州"深度贫困地区之一的怒江傈僳族自治州，是一个典型的集"边疆、民族、直过、贫困、高山峡谷和资源富集"于一体的民族自治州。由于特殊的地理环境、社会发育程度和生产力发展水平，怒江傈僳族自治州是云南省乃至全国经济实力最弱、人民生活最贫困、基础设施最差的民族自治州，是贫中之贫、困中之困、坚中之坚的典型代表。全州4个县（市）均为深度贫困县，255个行政村中有249个贫困村（深度贫困村218个），有14.29万建档立卡贫困人口。

为切实改善怒江傈僳族自治州的落后面貌，自2011年起，在人民银行的号召下，农行怒江州分行率先扛起国有银行的社会责任担当，累计投入约3 000万元，在怒江州全辖行政村布设"惠农通"工程服务点578个，从无到有，从有到精，打通了服务群众"最后一公里"的普惠金融桥梁，让怒江乡村百姓可以"足不出村"就享受到基础金融服务。

随着怒江傈僳族自治州脱贫攻坚工程的推进和易地搬迁安置点的兴起，农行怒江州分行克服怒江因特殊时期造就的租房难、设计难、工程推进难等重重困难，历时两年，先后在易地搬迁后人流较为集中、基础金融服务需求大的泸水市上江镇、兰坪县营盘镇、贡山县丙中洛镇和福贡县上帕镇新增四个物理网点，满足深度贫困地区百姓对金融服务的迫切需求。农行营盘支行位于兰坪县营盘镇沧东村委会营盘街，网点设立初期，在充分考虑到营盘镇易地搬迁等因素，特将该支行定位为乡镇骨干网点，以零售业务为主，兼为村级集体经济和各类合作社、农业产业化龙头企业等新型农业经营主体和乡镇党政、事业单位服务。网点立足营盘镇，辐射相邻的兔峨乡、啦井镇、中排乡、石登乡四个乡镇，有效弥补了该区域金融网点布点空白的问题，解决了深度贫困地区基础金融服务缺失难题。农行营盘支行设有智能服务区、综合服务区、高柜服务区、营销服务区等功能分区，采用全行最新的网点形象标准，配置了最先进的智能化设备，突出新时代功能分区、网点智慧气息、网点客户服务体验、地方乡镇文化特色。

在贫困地区增设乡镇网点，是农行履行金融服务"三农"、支持脱贫攻坚和乡村振兴的责任。近年来，农行云南分行提高政治站位，认真贯彻落实上级行进一步加强贫困地区网点建设的安排部署，在省内部分乡镇增设了8个营业网点，以延伸金融服务"触角"，打通金融服务贫困地区群众的"最后一公里"。截至2020年末，农行云南省分行共设立631个对外营业网点、513个自助银行、10 854个"惠农通"服务点，其中，88个国家扶贫重点县"惠农通"服务点9 145个，电子机具行政村覆盖率达94.88%。

五、定点扶贫：精心耕种扶贫"责任田"

习近平总书记指出，党政军机关、企事业单位开展定点扶贫，是中国特色扶贫开发事业的重要组成部分，也是我国政治优势和制度优势的重要体现。2015年8月，国务院扶贫办、中共中央组织部等九部门联合印发了《关于进一步完善定点扶贫工作的通知》，由320家中央单位帮扶592个国家扶贫开发工作重点县。其中，农行负责结对帮扶河北省武强县、河北省饶阳县、重庆市秀山县、贵州省黄平县。农行把4个定点扶贫县作为自己的"责任田"，加大资源投入和政策倾斜，发挥系统合力和金融行业优势，全力以赴，倾心倾情倾力帮助定点扶贫县脱贫攻坚。

（一）强化组织领导，压紧压实责任

农行党委始终将定点扶贫工作作为重要政治任务来抓，成立农行党委书记任组长的定点扶贫工作领导小组，定期研究部署帮扶工作。分别由2~3名党委班子成员包干1个定点扶贫县，建立行领导包干督导、业务总监挂点督导、相关业务部门结对督导、分支行就近督导的四级督导工作机制，农行党委班子成员先后17次赴定点扶贫县、总行机关和省（市）分行先后473人次赴定点扶贫县开展调研督导，帮助解决实际困难。根据定点扶贫县脱贫攻坚情况，每年专门制订定点扶贫工作计划，对定点扶贫各项工作进行全面部署，明

图3-9　2020年8月，中国农业银行召开总行定点扶贫工作推进（视频）会

确目标任务、责任单位和完成时限，让相关分支行和挂职干部扶贫有方向、工作有支撑。

（二）聚焦产业发展，加大信贷投放

农行全额保障定点扶贫县信贷规模，开辟信贷业务审批"绿色通道"，大力推广金融扶贫好产品、好模式，千方百计加大信贷投放。总分行对定点扶贫县信贷业务开辟绿色通道，限时办结。对重点项目和扶贫工程，实行"平行作业"，由有权审批行派审查骨干人员参加项目预审工作。对定点扶贫县基础设施、民生工程类PPP项目制定差异化准入和授权政策。对定点扶贫县精准扶贫贷款实施利率优惠，经济资本全部由总行承担，利率执行水平在总分行有关考核时予以剔除计算。截至2020年末，农行在4个定点扶贫县贷款余额119.3亿元，比2015年末增加86.3亿元，增幅261.5%，高于同期全行贷款增幅187.6个百分点，有力地支持了定点扶贫县特色产业发展、基础设施建设和民生工程建设。

案例8：农行河北饶阳支行加大信贷投放　助力饶阳县脱贫摘帽

自开展定点扶贫以来，农行勇于开拓创新，依托饶阳产业优势，先后推出了"金穗快农贷""土地经营权抵押贷款""光伏贷""葡萄贷""蔬菜贷""惠农e贷"等创新产品，通过流转土地、安置就业、特色代养等方式，鼓励企业带动贫困户脱贫增收。

截至2020年末，农行饶阳支行各项贷款余额10亿元，较2015年末增长8.9亿元，增幅839.6%，贷存比提高20.4个百分点，累计投

放精准扶贫贷款7.3亿元，余额2.8亿元，其中产业扶贫贷款2.7亿元，约占全县总量的47%，累计支持带动4 194名贫困人口增收致富，占全县脱贫总人口的22%，成为金融扶贫的主力军。

2019年，在全国首创了"党建+信用+金融"的信用村信用户融资模式，为农户提供纯信用贷款。一年多来，共评定信用村45个，推荐信用户621户，累计发放贷款2 458笔、12 922.99万元，支持农户建设棚室600余个。这项工作既解决了农民贷款担保难题，又提升了农民诚信理念，更进一步加强了基层党组织的威信和执政能力，得到河北省衡水市市委、市政府高度肯定，并向全市推广饶阳经验。

（三）发挥行业优势，推进扶贫创新

农行充分发挥金融机构优势和特长，将定点扶贫县金融扶贫打造为农行服务"三农"和脱贫攻坚的"试验田""示范田"，因地制宜创新扶贫模式和产品，不断提升金融扶贫精准度。围绕定点扶贫县特色农业、特色旅游和其他特色产业，大力推广小额信贷扶贫、政府增信扶贫、龙头企业带动、特色产业带动、互联网金融扶贫、合作社（大户）带贫、就业带贫等金融扶贫模式。积极探索运用产业基金、理财融资、债券融资等新兴工具，着力支持定点扶贫县基础设施、民生领域金融需求和当地支柱产业发展。

案例9：农行河北武强支行创新产品模式　积极拓展扶贫渠道

农行武强支行紧扣"精准扶贫、精准脱贫"基本方略，探索创

新了一批信贷产品，为贫困群众稳定脱贫、持续增收提供了重要的资金保障。

创新扶贫合作"富源"模式。政银企三方签订扶贫合作协议，农行对农业产业化龙头企业富源牧业给予信贷支持和利率优惠，扶贫办用扶贫基金以贫困户名义入股，富源牧业每年拿出入股资金一定比例反哺贫困户。截至2020年末，富源牧业授信1亿元，累计向富源牧业投放贷款3.93亿元，累计带动7 921名贫困人口脱贫增收，该模式入选河北省金融办金融扶贫案例库。

创新"光伏贷"模式。为贫困户建设5 000瓦发电设备，对每户贫困户，由县扶贫办投资1.2万元、农行贷款2万元，并网发电后，每户每年可获收益3 000元，已累计发放贷款792万元，直接支持贫困人口1 048人。

图3-10　农行河北分行创新推出扶贫合作贷，农行武强县支行青年扶贫先锋队走村入户，为村民现场办理贷款手续

创新"乐器扶贫贷"模式。农行对有项目、有劳动能力的贫困农户直接发放"乐器扶贫贷"，由贫困户购买乐器配件加工设备进

行加工生产并在加工车间就业，从而实现脱贫增收。截至2020年末，已发放"乐器扶贫贷"44户、208万元，其中谭封庄实现了当年支持，整村脱贫。

创新"青贮贷"模式。依托奶牛养殖特色产业，以龙头企业富源牧业、富奥牧业的应付账款作为质押的扶贫模式，截至2020年末，累计发放贷款1 560万元，有效促进了武强县种养殖业发展。

（四）增加人才资金投入，加大帮扶力度

农行持续向定点扶贫县选优配强扶贫挂职干部，自2016年以来，总行累计向4个定点扶贫县派出优秀挂职干部15名，挂职担任副县长、驻村"第一书记"和县扶贫办副主任。专门研究出台《关于加强扶贫干部管理服务的指导意见》，加强对定点扶贫挂职干部的培训、管理、考核、监督和服务，落实第一书记工作经费和各项

图3-11　总行派驻河北饶阳县北歧河村第一书记李浩向村民
宣传、讲解十九大精神

保障政策措施，对表现突出、地方及群众反映好的挂职干部优先选拔任用。持续加大对定点扶贫县的无偿帮扶力度，自2016年以来，共向4个定点扶贫县直接投入帮扶资金共计2.77亿元，实施了一批"两不愁三保障"重点帮扶项目。

（五）加强系统联动，形成扶贫合力

建立东西部行定点扶贫对口帮扶机制，由北京分行对接武强县、山东分行对接饶阳县、广东分行对接秀山县、浙江分行对接黄平县，充分发挥发达地区行在客户资源、业务发展、经营管理等方面的优势，与定点扶贫县在招商引资、金融创新、业务交流等方面建立长效帮扶机制。自2016年以来，北京分行、山东分行、浙江分行、广东分行先后协调65家农行客户企业赴定点扶贫县开展项目考察，签订投资额68亿元，10个项目已正式落地，企业实际投资额达7.1亿元。不断加大消费扶贫帮扶力度，充分利用"益农融商"公益扶贫平台和掌银扶贫专区，加强与贫困县政府、企业、有定点帮扶任务的中央单位的合作，助销定点扶贫县和其他贫困地区扶贫产品。在农行后勤、工会等有关采购中，加大对定点扶贫县及其他贫困地区扶贫产品的采买比例。

案例10：农行广东分行对口帮扶重庆秀山县脱贫攻坚

秀山土家族苗族自治县地处武陵山集中连片特困地区、渝鄂湘黔四省（市）接合部，是重庆市东南门户和成渝经济圈连接"珠三角"和"长三角"的重要通道，总人口67.1万人，其中贫困人口

16 799户、70 527人，土家族、苗族等少数民族占58.9%。秀山县是重庆市城乡二元结构特征的缩影，与全国许多贫困县类似，具有深处山区、人口相对较少、少数民族聚居等特点。按照总行东西部协作安排，农行广东分行对口帮扶秀山支行脱贫攻坚。农行广东分行从"进"和"出"两个方面下工夫，既做好招商引资，改善重庆秀山县产业结构，带动当地经济发展、带动贫困户脱贫致富，又着力帮助秀山解决当地农产品的销售问题。

农行广东分行围绕秀山县中药材、药材加工业、物流、旅游等优势产业，充分利用分行客户资源，联系推动优质企业到秀山县投资兴业或开展其他形式的合作。根据两地资源禀赋建立产业帮扶客户库，由各二级分行推荐2~5家企业作为备选对象赴当地开展产业帮扶，初步筛选了62家。经过不懈的努力，2020年10月23日，广东中兴绿丰发展有限公司与重庆秀山县人民政府、秀山支行及河源分行签订《高端食用菌产业带动示范项目合作框架协议》，拟在秀山县推广实施高端食用菌产业带动示范项目，届时将带动发展食用菌总面积不低于7 000亩，促进秀山县产业经营发展。截至2020年末，中兴绿丰在秀山注册的公司已取得营业执照，并已投入资金360万元，羊肚菌种植项目正式启动。农行广东分行积极与客户尤其是系统性大客户、大型优质集团协商，发动热心公益的社会人士和相关企业伸出援助之手，尽可能把捐赠资金、公益项目投向秀山县，帮助秀山加强农村基础设施建设、产业发展及贫困户脱贫。截至2020年12月末，由广东分行引荐的广东邦华集团有限公司已向秀山县无偿捐赠250万元，主要用于果蔬基地、电商服务中心两个项目建设。

在帮助秀山县做好扶贫引资的同时，农行广东分行积极引导动员广东辖区内法人客户等社会力量通过"以购代捐""以买代帮"等方式采购秀山县农产品。农行广东分行系统内食堂最大限度统一采购秀山农产品，与秀山县政府推荐的重庆村头科技发展有限公司达成购买意向。同时，分行鼓励和发动全辖员工及亲朋好友购买秀山县的农特产品。截至2020年12月末，已直接购买339.19万元。另外，分行还积极联系大学和科研机构到秀山开展人才培养与专业培训，提升秀山相关人员专业技能。先后联系了华南理工大学等多所学校，对接秀山县政府有关部门的具体培训需求，按计划开展培训工作。

图3-12　农行广东分行工作组到对口帮扶县——秀山县进行扶贫工作专项调研

（六）主动自加压力，开展重点帮扶

在扎实做好4个定点扶贫县工作基础上，农行自加压力，主动将贵州雷山县、贵州台江县、甘肃舟曲县、甘肃渭源县、江西石城县和河北阜平县6个县纳入总行重点帮扶范围，对重点帮扶县参照定点扶贫县政策做好帮扶。优选干部支持6个县扶贫工作，其中总行向河北阜平县选派了一名挂职副县长、向江西石城支行派驻一名挂职副行长、向贵州雷山县脚猛村选派驻村第一书记，相关分行选派6位业务骨干到县支行、贫困村交流驻点。6家支行充分利用总行给予的产品创新政策，结合地方资源禀赋积极创新，共推出了11项"惠农e贷"系列产品，有力地支持了地方特色产业发展。2020年11月以后，为更好地打造服务巩固脱贫攻坚成果同乡村振兴有效衔接的典型和标杆，农行将云南墨江县和河北张北县纳入重点帮扶县名单。

六、东西部协作扶贫：山水难阻兄弟情

2019年4月，农行制定《中国农业银行东西部扶贫协作金融服务行动方案》，聚焦"三区三州"等深度贫困地区，建立农行东西部扶贫协作结对和帮扶机制，出台一系列配套政策措施，组织东西部分行协同做好脱贫攻坚金融服务。

（一）确立结对关系

结合地方党政结对帮扶关系和各行实际，明确了东西部分行结对关系，由北京分行对接新疆和田分行、天津分行对接甘肃甘南分行、上海分行对接云南怒江分行、江苏分行对接青海分行、浙江分行对接四川凉山分行、福建分行对接西藏林芝分行、山东分行对接新疆喀什分行、广东分行对接四川甘孜分行、深圳分行对接西藏日喀则分行、青岛分行对接云南迪庆分行、宁波分行对接贵州黔西南分行、厦门分行对接甘肃临夏分行。在此基础上，结对双方的下级行可以自主建立结对关系，深入推进扶贫协作机制落地。

（二）加强组织推动

总行第一时间成立扶贫协作领导小组，制订东西部扶贫协作金融服务工作方案，明确总体帮扶目标和重点工作举措，指导东西部分行间建立沟通协调机制，畅通双方信息沟通和共享渠道，密切关注项目建设、产业落地等工作进展，及时帮助贫困地区行解决金融扶贫中的困难和问题。东部地区12家分行"一把手"亲自带队赴帮扶地区开展调研对接，主动拜访地方党政领导，深入了解当地自然禀赋、营商环境和脱贫诉求，因地制宜提供协作支持。

案例11："山海协作"助力脱贫攻坚

浙江分行认真落实总行东西部扶贫协作结对帮扶方案要求，省分行党委班子先后多次到凉山调研，通过上山下乡、走村入户、与党政部门座谈，充分了解当地营商环境和帮扶需求。2019年至2020年末，共召开9次专题会，挖掘意向企业，研究产业对接，做到有的放矢、靶向施策。专门成立对口帮扶工作组，建立行际协作、银政联席等多项常态化工作机制。正处级干部闵云忠专职担任组长并兼任凉山州政府副秘书长，小组成员从全省选拔，需要什么人就派什么人，工作组扎根扶贫一线，主动协调、帮助地方政府招商引资、助力农户产销对接，切实做到真派驻、真干事、真帮扶。围绕产业扶贫、消费扶贫等重点工作，压紧压实分支行责任，并纳入分支行绩效考核和班子党建考核。当地政府多次来信来函肯定浙江分行对口帮扶工作抓住要点、作风实干、富有成效，书写了新时期脱贫攻坚"山海协作"的新篇章。

（三）实施"双百"干部人才结对帮扶计划

县域是金融扶贫主战场，农行是唯一一家在所有贫困地区县域都设有县支行的国有大型商业银行。2019年8月，农行落实中央脱贫攻坚部署要求，创新推出聚焦精准扶贫的"双百"干部人才结对帮扶计划，东部发达地区100家支行与中西部贫困地区100家县支行建立"一对一"结对帮扶关系。双方互派干部挂职交流，从东部支行选派到贫困地区县支行的交流干部原则上担任支行"一把手"，通过"一对一"精准帮扶，发挥优秀年轻干部带动作用，推进农行东西扶贫协作金融服务行动延伸到农行最基层分支机构。广大"双百"交流干部不仅从贫困地区经济发展实际出发，积极推动产业扶贫、银政合作、招商引资、消费扶贫等工作，还积极通过专题培训、送教上门、集体学习等方式，将现代金融服务理念引入贫困地区，助力贫困地区分支行经营管理水平提升。"双百"计划为农行优秀年轻干部在脱贫攻坚一线、重要岗位、吃劲岗位锻炼成长搭建了更加广阔的舞台，培养了一大批扎根基层、服务"三农"、扶贫为民、干事创业的青年优秀干部人才，增强了贫困地区县支行推进业务转型发展的创新能力。

案例12：担当作为，用心用情精准扶贫

2019年7月，作为农行聚焦精准扶贫的"双百"交流干部，陈耀杰带着责任和使命从2 000公里外的宁波出发，远赴贵州黔西南州望谟县担任望谟县支行党总支部副书记、副行长。在结对帮扶工作中，陈耀杰主动担当、用心用情、努力作为，全力助推当地脱贫攻坚。

陈耀杰立足望谟县情，发挥农行的资金、人才、客户和技术优势，深入挖潜产业资源禀赋，多方沟通协调，成功对接东西部协作望谟县盘江小黄牛产业扶贫项目。该项目通过"龙头企业＋合作社＋农户"模式运作，由余姚市花莲生猪专业合作社在望谟县注册成立望谟分社，总投资5 000万元，截至2020年末，带动建档立卡贫困户400户。同时，陈耀杰积极带队下村下组蹲点调查，创新推出"芒果e贷"特色信贷产品，向芒果种植大户授信365万元，发放贷款124万元。此外，陈耀杰主动协调，成功帮助望谟县农产品加工企业入驻农行扶贫商城，通过网点销售、积极联系农行客户"以购代捐""以买代帮"等形式，线上线下累计帮助销售望谟县特色农产品70多万元。

2020年8月，《贵州日报》、"学习强国"贵州学习平台对陈耀杰的优秀事迹进行专门报道。"很荣幸成为农行脱贫攻坚一线战场的一员，能够亲自参与和见证这场轰轰烈烈的反贫困战争！"面对宣传报道，陈耀杰坚定地表示将一如既往地用赤诚和实干诠释农行扶贫党员干部的初心本色。

（四）助力贫困地区产业发展

农行东部地区行认真对接贫困地区政府诉求，结合当地资源禀赋、产业优势和产业发展规划，系统梳理潜在项目和产业发展清单，针对性引导有明确产业转移计划、有可行项目落地的东部发达地区客户到贫困地区投资兴业，建立种养基地，发展加工基地，打造"名、优、特、新"特色产业，努力将贫困人口融入产业发展链条，增强脱贫致富内生动力。同时，针对客户金融需求，东西部行合力做好融资融信、支付结算等配套金融服务。截至2020年末，东部地区行累计为被帮扶地区引进投资项目31个，总投资超过10亿元。

案例13：小核桃撬动扶贫大格局

浙江分行聚焦贫困地区产业需求，在全省范围内精准选择53家优质客户赴贫困地区现场考察，对每个意向项目成立工作专班、协调政策、一盯到底。凉山州核桃产量大、销售难，浙江分行迅速响应，协调浙江国丰油脂有限公司引进核桃深加工项目，总投资5亿元，首期投资2.5亿元。项目于2020年11月8日开工建设，计划2021年上半年竣工投产，全部建成后可消化干核桃20万吨以上，辐射带动凉山州11个贫困县20万人口增收。此外，浙江分行还牵线多家浙商到凉山冕宁、会理、宁南等地投资葡萄、茭白、丝织产业，截至2020年12月，引进扶贫产业项目7个，带动当地就业2万人次，有力地支持了凉山州产业发展。

案例14：小蘑菇种出扶贫大产业

广东分行积极协调广东中兴绿丰发展有限公司在四川甘孜州

落地羊肚菌种植项目。截至2020年12月末，第一期羊肚菌项目已在泸定县、丹巴县完成种植推广，总种植面积达200亩，直接带动60户种植户，辐射带动农户640人，总产值达444万元，有效支持了甘孜州脱贫攻坚。通过强化"政府＋银行＋企业＋农户"的产业扶贫利益联结机制，形成产前育种、产中技术指导、产后保底收购、助力加工销售的全流程产业链，甘孜分行配合开展农户信息建档和"惠农e贷"整村推进，让羊肚菌托起农户致富大梦想。

（五）扎实开展消费扶贫

各帮扶行积极通过工会、食堂等途径加大对贫困地区特色农产品采购，充分利用"益农融商"公益扶贫平台和农行掌银电商扶贫专区，通过"线上＋线下"渠道双管齐下，主动向分行员工、客户、合作单位等社会各界推介贫困地区特色农产品，全力帮助解决贫困地区特色农产品销售难问题。截至2020年末，东部各行线下帮助销售贫困地区农产品2.9亿元。

案例15：直播带货　为扶贫下单

2020年新冠肺炎疫情防控期间，适应非接触式消费业态加快发展的新形势，农行东部地区行广泛采用"直播带货""网红营销"等新手段新模式，助力贫困地区农产品销售。上海分行联合怒江州政府通过新消费模式成功举办帮扶怒江州农产品消费扶贫云签约暨"直播带货"活动，直播活动当日就带动扶贫商城订单7 000多笔，销售怒江农产品315万元，"直播带货"活动点击率达8.9万人次。截至2020年12月末，上海分行直接推荐客户购买怒江农产品超过1 364.97万元。

（六）引入帮扶资金

东部帮扶行积极鼓励、支持辖区内各类企业、社会组织和公民个人参与东西部行扶贫协作，主动协调各类捐赠资金、公益项目投向结对帮扶地区。西部贫困地区行及时向东部分行沟通项目需求和产业发展信息，努力提高资金使用效率，确保精准帮扶贫困人口。截至2020年末，农行东部各行累计引进各类帮扶资金约1 500万元。

案例16：教育扶贫　"大手牵小手"

2020年，厦门分行主动协调厦门市政府帮扶资金280万元（其中厦门市捐赠资金180万元、厦门分行捐赠资金100万元），用于甘肃临夏州东乡族自治县岔巴小学建设，项目已于9月竣工并投入使用。同时，厦门分行启动"大手牵小手""一对一"助学计划，通过助学金和奖学金等形式，"一对一"帮扶资助33名家庭困难、品学兼优的学生完成小学到高中教育，并在科学、艺术等方面深入帮扶交流，为孩子的成长之路带去更多关爱。

（七）探索业务创新

东部帮扶行立足智力帮扶，积极发挥业务管理优势，建立金融服务团队，协助西部当地行加快创新金融产品和服务。围绕当地特色产业，"一地一策"制定区域金融产品创新规划，有效满足当地客户金融服务需求，帮助贫困地区分支行提高金融服务水平，提升金融扶贫精准度。

案例17：智力帮扶打通"最后一公里"

福建分行积极参与"西藏林芝农行企业复工复产信贷服务中心"组建工作。将福建分行服务普惠小微企业和助力生猪产业转型升级发展的经验引入林芝分行，双方共同开展业务创新，先后研发并出台了藏茶贷、藏猪贷、藏药贷、林果贷4项特色产品。截至2020年末，累计投放贷款1 000万元，贷款余额838万元，笔数61笔。针对凉山地区部分贫困群众不能手写签名，业务办理效率低下等问题，农行总行和农行浙江分行联合开发柜面业务电子指纹签名功能，用指纹识别代替签名，有效解决了部分群众不能手写签名的难题，农行也成为国内第一家将电子指纹签名功能应用于柜面业务的大型商业银行。2020年末，所有52个挂牌督战县农行网点超级柜台都已上线指纹签名功能，有效打通了贫困地区智能服务的"最后一公里"，得到贫困地区广大客户的好评。

七、消费扶贫:"买买买"促增收助脱贫

消费扶贫是指通过增加贫困地区产品和服务消费,帮助贫困人口增收脱贫的一种扶贫方式,是社会力量参与脱贫攻坚的重要途径。消费扶贫有利于增加贫困地区产品销售和帮助贫困户稳定增收,有利于增强贫困地区产业发展动力,实现"输血式"扶贫向"造血式"扶贫转化。农行坚决贯彻党中央、国务院关于消费扶贫工作部署,行党委多次专门召开会议研究部署消费扶贫工作,专门出台《关于开展消费扶贫工作的实施意见》,充分发挥系统优势,积极调动全行力量,深入推进全行消费扶贫工作开展。

(一)创设扶贫商城开展线上消费扶贫工作

农行充分利用互联网技术,研发创建扶贫商城,以电商为载体,着力推动贫困地区特色农产品与外部市场实现产销对接。总行成立扶贫商城工作推进小组,行长直接牵头,"三农"业务总监具体负责,总行各相关部门参加。各分行比照总行成立扶贫商城工作推进小组,"一把手"负总责、班子成员负具体落实责任,对扶贫单位、贫困县逐个推进落实。总行多次召开行领导专题会进行工作部署,专门下发扶贫商城推广行动方案,指导各分行积极做好工作推进。按照"总行统筹组织、部门包干认领、分行落地服务、支行拓户选品"原则,组建四级行参与的"五位一体"柔性服务团队(总行扶贫单位对口联络部门、总行客户部门、网络金融部、扶贫单位所在分行、贫困县支行),建立总行各部门横向协作、上下级行纵向联动、东西部行协同作战的联动工作机制,确保工作推进有力。将扶贫商城年交易量目标分解落实到各分行,将扶贫商城交易

规模、带动客户及合作共建场景等纳入业务考核。总行成立扶贫商城工作"专班"，重点督导各行合作共建、活动开展、任务完成等工作落实情况，确保各项工作抓紧抓实，富有成效。总行45个部门包干认领合作共建单位，各部门领导亲自带队拜访合作单位，组织签约上线，与扶贫单位共同策划线上线下定制化推广活动。总分行不定期开展"扶贫暖心购""扶贫随心购""扶贫安心购""扶贫爱心购"等形式多样的促销活动，为国务院扶贫办挂牌督战的52个贫困县开辟"聚力52"专栏、为助销湖北农产品开辟"农情援鄂"专栏，千方百计增加贫困地区农产品销售。对各行工作推进中的好经验与好做法，总行定期制作专题工作周报，分享部门营销、分行活动等优秀经验，供各行借鉴参考。

截至2020年末，农行扶贫商城累计助销贫困地区特色农产品超过7.9亿元，与388家中央单位建立了消费扶贫合作关系。

图3-13　2019年10月，中国农业银行召开扶贫商城发布会，深入推动消费扶贫工作

案例18：多措并举推广扶贫商城

为贯彻落实总行2020年消费扶贫行动方案，农行湖北分行精心组织扶贫商城推广工作，通过做深商品、做好推广、做宽渠道等多项工作，大力推广扶贫商城，助力全省复工复产、复商复市、扶助扶贫。

湖北分行重点加强了优质商户营销力度，努力扩大商户入驻率，将富有地标特色、蕴涵浓郁地方文化的特色农产品积极上线扶贫商城。截至2020年末，已有来自全省28个国定贫困县的102家商户上线农行扶贫商城，在线销售商品1 418款。通过定期开展秒杀、折上折、主播带货等多种营销手段，打造湖北复工复产专场品牌，助力全省复工复产。例如，2020年4—5月，推出"农情援鄂"湖北专场活动，主销50款特色农产品，带动交易量7 057笔，交易额54.84万元。其间，还成功开展"农情援鄂，吃援竹溪"直播带货活动，开播一小时，在线人数达25.6万人次，现场下单4 115笔，销售产品7 026件，销售额20余万元。《人民日报》（海外版）、腾讯新闻等媒体先后对本次活动进行了报道。还创新推出《美食月历》系列援鄂专属栏目，截至2020年末，活动累计已开展5期，交易量8 724笔、销售额82.5万元。此外，多家东部地区行也对湖北分行消费扶贫工作给予了大力支持。北京、浙江、上海分行针对湖北多个国定贫困县商户开展大额采购，广东、天津分行精选湖北多款扶贫商品开展"一元购"活动。

为进一步提升扶贫商城辐射度，湖北分行还加大了银政合作共建力度。通过加强与在鄂中央定点扶贫单位合作，已成功拓展武钢集团、东风汽车、三峡集团、中国地质大学（武汉）、中国信科集团、全洲集团等掌银扶贫商城专区。截至2020年末，合作单位帮扶采购累计达25.7万笔、销售额1 380.9万元。同时，积极拓展单位食堂、员工福利、超市供销、客户馈赠等批量采购资源，截至2020年12月末，共实现采购923笔、销售额138.3万元。还试点以标准化接口嵌入合作单位、地方智慧政务等第三方平台，着力构建线上扶贫生态体系，已完成扶贫商城向湖北襄阳市的"i襄阳"、黄冈市"爱城市网"两款APP和黄石"东楚通"公众号等3个地级市政务平台输出工作。

（二）调动全行力量直接购买贫困地区农产品

农行充分挖掘内部需求，积极动员各级行机关、培训学院、各子公司等单位的自办食堂按规定优先采购贫困地区米、面、粮、油、蔬菜等农产品，鼓励各单位工会在采购会员节日、送温暖等慰问品和文体活动用品时，按规定优先购买贫困地区特色产品，积极动员员工个人自愿购买贫困地区农产品。

在直接购买工作开展过程中，各单位充分发挥农行制度化、规模化、组织化优势，因地施策总结出多种行之有效的推广方案，形成若干种可复制推广的典型经验做法。通过"银行+企业""银行+政府+企业""银行+商业协会+企业"等合作方式，总行机关举办了"荆风楚韵·灵秀宜昌""帮扶昭通·助力镇雄"等一系列大型公益展卖会，为贫困地区企业提供产品推广的直接渠道。在总分行一些辖区内机构设立"扶贫产品爱心专柜"，有效拓宽贫困地区农产品采销渠道，实现扶贫产品直供。推出"舌尖上的扶贫"等扶贫产品主题推广活动。打造深度体验式消费扶贫场景，深入贫困一线实地拍摄，创作发布"镇雄篇""澜沧篇"和"云南篇"等扶贫助销视频作品，讲好食材故事、扶贫故事和农行故事，让吃的人健康，让种的人小康。总行机关工会通过"益农融商"公益商城设立"提货专区"，上线精准扶贫产品380余种，实现"线上下单、线下收货"，"按需兑换，随需服务"，便捷职工购买，有效满足员工采购贫困地区特色农产品需求；通过组织"助力扶贫·五一（端午）爱心购"等活动，获得全行各分支行工会和广大工会会员的积极响应和踊跃参与，取得良好成效。总行机关服务管理局鼓励全行自办后勤及后勤社会化服务商在同等条件下优先采买使用扶贫产品。东西部扶贫协作分行按照农行东西部扶贫协作金融服务行动的统一部署，合作开展了形式多样的帮扶活动。西藏、新疆、云南、贵州等分行，针对辖区内农产品"小而散"、地域性强、品牌优势不明显等销售难题，积极动员辖区内各级机构就近优先购买本省贫困地区农产品，有效拓展了产品销路。2018—2020年，农行累计直接购买贫困地区农产品3.9亿元。

图3-14　云南怒江分行为少数民族群众直播带货助力消费扶贫

案例19：依托消费扶贫 助力黔货出山

受地理环境、社会经济发展、人口结构及运输物流等因素影响，贵州省大部分贫困县农民收入来源为自产自销农副产品，产品单一，抗风险能力较弱。尤其是在新冠肺炎疫情防控期间，自产自销受到极大影响，农副产品存在较大程度积压。

针对这一现状，贵州分行认真落实总行消费扶贫工作部署，把"直接购买"作为克服疫情影响、助力贫困地区打赢脱贫攻坚战关键一招。充分发挥贫困县支行和派驻扶贫干部纽带作用，结合各级行对口帮扶对象以及贵州分行合作企业产品供应，积极筛选当地优质特色、绿色环保、带贫效果明显的农副产品，形成扶贫产品清单供全行员工选购，鼓励员工通过线上线下渠道积极采买贫困地区特色农产品，并做好扶贫产品推介工作。同时，创新服务方式，把员工每日的就餐环节打造成品尝贫困县美食的展台，通过智慧食堂APP为员工提供贫困县蔬菜包采购，解决新冠肺炎疫情防控期间员工买菜难的问题。截至2020年12月末，实现订单2 333份，金额达99 381.7元。还将贫困县农特产品作为各类活动的奖品，让员工享受实惠的同时，进一步带动直接购买。此外，加大与省国资委下属扶贫产品专业销售公司合作力度，建立贵州分行与公司驻贫困县人员"一对一"联系机制，重点宣传贵州分行定点帮扶地区和重点支持带贫企业优质农副产品，并推介省委食堂、商务厅等大型单位购买。

（三）利用客户资源帮助贫困地区农产品销售

农行充分发挥大行优势，通过为客户购买牵线搭桥、东部分行助销、直播带货等多种方式，积极帮助贫困地区特色农产品销售。建立832个国家扶贫工作重点县支行联系人名单，搭建各分行与贫困县之间的联系沟通渠道；建立扶贫商品信息库，收录627个贫困县、1 238家商户的商品2 924种，便利各分行、客户针对性购买贫困地区特色农产品；建立帮助销售监测机制，搭建典型案例交流平台，引导各分行有效做好相关工作。

发掘与农行有长期合作的优质对公客户，通过上门推介、信贷支持等方式，积极推动客户与贫困地区特色农产品供应商建立采购关系，帮助贫困地区企业实现产销对接。统筹安排北京、上海、江苏等12家东部地区的分行对口帮扶新疆和田、云南怒江、甘肃甘南等12个西部地区，协助东部地区企业在西部地区采购农产品、投资建设农产品加工基地等活动。利用行内行外多种平台，通过"直播带货"扩展贫困地区农特产品产销对接渠道，搭建特色农产品"直供直销"新链路，将土特产"精准"推送到全国大市场，主动解决农特产品销路难题。

2018—2020年，农行帮助销售贫困地区农产品金额已达24.9亿元。

案例20：聚焦产业谋创新 "直播带货"助脱贫

2020年4月15日，农行重庆分行在重庆市石柱县中益乡华溪村开展"感恩奋进 农行相伴"大型公益扶贫"慧生活直播"活动。邀请网络达人，组建"网红矩阵"，"慧生活直播"和"抖音"双平台同步直播，为华溪村代言，为石柱县"带货"，5个小时直播销售农特产品1 512万元，其中线下帮助销售金额680.91万元。直接增加华溪村集体经济组织——中益旅游开发有限公司销售收入80多万元，带动华溪村1 280名村民受益，426户农户户均增收7 950元，85户贫困户户均增收近万元。

为谋划、组织好该场直播活动，农行重庆分行进行了精心组织准备。2020年4月8日，农行重庆分行行长在石柱县中益乡调研时，就同石柱县党政达成了共识，共同确定了举办"感恩奋进 农行相伴"大型公益扶贫"慧生活直播"活动的主题、内容和目标。随后，迅速成立农行重庆分行和石柱县政府共同组成的工作领导小组，双方主要负责人为"双组长"，统筹协调活动开展各项工作；明确以主流媒体、新媒体为主要渠道，发挥各自优势，共同做好活动前期的新闻发布、氛围营造，活动期间的宣传报道及后期总结工作，成立分工明确的5个具体工作小组，反复论证制订活动方案，将整个活动方案责任化、清单化，倒排工期，做好活动保障。精心挑选了"华溪村"香米、中益土蜂蜜、羊肚菌等26款产自青山绿水的"源味石柱"农特产品，进行动漫化、视频化、生活化、社群化的立体展示，形象体现了产品特色，抢抓顾客"眼球"。直播活动以村集体经济组织——中益旅游开发有限公司淘宝网店、慧生活专区作为销售平台，通过本次直播"风口"，公司淘宝网店"华溪村扶贫馆"迅速跃升"5钻"，成为当地有实力、重庆有特色、全国有影响的新时代新型村集体经济组织的示范样板。

案例21：通力协作践行大行担当　多策并举助力消费扶贫

农行内蒙古分行把帮助销售贫困地区农产品作为增加贫困人口收入的重要方式，充分发挥驻村工作队作用，积极支持农产品产业链发展，努力增加贫困地区农产品销售，为贫困地区产业稳定发展提供长久动力。

在内蒙古分行定点帮扶的兴安盟扎赉特旗图牧吉镇，重点支持当地大米种植大户成立大米生产专业合作社。通过向合作社提供信贷支持，帮助其购置大米深加工设备，优化产品设计包装，提升产品档次。将合作社生产的大米上线扶贫商城，主动联系深圳、山东、浙江等分行，实地开展大米宣传推广展销活动。截至2020年末，该行直接购买或推荐销售该合作社大米近56万斤，实现销售收入400多万元。

内蒙古分行创新开展"爱心稻田"私人定制扶贫公益义购。2020年11月25日，满载区分行各位领导和同事爱心的"爱心稻田"私人定制扶贫公益义购稻田喜获丰收并运送至内蒙古分行，区分行各位行领导、机关200多位员工积极认购，踊跃参加，为脱贫攻坚贡献力量，为贫困户献爱心，区分行员工共认购"爱心稻田"近20亩，帮助贫困地区销售大米近万斤。

内蒙古分行还优选马铃薯、肉两个优势行业进行重点扶持。在马铃薯种植端，以"惠农e贷"支持马铃薯种植户发展生产；在中端，积极协调马铃薯收购商（察右中旗马铃薯产业发展协会），加大贫困旗县马铃薯收购力度；在销售端，以流动资金贷款支持马铃薯加工企业定向采购贫困旗县马铃薯，打造集生产、销售、加工于一体的完整的马铃薯产业链条，切实增加贫困地区马铃薯销售收入。截至2020年末，内蒙古分行合计帮助销售内蒙古贫困地区马铃薯1.55万吨，价值1 988万元。

八、就业扶贫："千人计划"让贫困学生端稳就业"饭碗"

促进贫困人口就业增收，是打赢脱贫攻坚战的重要内容。农行党委高度重视就业扶贫工作，在已有惠农招聘政策的基础上，于2018年明确提出"实施贫困大学生招聘'千人计划'"，该计划下发之际适逢全行2019年度校园招聘工作正在开展，总行人力资源部及时与23家辖区内有深度贫困县的分行逐一电话沟通，明确传达了行党委招聘贫困家庭大学生的有关要求，并在招聘各阶段多次下发提示函，明确政策，加强指导，就业扶贫全面铺开。2019年，总行进一步扩大"千人计划"实施范围，优化"千人计划"政策。

（一）扩大应聘范围

针对深度贫困县，比照832个国家扶贫工作重点县实行特殊招聘政策，将学历条件放宽至全日制大专，部分地区放宽至全日制中专及高中，并根据当地实际情况，允许招聘适量往届生，鼓励当地考出去的贫困家庭大学生回乡建设家园。在招聘过程中，指导各分行积极关注应聘农行各类岗位的贫困大学生情况，对于符合岗位要求的全部纳入笔、面试阶段进行综合考察。

（二）强化硬件支持

由于受新冠肺炎疫情影响，2020年春、秋季招聘采取线上笔试，需要考生自备软硬件设备，总行及时指导和要求有关分行摸底存在应试困难的贫困户考生，提供必要的设备及考试环境支持，确保贫困家庭学生能够应考尽考。自2018年以来，已招聘录用及签约的建档立卡贫困家庭大学生逾千人，有力地支持了就业扶贫工作。

案例22：农行四川甘孜分行大力开展就业扶贫

甘孜州位于四川省西部，青藏高原东南缘，属全域深度贫困地区，全州18个县已于2019年底实现摘帽。自2018年以来，为积极落实就业扶贫政策，增强贫困户脱贫内生动力，农行甘孜分行积极向上争取招聘名额、广泛宣传动员。截至2020年末，累计帮助建档立卡贫困户子女到农行就业61户。据统计，贫困户子女进入农行就业后月均工资超1万元，有力地支持了贫困户脱贫摘帽。

通过书面、面对面等多种汇报形式，甘孜分行多次向总行、省分行反映存在的困难，积极争取招聘计划倾斜。在全省农行校园招聘计划稳中有降的大背景下，成功争取到2019年58名、2020年60名的招聘计划名额，招聘名额位列全省21个市、州分行第二位。在2019年3月、2020年4月省分行春季招聘中，又争取到10名招聘计划，并将毕业年限放宽至往届本科毕业生。

为做好招聘宣传工作，甘孜分行积极通过进校园、微信公众号、电视台、张贴公告等多种宣传方式，加强对建档立卡贫困考生的宣传。在2019年校园招聘过程中，从州政府相关部门了解到建档立卡贫困户子女中专及以上应届毕业生信息后，立即分片区逐一联系贫困户，了解其子女学习情况和就业取向，主动宣传农行招聘政策，鼓励其报考农行，成功与593名建档立卡贫困户大学生取得联系，其中47人当即表示将报考农行。在2020年春季招聘过程中，因受新冠肺炎疫情影响，省分行无法组织大规模集中笔试，甘孜分行逐一与取得笔试资格的贫困户考生联系，主动询问考生是否有符合参考条件的软硬件设施，对于无法满足条件的，及时提供解决方式，确保考生按时参考。

总行在招聘报名系统中专门设置"是否贫困户子女"选项，方便考生填报。同时，根据填报情况省分行与人民银行扶贫系统数据进行核对，精准核实贫困户子女身份。在招聘的各个环节，对于贫困户子女做到能纳尽纳，在同等条件下做到优先进入下一环节。招聘入职后，及时为员工购置日常生活用品，布置职工宿舍，解决贫困户子女后顾之忧，使其真正安心工作。

案例23：农行云南分行扎实做好校园招聘工作助力就业扶贫

云南分行以保就业助扶贫为主线，有效落实总行"千人计划"及《中国农业银行云南分行助力深度贫困地区脱贫攻坚二十条倾斜政策》，扎实做好校园招聘工作，在四大行中率先吸纳贫困家庭优秀青年人才。

按照总行统一部署，云南分行及时在总行招聘网站上发布招聘公告，明确招聘需求、条件、程序及相关要求。同时，通过互联网平台、院校就业办等多种渠道在云南主要高校就业网、全国财经类院校就业网上及时发布招聘信息，扎实开展宣传动员工作，并积极与当地扶贫办、组织部门沟通合作，扩大宣传和知晓范围，有针对性地鼓励和动员当地建档立卡家庭贫困大学生报名。在总行招聘系统自动筛选的基础上，按照总行招聘深度贫困县建档立卡贫困家庭大学生的"千人计划"要求，对报考云南分行深度贫困地区的本地生源进行认真筛选，积极与地方扶贫部门核实身份信息，将符合条件的建档立卡贫困家庭大学生全部纳入笔试范围。认真制订面试工作方案，经分行党委研究确定后，由省分行自行组织开展两轮面试，确保面试工作公开、公平、公正。根据面试结果，以最快速度确定拟录用名单后发送录用通知，在四大行中率先完成录取工作。

2019—2020年，云南分行校园招聘共录用大学生638人，其中，88个国家扶贫工作重点县支行共录用393名大学生，深度贫困县支行共录用178名大学生，分别占两年招聘计划总数（含2019年建档立卡贫困大学生专项核增计划）的61%、28%。

九、金融科技扶贫：让金融扶贫插上科技的翅膀

（一）推动贫困地区农户贷款线上化

在贫困地区，农行积极借助互联网、大数据、人工智能等金融科技手段，大力推广"惠农e贷"。客户经理组成调查小分队，携带移动信息采集设备，主动入村入户采集农户生产经营、资产收入等信息，提前掌握农户贷款需求。系统自动测算农户可授信额度，形成拟支持农户白名单。凡经调查诚实守信、具备还款能力的农

户，不分行业、不挑大小，均可纳入支持范围。农户可根据需要随时通过手机APP完成贷款申请、签约、借款还款等线上操作，足不出村即可办理农户贷款。而过去农户办理一笔贷款至少跑三趟银行（申请跑一次、提交资料跑一次、签订合同跑一次），现在新作业模式下一趟银行都不用跑，对于交通不便的贫困地区，农户贷款效率和客户体验显著提升。截至2020年末，在832个国家重点贫困县"惠农e贷"余额870.8亿元，较年初增加425.5亿元。

（二）创新推广互联网金融服务渠道

农行在贫困地区大力推广掌银、网银等互联网金融服务渠道。截至2020年末，832个国家扶贫工作重点县掌银注册客户数量为3 932万人，比2016年末增加2 464.1万人，增幅167.9%；网银注册客户数量为4 074万人，比2016年末增加2 395.1万人，增幅142.7%。同时，强化对公线上渠道（企业网银、企业掌银）扶贫工作渠道支撑，实现"千企千面"的个性化定制首页。针对小微企业等特殊群体，量身定制和开发e系列主题产品。研发企业e开户、企业掌银开户视频面签业务，引入OCR文字识别、人脸识别等金融科技成果，解决贫困地区开户难、核实慢的问题。加大对贫困地区企业金融服务平台特色业务研发及线上支持力度，研发上线"农易付""新棉兑""兵棉兑"等农产品资金收购系统。

（三）研发少数民族语言操作界面

农行启动实施了网点设备少数民族语言服务项目，通过对超级柜台、自助服务终端等网点设备进行少数民族语言服务升级，加强贫困地区金融服务基础设施建设，满足贫困地区少数民族客户金融服务需求。2020年，网点设备少数民族语言功能分批次在内蒙古、吉林、新疆、新疆生产建设兵团、西藏等分行投产，支持的语言包括内蒙古语、朝鲜语、维吾尔语、哈萨克语和藏语，支持的设备包括超级柜台、自助服务终端、排队叫号机，累计上线设备5 590台。为提升少数民族客户群体的线上金融服务体验，在西藏自治区、新疆维吾尔自治区陆续推出藏文版、维文版掌上银行，领先同业向广大少数民族客户推出线上特色金融服务，有效解决少数民族客户语言差异的困扰，极大地提升了智能掌银服务"三农"的能力。藏文版、维文版掌上银行已具备账户余额查询、账户明细查询、账户主档查询、转账等功能，基本满足了广大农牧民最基础的金融服务需求，足不出户即可享受农行本地化文字的移动金融服务。

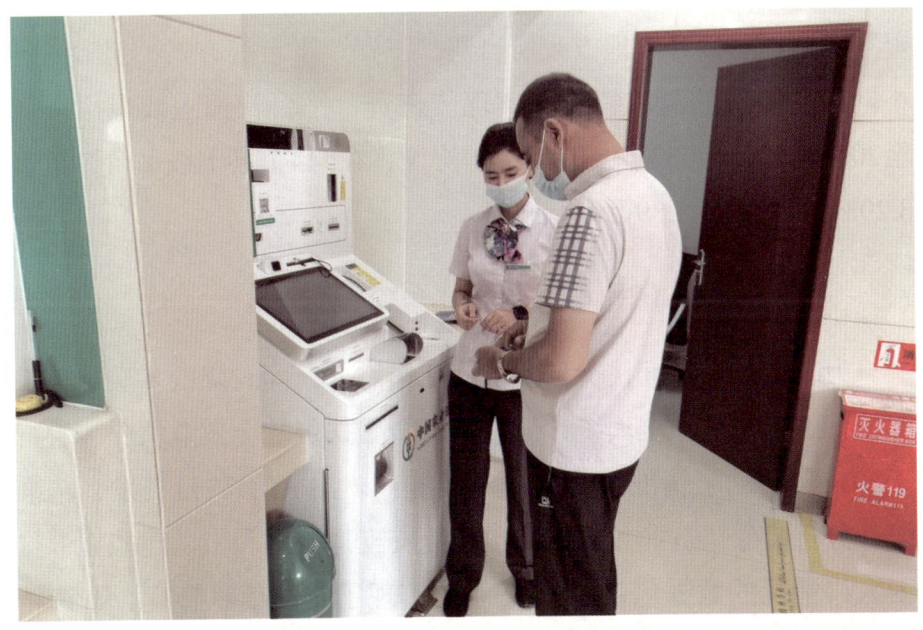

图3-15　新疆分行网点大堂经理引导少数民族客户通过超级柜台办理业务

（四）建设乡村"三资"管理平台

贯彻落实中央建设数字乡村战略部署，农行积极研发农村集体"三资"（资产、资源、资金）管理平台，助力提升乡村治理信息化水平。"三资"平台融合资产资源管理、资金管理、股权管理、乡村治理、金融服务等模块，能有效构建农村集体资产资源数据库，满足村集体清产核资需求；实现村"两委"及村集体经济组织会计电算化，自动生成财务报表，全流程线上化资金审批，全面实时监管集体资金使用情况；自动完成股权配置、红利发放、线上开展农村集体产权流转交易，助力农村集体产权制度改革；围绕农村党建、村务公开、村民会议等工作，提供信息化载体；提供农行线上金融服务，满足村集体及其成员生产生活金融需求。农行总分支行加强联动，通过推广总行版"三资"平台、与地方政府合建"三资"平台、对接升级地方政府自建"三资"平台等方式，努力满足不同区域政府的需求特点，实现"三资"平台快速上线应用。截至2020年末，与533个县签订合作协议，在444个县上线平台，覆盖3 298个乡镇，约6.39万个行政村。

（五）构建金融精准扶贫统计系统

为满足全行精准扶贫贷款统计工作需求，同时降低基层员工手工统计的工作量，全面统计分析全行金融扶贫社会效益情况，农行于2016年启动了精准扶贫贷款专项统计（APSS）项目开发，精准统计分析金融扶贫业务数据，包括信贷支持情况和带动建档立卡贫困人口情况的数据信息。APSS系统实现了贷款信息管理、查询精准扶贫贷款逐笔信息表、精准扶贫贷款客户台账管理、精准扶贫贷款综合统计等服务功能。在APSS系统内，每笔贷款支持哪些建档立卡贫困人口，包括姓名和身份证信息均在系统中有完整记录，并设置自动校验功能，系统会根据客户经理上传的贷款人信息，自动在全国建档立卡贫困人口信息库中查询匹配，不在信息库中的人口无法录入APSS系统。同时，APSS系统自动对接全行信贷管理系统，每日进行批处理操作，当天新发放贷款能够及时进入系统更新，保证信息及时性。

十、教育扶贫："金穗圆梦"助力切断贫困代际传递

教育扶贫对解决顽固性、持久性、广泛性的贫困问题发挥着基础性、全局性、长期性的关键作用。2018年6月，农行党委研究决定启动"金穗圆梦"深度贫困地区大学生助学活动。通过单位捐赠和员工自愿捐赠筹集善款，资助深度贫困地区建档立卡贫困户家庭大一新生圆大学梦，同时覆盖农行定点扶贫县和重点帮扶县贫困大一新生。

（一）精准对接帮扶

"金穗圆梦"捐款精准到户，主要面向"三区三州"深度贫困地区，直接用于资助建档立卡贫困户家庭大一新生圆大学梦，可覆盖大部分"三区三州"深度贫困县或实现基本全覆盖，可帮助近万名贫困大学生。活动的推出，既落实了精准扶贫工作要求，对贫困家庭提供了切实、有效的帮助，也抓住了阻断贫困代际传播的着力点，具有现实和长远意义。

图3-16 2018年6月，中国农业银行"金穗圆梦"深度贫困地区
大学生助学活动在北京启动

（二）精心组织推动

为精准对接捐款人和贫困学生，专门开发助学网站，作为爱心人士捐款、贫困学生申请助学金、信息反馈、捐助人与受助学生互动的统一平台。贫困学生在助学网站提出资助申请并填报必要资料，网站进行系统审核后，由当地团委、教育局、扶贫办对学生贫困身份和入学信息进行线下审核，农行总行及相关分支行全程监督，确保受助对象精准。对符合资助条件的贫困学生，每人一次性资助5 000元，用于帮助解决入学的交通费、生活费和学费等，资助款直接从中国青少年发展基金会（简称青基会）在农行的捐款账户划至受助学生农行卡。

图3-17　总行举办2019"金穗圆梦"大学生走进农行活动

（三）借助专业力量

"金穗圆梦"公益助学活动委托青基会根据农行活动方案和有关要求具体实施。青基会主要关注青少年成长和教育，创建了希望工程等影响力较大的公益项目，在大规模学生筛选与助学活动实施等方面有较多经验。此次活动中，青基会在助学网站上开发维护、学生申请及资格审核、善款使用跟踪抽查等方面发挥了重要作用。

本次活动是农行自汶川地震以来举办的规模最大、员工参与人数最多的扶贫公益活动。活动得到全系统员工的积极响应，农行各级行单位和员工自愿捐款5 178万元，按每名贫困大学生资助5 000元的标准，3年来累计资助10 266名贫困家庭建档立卡大一新生，其中2018年资助3 996名，2019年资助3 832名，2020年资助2 438名。通过教育扶贫的方式精准对接深度贫困地区建档立卡贫困大学生，是贯

图3-18 农行获希望工程实施三十周年"突出贡献者"荣誉证书

彻精准扶贫方略的具体体现。不仅帮助贫困学子圆了大学梦，同时也向行内全体员工动员宣传了当前的脱贫攻坚形势，展现了农行和农行人积极投身于脱贫攻坚、为贫困家庭脱贫贡献力量的决心。

案例24：农行云南迪庆分行深入实施教育扶贫

义西卓玛是一名来自云南省迪庆藏族自治州羊拉乡羊拉村建档立卡贫困户家庭的子女。羊拉村地处川滇藏三省区接合部，交通阻塞、环境封闭，从村到县城需要整整一天的车程，自然条件恶劣，无产业支撑，人民生活条件十分艰苦。2019年8月，义西卓玛以优异的成绩考入云南民族大学少数民族语言文学专业。"十年寒窗，金榜题名"本应是全家人欢呼雀跃的时候，但学费、路费及生活费却让全家人愁眉不展。村委会主任农布来到家中，详细介绍了农行"金穗圆梦"活动，鼓励义西卓玛尽快申请。义西卓玛本抱着试试的心态，按照流程进行申请，但很快就通过了审核，5 000元的资助资金顺利转入义西卓玛的账户，义西卓玛带着全家人的期盼，带着对未来的无限憧憬，顺利实现了从家门到校门的跨越。

义西卓玛只是千千万万个农行"金穗圆梦"受助学子之一，但她的故事折射出农行在助力迪庆州脱贫攻坚中的不懈努力与坚持。迪庆州位于云南省西北部，是云南省唯一的藏族自治州，地处滇川藏三省区接合部的青藏高原南延地段，平均海拔3380米，是云南省乃至全国经济实力最弱、人民生活最贫困、基础设施最差的民族自治州之一，也是国家重点支持的"三区三州"深度贫困地区。长期以来，迪庆分行始终把金融服务迪庆藏区脱贫攻坚的社会责任记在心上、扛在肩上、抓在手上，除了做好贷款投放、农村渠道建设等金融扶贫工作外，也在积极推动教育扶贫工作。专门抽调22人组建宣传小分队，印制3万多张资料，深入香格里拉市11个乡镇64个行政村开展宣传和资料收集工作，确保"金穗圆梦"助学活动的温暖遍布贫困地区。2018—2020年，迪庆州受助的贫困大学生合计257人，捐助金额128.5万元，支持了一大批建档立卡贫困大学生圆大学梦，受到当地教育部门的充分肯定。

案例25：农行辽宁分行多策并举实施教育扶贫

尚志乡位于辽宁省朝阳市朝阳县南部，是朝阳市20个重点贫困乡之一，是著名抗日爱国将领赵尚志的故乡，总面积8.8万亩，总人口1.2万人，辖7个行政村，均为贫困村。辽宁分行结合实际，聚焦贫困家庭学生、贫困地区学校、贫困地区贫困人口及相关帮扶主体，强力推进教育扶贫，取得了良好效果。

省分行成立定点扶贫工作领导小组，牵头推进金融扶贫相关工作。在朝阳县、尚志乡派驻挂职副县长、乡党委副书记，在范家沟村派驻驻村干部，重点推动教育扶贫工作开展。设立英才基金，积极捐助学习用品及教学设备，倡议全行处级以上干部对尚志贫困学生实施"一对一"资助，不定期组织广大干部员工进行爱心捐赠活动，主动向尚志乡贫困学生、贫困户提供学习、生活等用品。保持与地方党政部门密切沟通，就教育扶贫具体事项的落实进行细化、完善，确保捐助资金收付、物资交接、财务列账、捐赠公示等关键环节规范透明，高效操作。

截至2020年末，辽宁分行累计捐款物资合计2 000余万元，英才助学基金累计投入84万元，并从党费中支出2万元专项用于贫困中小学生的奖励，为尚志红军学校建设电教室一个，为全乡更新重要教学设备超过百余套，共计资助尚志乡1 300余名贫困家庭学生（其中包含大学生213名）。还主动协调辽宁省财政厅向尚志乡拨付修缮红军中学宿舍和食堂专项经费50万元，协调沈阳育才中学到尚志乡红军中学开展学习方法交流，并捐赠价值4 000元的网课及价值6 000元的学习用品，有效提升了尚志乡教育软硬件环境。此外，辽宁分行还主动邀请沈阳农业大学、锦州医科大学等农业技术方面的教授赴尚志乡，就牛羊养殖与疾病防控、蔬菜大棚等技术进行免费培训，培训贫困群众500余人次。

第四章
感人的金融扶贫事迹

脱贫攻坚是实现中国共产党第一个百年奋斗目标的标志性指标，是全面建成小康社会必须完成的硬任务。作为金融扶贫队伍的排头兵，农行各级机构认真贯彻落实中央决策部署，全行动员全面行动，最大限度地投入各项政策资源，最大力度地发挥国有大行系统优势，形成强大的金融扶贫合力，在扶贫路上留下了坚实的足迹。

在金融助力脱贫攻坚的战场上，凝望一位位可敬的农行人，他们用双脚丈量高山田野，用无数日夜思考发展良计，用心用情用智用力，扎根在脱贫一线，深驻在群众心中，以敢教日月换新天的气概，不破楼兰终不还的劲头，帮助困难群众出主意干实事，推动扶贫政策落地落实，打通金融扶贫"最后一公里"，书写出一幕幕令人动容的奋斗诗篇。2019年9月，总行扶贫干部李海波同志荣获年度"全国脱贫攻坚奖创新奖"。2021年2月25日，山东阳信县支行耿建国、湖南保靖县支行龙俊和总行付志强三位同志荣获"全国脱贫攻坚先进个人"，江西分行扶贫开发金融部、重庆秀山支行、贵州安顺分行、西藏分行、总行扶贫开发金融部扶贫金融处五个集体荣获"全国脱贫攻坚先进集体"。2月26日，中国农业银行党委书记、董事长谷澍向获得荣誉的三名个人（家属）和五个集体分别致贺信，祝贺他们荣获了国家荣誉，勉励他们在金融服务乡村振兴新征程中再立新功！

现选编部分典型优秀事迹，以飨读者。

个人篇

用生命诠释"初心"

——追记农行湖南保靖县支行驻村扶贫工作队第一书记龙俊

也许，岁月可以改变山河，但有一份初心永远不会改变；也许，时间能冲淡记忆，但有一种精神将会永存。

龙俊，这位从湘西大山深处走出，复员后回到农行湘西州保靖县支行的老兵，为了他27年前党旗下的庄严承诺，将58岁的生命，定格在脱贫攻坚的路上。

图4-1　龙俊生前和同事走访贫困户

遗体告别仪式现场，毛沟镇阳坪村等他生前驻村的三个村村民纷纷自发赶来，流着热泪，送他最后一程。

"小龙，怎么不让我替你去呀！"80岁高龄建档立卡贫困户杨昌珍老人依偎着搬迁后的新居大门，悲痛欲绝。

"深刻怀念我们的好书记"，一幅幅低垂的挽联，诉说的是人们无限的哀思……

发扬"钉钉子"精神 将扶贫事业进行到底

"我到驻村办交扶贫整改资料去了。"2019年7月29日早上8时14分，龙俊发微信给另一位驻村扶贫队员。

上午9时，送完资料骑摩托车去扶贫村的路上，龙俊不幸遭遇交通事故，宝贵生命，刹那永恒。

2018年3月，龙俊赴毛沟镇阳坪村担任扶贫队员，次年3月改任驻村第一书记。"我理解的'钉钉子'精神，是要作风过硬，把自己当成钉子；是要找准钉子着力点，精准发力！"

他是这样理解的，也是这样践行的。

为了不耽误村民劳作时间，他一般每天早晚去村民家走访、核实情况。尤其对阳坪村66户建档立卡贫困户，更是放在心上，多的，一个月要跑十多次。

他没半点"架子"，村民都习惯喊他"龙哥""龙叔"。在村里，这份看似随意的"亲热"，就是对他最好的认可。

"连续5年，三任驻村扶贫干部。龙俊一村接着一村干，一户接着一户跑，为了将扶贫事业进行到底，他成为了扶贫战线的一颗宝贵'钉子'。"保靖县委宣传部常务副部长黄益民说。

"事实上，我们在选第一任驻村扶贫队员时，还是颇费思量的。"时任农行保靖支行行长张晶回忆。

当时支行人手紧，网点转型后，新入行员工一线实战经验少，尤其面对艰苦、复杂的驻村扶贫工作，有本领也恐慌。龙俊呢，当过兵、扛过枪，作风过硬；在支行综合管理部工作，政治素质高；关键是农村网点撤并前，他先后在水田、比耳、葫芦等多个农村网点工作，担任过农金员、网点主任，"三农"业务熟，对农民有感情。

然而，这个农行多年培养出来的优秀干部年纪偏大，身体又不太好，他能冲锋在前吗？

人，总是要有点精神的。正是怀着这样一种情怀，一种境界，一种挑战自我，不甘平庸的血性和品质，龙俊迎难而上。拖着简单的行囊，2015年4月，他骑着摩托车穿越云山雾海，翻过九弯十盘，来到有类原始次森林之称的碗米镇美竹村，担任驻村扶贫队员。

由于业绩突出，2016年2月，他再度出征，转战毛沟镇如景村。截至2018年3月，第三次受命，赴毛沟镇阳坪村担任扶贫队员、驻村第一书记。驻村5年多，经他直接帮助过的建档立卡户，有59户221人脱贫。

龙俊的儿子在长沙打工，老婆下岗后帮儿媳料理家务。2018年初，一家人劝他：快退休了，回城找个轻松活干干，算了。他说，不行啊，现在是脱贫攻坚战最关键的时刻，越到最后，越要发扬"钉钉子"精神，坚守到胜利那一天；再说，我这个糖尿病啊，也需要多跑动。

他一直都在奔跑呀，5年来，跑贫困户、跑项目、跑产业，穿破了14双跑鞋，划破了10多条裤子，踏遍了所驻贫困村的沟沟坎坎……

儿子拗不过他，就给他买了双耐克鞋，说鞋好，跑山路安全，龙俊却舍不得穿。2019年"五一"节休假，龙俊去长沙第一次见出生3个月的孙女，临走时，抱着脸蛋粉嫩的孙女，久久不愿放下。儿子又拿出鞋："还是带去穿吧。"龙俊说："等国庆节吧，我来长沙看孙女时再穿，美美照个全家福。"

孙女出生时，正值村里扶贫迎检关键时刻，他把思念深深埋在心底，几个月后，才去看孙女。如今，一家人再也等不到他来穿新鞋、照全家福了。为了打赢精准扶贫"第一战役"，他放弃小家，为国家精准扶贫大事奉献了自己的热血。

员工田永梅说："龙叔是个心里有爱，乐于奉献的人，不仅在工作上帮助我们，还在生活上关心我们。"她哽咽着："他出事那天，在支行大院党建宣传栏，许多同事停留在龙俊党员'亮身份、亮承诺'的相片面前，我的眼泪又哗哗地流了下来……他再也不会回来了，他把自己永远交给心爱的扶贫事业了。"

下足"绣花功夫"　啃下精准扶贫"硬骨头"

炎炎烈日，一条精瘦的中年汉子，从烤烟叶地里钻出来，伸出一双黝黑的大手，记者吓了一跳："书记，你这手上油腻腻的东西是什么？""烤烟油！"他笑着走到一旁水塔前，轻轻拧开水龙头，小心洗手、擦脸。

美竹村村支部书记田仁东介绍，高山缺水，村里这些灌溉、饮水工程等设施，就是老龙驻村时帮助发展的。之后，龙俊又为村里选定了高山黑猪养殖项目，免费发放种猪给贫困户喂养。2016年，美竹村顺利实现了户脱贫、村出列。

然而，2015年，龙俊和驻村工作队员们刚驻村时，展现在他们面前的，是一幅异常困难的景象：电压不稳，缺水严重，到农忙时节更愁，村小组不通路，老百姓自家种的、养的运出来卖，只能靠人背马驮，不少好东西就烂在山里……

驻村第二天，龙俊到缺水最严重的小组去了，察看旱情；到贫困户危房里去了，了解险情；到田边地头去了，琢磨产业实情……转了一圈回到村部，信心上来了：美竹村虽然穷，但群众脱贫的意志不穷；困难越大，越能锤炼人的意志、品格。

那么，在纷繁复杂的困难面前，先从哪儿下手呢？多年来，这个村所有电杆，竟然还是陈旧木质的！每遇刮风下雨，停电是家常便饭，电压不稳，不但浇灌、饮水等工程受影响，老百姓烟叶烘烤、茶叶制作等产业也受影响。这才是村里最难最急的"硬骨头"呀！龙俊力排众议，千方百计筹措资金，将所有木质电杆替换成水泥电杆，并对电力全面扩容升级。最大的"拦路虎"拿下了，其他一个个"硬骨头"也依次"啃"下：村小组灌溉、饮水工程开工了；140万元村间道项目启动了；高山蔬菜、烤烟等特色产业火热铺开了……

初到阳坪村时，村部破破烂烂，开大会时，东挤一个，西站一个。村民人心涣散，不愿回乡……困难，重重的困难，像沉重的担子，压在驻村工作队员肩上。

要知道，湘西自治州是习近平总书记"精准扶贫"重要论述的首倡地，也是湖南唯一的少数民族自治州和脱贫攻坚主战场。扶贫干部是承载着崇高的使命来的，是承载着乡亲的期盼来的，只要有党的坚强领导，就是天大的困难，也能杀出条路来。

龙俊思索，抓好党的基层阵地建设，让基层党支部有一个设施完善、活动内容丰富的"家"，对于干好基层工作、增强组织活力、提升精准扶贫水平都有"加速器"作用。

"先把基层阵地建设抓起来！"他说。

于是，龙俊便和村支两委商量，利用村里废弃的小学扩建活动阵地，并积极到县直相关部门汇报，争取整修项目。终于，300平方米的新村部让村民们眼前一亮。

新村部投入使用后，龙俊指导村支部建立功能齐全的党员活动室、阅览室，带领驻村干部、村干部和党员按时召开组织生活会，增强政策理论水平和党性修养。大力完善党务、村务公开制度，促进村班子廉洁高效运转，群众对村党员干部满意度大幅提升。

为当好扶贫政策的明白人、传播人，龙俊利用集中宣讲、入户随讲等方式，把党的精准扶贫政策送到群众的心坎上。阳坪村驻村一年多，硬化通村公路7公里、"进户路"5公里，5个自然村寨全通自来水，农网改造率100%……

沿着硬化的"进户路"，记者来到建档立卡户彭治坤家。彭治坤夫妇一家5口，老母、两个儿子，大儿子23岁，脑瘫，小儿子县城读职校，生活困顿可想而知。龙俊主动把他家作为"亲帮亲"对象之一：当自来水入户设计员、"厕所改造"施工员；为读职校的儿子申请每年2 500元的"雨露资金"……

"他什么事都放在心上。"彭治坤说，"几天前龙哥来，我叹口气，我们一天天老去，脑瘫的儿子搬进搬出，吃不消。龙哥说，是个问题。第二天他就专程去县残联，免费申请一台专用轮椅。县残联批复下来时，龙哥已不在了，还是驻村扶贫队员向斌领回来送到我家中的。当时我们夫妇扶着轮椅，痛哭了几场……"

"他心里装的都是贫困村民，唯独没有自己。"向斌说。

扶的是产业 聚的是人心

"彭媛，猕猴桃掉果啦，太阳太毒了，要喷灌一下！"2019年7月26日清晨，还在山下睡觉的彭媛，接到龙俊的电话。

"园子太大，350亩，种的全是猕猴桃，有红心的，绿心的，哪里照应得过来。他却特别心细，常钻到棚子里，扒开草丛看。"彭媛说。

这是龙俊"出事"前三天。龙俊每天6点多起床，第一件事是到园子看看。她常常会接龙哥的电话："园子积水了，要挖引水渠了。""草长疯了，比猕猴桃藤还高。"……园子，就像是龙俊的孩子，承载着他太多的希望和梦想。

大学毕业后，彭媛外出务工创业。2015年，返乡成立保靖县阳坪猕猴桃专业合作社，通过土地流转、务工就业、入股分红等方式，与村民建立利益联结帮扶机制，有入股户196户，包括全村66户建档立卡贫困户。

最难时，是她在猕猴桃园里套种了200多亩烤烟，由于土质不适宜，两年下来，亏损了38万元。龙俊驻村后，支持合作社调整产业思路，专注猕猴桃产业，一年盈利20多万元。而后又支持合作社改良猕猴桃品种，配套发展林下经济。

"那么，钱呢？""有困难，找农行！"

果然，从申请到发放，半个月时间，农行50万元"农信担"贷款进账。如今，新增的50亩黄金果苗，以及4 000多只山鸡、大雁等林下经济，也勃勃生机。

在弥漫果香的猕猴桃园，30多个农民在忙碌。"今天卖了3.5万元，合作社今年收入可超过100万元。"彭媛开心地说，一想到龙书记，话又哽咽了。

毛沟镇镇长王晶晶介绍，作为地处国家深度贫困县的阳坪村，资源贫乏、产业项目少，过去是有名的"打工村"，村民大多以到临县挖矿、打工为主。龙俊不辱使命，积极架起农行与贫困村的"金桥"，让农行金融扶贫主力军作用得到有效发挥。农行扶产业，扶的是贫困村的根，聚的是百姓的心呀！

通过土地流转，村民每年有2 000元不等收入；劳作之余，到阳坪猕猴桃合作社打工，每年有2万元不等的工资；还有分红，66户建档立卡贫困户都有。在龙俊引领、帮助下，仅阳坪村就有30多户建档立卡贫困户发展特色产业，昔日的"打工村"渐成人兴气旺的"产业村"。

彭廷萍擅长种植辣椒，龙俊就帮他争取10万元项目贷款，辣椒种植规模达到200亩，带动村里12户建档立卡贫困户28人脱贫，户均增收2 000余元。

31岁的彭廷成以前在矿上打工，2019年和另外5位建档立卡贫困户合伙，流转10亩荒地养殖青蛙，但流动资金不足。龙俊便直接找县农行行长汇报，从申请到放贷，仅一个星期，5万元小额扶贫贷款到手，还贴息！比基准利率下浮10%。

驱车去看，彭廷成和几位黑炭样的小伙在烈日下挥汗如雨。他说，200多万尾蛙苗次第长大，今天第一天开卖，300多斤，进账0.8万元！半个月后批量成熟，货早已预订一空，收入20万元没问题，他们贫困帽快摘了，而龙俊什么都没有带走，就走了。

"捧着一颗心来，不带半根草去。"儿子龙小丹说，清理父亲遗物，发现当天出事的公文包里，装的全是村里发展党员规划和支持贫困户产业发展的调查资料……

父亲留给龙小丹的最大财富是一坛泡菜。那是父亲离开如景村时，村民夹道送父亲的：有提鸡蛋、花生的，有送油的……父亲只带走一坛泡菜，说留个纪念。岁月悠长，乡情浓厚，龙俊把和乡亲们的鱼水感情，都深深地泡在了这个坛子里。

这就是龙俊，当许多人梦想植根城市，龙俊却三度出征，奔赴田野，成为精准扶贫路上的追梦人；直到生命最后一刻，还奔波在精准扶贫第一线，用生命诠释了一个共产党人的初心。

2021年2月，在全国脱贫攻坚总结表彰大会上，龙俊同志荣获"全国脱贫攻坚先进个人"称号。

图4-2 湖南分行副行长徐源代表总行慰问龙俊家属，并送上谷澍董事长亲笔署名贺信

（原文刊登于2019年8月6日《中国城乡金融报》作者：江洪渭）

中国农业银行

贺 信

龙俊同志家属：

　　在迎来中国共产党成立一百周年、脱贫攻坚取得全面胜利的重要时刻，欣闻龙俊同志荣获全国脱贫攻坚先进个人，特向你们表示热烈祝贺！

　　龙俊同志三度出征，将毕生心血奉献给脱贫攻坚事业，为打赢脱贫攻坚战奋斗到生命最后一刻。脱贫攻坚期间，他先后帮助保靖县两个乡镇三个村补齐基础设施短板，带领村民发展猕猴桃、柑橘等致富产业，直接帮扶 59 户 221 人脱贫，用实际行动和宝贵生命诠释了脱贫攻坚精神，展现了农行良好形象，在此向龙俊同志致以崇高的敬意！向你们表示最诚挚的慰问！

　　龙俊同志将生命定格在脱贫攻坚征程上，生动展现了共产党人的初心使命，龙俊同志取得的成绩离不开家属的大力支持！农业银行广大干部员工永远铭记龙俊同志为脱贫攻坚事业所作的突出贡献！农业银行将深入宣传龙俊同志的感人事迹和崇高精神，激励全行广大干部员工在服务巩固拓展脱贫攻坚成果、乡村全面振兴和建设社会主义现代化国家新征程中披坚执锐、勇立新功！

中国农业银行党委书记、董事长：

2021 年 2 月 26 日

图4-3　中国农业银行党委书记、董事长谷澍致龙俊同志家属的贺信

在金融扶贫中诠释"人民至上"

——农行山东阳信县支行耿建国先进事迹材料

初见耿建国时，给人的第一印象可以用6个字概括："朴实、憨厚、执著"。耿建国1970年出生于农村，1991年以来参加工作的30年时间里，一直在农行基层一线工作，对"三农"工作有着特殊的感情。"小时候家里穷，日子过得苦，我最能体会到农村老百姓特别是贫困户的难处和期盼。现在可以借助农行这个好平台，为乡亲们出点力，帮助他们走出贫困，我打心眼里高兴！"耿建国这样说。

图4-4　2021年2月，耿建国同志荣获"全国脱贫攻坚先进个人"称号

脱贫攻坚　为了277户农民兄弟

"老耿，来家里请你喝酒，喝好酒！"临近牛年春节，耿建国多次接到这样的电话，虽然这样的邀约他不会去，但是心里还是暖暖的，因为乡亲们的日子过好了，他心里比吃了蜜还甜。打这些电话的，多是近年来他帮助过的脱贫户。农民兄弟，直接但朴实，他们把老耿当兄弟。这段脱贫情，要从2017年5月农行阳信县支行开展光伏扶贫贷款开始。

2017年，农行阳信县支行和当地政府统筹扶贫政策，统一组织实施光伏扶贫工程，解决建档立卡贫困户收入问题。耿建国是一名老党员，接到任务后，第一步就是深入各个贫困村调查摸底，掌握第一手资料，入户串门听取群众诉求。他跑遍了5个乡镇，50个村庄，最远的村走了100多里路。为提高服务效率，他带领服务团队白天上门走访贫困户，晚上、周末整资料、录系统，兑现三天放款的承诺。

农村扶贫工作难，难在农村贫困户群体普遍文化程度不高，对国家政策了解不够，不愿也不敢接受新事物。耿建国深知这一点，他充分发挥自身优势，手把手和他们算账，让贫困户知道光伏扶贫有收益，能脱贫。耿建国第一时间找到了阳信县有名的贫困村——商店镇张连禹村党支部书记，和他商量充分利用光伏扶贫贷款政策，由村里拿出一片空地，集中铺设一批太阳能光伏发电板，分别落实到全村27户贫困户手中，让村里贫困户每年都能获得一定的收益。

"是农行帮助我摘掉了贫困帽，是老耿的真情服务和无私帮助让我走上了小康路。"提起农行、说起耿建国，商店镇张连禹村村民张洪志总是称赞不绝、连连竖起大拇指。从前还是村里有名贫困户的张洪志，在耿建国的精准帮扶下用上了农行金融扶贫的拳头产品——光伏贷，他用光伏发电带来的收益，不仅种植了蔬菜，还组织本村的贫困户成立了蔬菜示范基地，年收入达到5万元，彻底甩掉了贫困帽，成为当地有名的脱贫攻坚先进代表。

几年来，耿建国的脱贫攻坚路就是乡村的田间小道，根据群众生产调整上门时间，没有办公桌，地点要么是地头，要么是庭院，饭随便吃一口对付过去就行。2018年12月的一天，在去洋湖乡收集贫困户资料的路上，耿建国突发高血压，身体不适，住院3天后他就坚持要去工作，因为他心里惦记着自己帮扶的贫困户，还有许多工作要做。

凭着这份好政策就是要让群众早日享受上的执著，2017年5月办理的光伏贷款，年底一些群众已经有1 500元到2 000元的收益。光伏贷款开展以来，耿建国共经手发放光伏扶贫贷款277户、1 385万元，277户贫困户现在已经实现全部脱贫，多人还成为了当地的致富带头人。

翻身致富，幸福是奋斗出来的

扶贫工作既要富口袋，也要富脑袋。耿建国始终把"幸福是奋斗出来的"当做口头禅，走到哪里说到哪里。老耿的话，群众听着顺溜。"实实在在的和老百姓打交道，老百姓说的我相信他们，我说的话老百姓也能够接受"耿建国说自己没有什么诀窍，所谓的诀窍就是"实诚"，和老百姓将心比心。

帮助贫困户成功脱贫后，如何帮助他们致富又成了耿建国的一件心事。"阳信是养殖大县，产业链完整，销路不愁。群众原来穷，越穷越没信心，缺的就是一个信心。"耿建国决定从鼓励、帮助脱贫户养牛上做文章。

"我养牛干啥，一头牛好几万，去哪儿弄钱？"2017年末，刚刚脱贫成功的张杰贤对上门的耿建国说。"光伏贷让咱脱了贫，但脱贫了不能算完，咱得富起来！不然这穷日子什么时候是个头？"耿建国对张杰贤的态度有些着急。经过耿建国反复地"洗脑"，2018年，张杰贤夫妇俩决定养牛。此时，牛的价格还比较便宜，两口子从亲戚朋友处七拼八凑了点钱，买了两头牛。没承想，日子就这样过红火了。养殖用的玉米秸秆饲料都是自己地里种的，场所就在自己家地头。牛一头一头增加，又赶上价格翻了一番，日子一天一天好起来。现在两口子养了7头牛、40多头猪，一年纯收入十几万，过上了以前连想也不敢想的日子。之后张杰贤还从农行贷了10万元"惠农e贷"，打算再买4头牛，信心更足了。

贫困户万金成，四十来岁，身强力壮，以前好吃懒做，一门心思靠政府救济。耿建国了解情况后，亲自上门做思想工作，劝说万金成靠双手勤劳致富，要为后代树立人生榜样，切莫毁了自己，又耽误了下一代。在耿建国的帮助下，万金成靠光伏发电收益，生活上有了保障。后来，万金成在当地一铝厂找到了工作，获得了不错的收入，生活水平和思想观念有了更大的改观。

扶贫期间，耿建国还牵头建设了12个"示范村"，让农村金融服务供给更加方便，启动了"农户信息建档工程"，在示范村为农户建立了信用档案2 000余户，推广的"惠农e贷"线上产品，实现了"数据多跑、农户少跑"，有效缓解了老百姓融资难、融资贵问题。

2021年2月，在全国脱贫攻坚总结表彰大会上，耿建国同志荣获"全国脱贫攻坚先进个人"称号。

中国农业银行

贺　信

耿建国同志：

　　在迎来中国共产党成立一百周年、脱贫攻坚取得全面胜利的重要时刻，欣闻你荣获全国脱贫攻坚先进个人，特向你表示热烈祝贺！

　　脱贫攻坚期间，你情系农村，情系农民，创新推广光伏扶贫农户贷款业务，帮助 277 户建档立卡贫困户脱贫奔小康；不辞辛苦跑遍挂包乡镇的每个村，为农户建立信息档案 2000 余户，授信逾 300 户；牵头创建金融服务示范村 12 个，为乡村治理现代化提供融资融智服务，用实际行动诠释了脱贫攻坚精神，展现了农行良好形象，在此向你致以崇高的敬意！

　　征途漫漫，惟有奋斗。希望你珍惜荣誉、再接再厉，按照总书记在全国脱贫攻坚总结表彰大会上的重要讲话要求，以永不懈怠的精神状态、一往无前的奋斗姿态，真抓实干、埋头苦干，在农业银行服务巩固拓展脱贫攻坚成果、乡村全面振兴和建设社会主义现代化国家新征程中作出更大贡献！

中国农业银行党委书记、董事长：谷澍

2021 年 2 月 26 日

图4-5　中国农业银行党委书记、董事长谷澍致耿建国同志的贺信

燕赵大地写忠诚

——记农行总行派驻河北武强县周窝镇李封庄村第一书记 付志强

村子老了，但没过时

2016年8月19日，河北武强县周窝镇李封庄村飘着细雨，村间小道显然有些泥泞，付志强拖着泥脚印，抵达了村子。

驻村第一晚，他失眠了，在硬邦邦的木板床上辗转反侧，咯吱咯吱的木板声、屋外的虫鸣犬吠声格外清晰。

这里致富的出路在哪儿？付志强久久难眠，思绪飘来飘去。

付志强是地地道道的北京人，2016年从农行总行派驻到河北武强县周窝镇李封庄任第一书记。

封掉的老水井

"嘭"的一声，水花溅起大片，一桶水摆在了付志强面前。

"付书记，你先给我们把水的问题解决了吧！"村民的神情带着些凌厉和不信任。李封庄的吃水井已经用了20多年，只有170米深，水质早已达不到国家饮用水标准。

付志强定神细看，发现水上漂浮着杂质。这水怎么能喝？付志强愣住了，不知道怎么办才好，但他知道，"这是基本的生活保障，肯定要解决"。

经了解，村子里村西还有一口340米深的深水井，之所以封着没动是因为缺乏资金。付志强上任之前，村子里没有一分钱的集体收入，没有资金购买设备安装抽水机，自然也就无法治水。

付志强当即向农行申请了一笔10万元资金，用于开挖深水井。买设备、找施工队、盖水房……大家伙儿干得热火朝天，不久后，村民们终于喝上了干净放心的水。

付志强看着村民们溢于言表的兴奋之情，自己的内心也得到了莫大的宽慰。

20多年了，那口170米深的老水井终于被封上，成了李封庄村的一处地标。封上老水井那刻，似乎是李封庄村在跟过去告别，是在对沉寂于时间里的泥沙告别。

被改变的小伙

付志强到任之后第一次开党会的地方在"李氏祠堂"——尽管这里墙皮斑驳、阴暗破旧，但村子里所有的会议都在这儿开，只有这里。

3点开会，村支书用大喇叭通知几遍，但村民似乎并没有听见，付志强等了40分钟，只陆陆续续来了5个人。作为全镇最大的村，李封庄有359户人家，共计1 616人，其中党员有53人，骨感的现实给初来乍到的付志强当头一棒。

"想要改变这种涣散的局面，第一步就要让大家有归属感。"付志强边想着，边做了决定——为党员"安家"！

在农行的补缴党费专项资金的支持下，李封庄建起了120平方米的党员活动室，配备了全新的桌椅、空调、饮水机，"党支部议事制度""党员学习专栏"贴在墙上，一尘不染……除了建活动室外，付志强心里也明白，这支"老党员"的队伍，太需要新鲜血液了。

一位名叫李宗晨的小伙儿进入了他的视野。

浑身力气，不怕吃苦，扛过大包跑过长途。二十六七岁的李宗晨虽只有高中学历，但为人憨厚老实，经常不求回报地为村里的事跑前跑后。

"你有什么人生规划？"面对付志强的问题，李宗晨显然有些不知所措。

"我哪懂啥规划……"李宗晨回忆时说，"还有一次开会，付书记让我做会议纪要，我当时连'会议纪要'这个词都没听说过。" 似乎是被付志强的话点醒了，思考了几天之后，李宗晨主动找到付志强申请加入到李封庄的建设工作中来。

2017年，李宗晨成为村里的致富带头人。2018年，村委会选举，他主动参选竞聘，以超出第二名220多票的优势当选村委会副主任。2019年，李宗晨成为了一名真正的共产党员。此后他还报考了电大，继续进修学业。

从毫无人生规划到后来一步一个脚印走出自己的人生轨迹，李宗晨在付志强的帮助下脱胎换骨。

与第一次开会只到5人的情况相比较，如今村民们不仅不会迟到，还会提前到场沟通开会的内容，说说村里的情况。

"回顾这四年（2016—2020）的扶贫，村民们是我见过最可爱的人。"付志强感慨道。

像拿到了高考录取通知书一样

当在发展产业扶贫的时候，付志强摸着石头过河。

最初，他打算学习周边县，发展手套、袜子等小型加工厂，但东奔西跑几个月考察，发现后期销路是大问题。

付志强通过对村里实际情况分析，结合市场调研，最终形成了发展温室大棚和肉驴养殖的思路。

找准了发展方向，更大的困难还在后面。

之前从没接触过建养殖场，不了解相关政策，付志强不得不一趟趟往县城跑：县国土局、县环保局、县农林局、县财政局、县审批局……咨询政策，提交材料，一趟又一趟。历时近一年，终于拿到了建场文件许可。"当时就像拿到了高考录取通知书一样。"付志强笑着感叹。

图4-6　付志强察看农行扶贫捐赠支持的李封庄肉驴养殖基地

建厂的问题解决了，技术难题也得攻克。付志强请来衡水科技工程学校教授、传媒公司专业人士，每周三讲授种养殖实用技术、电商直播等知识。

刚开始村民参与的热情度不高，他就想办法送些"小礼品"——毛巾、肥皂、圆珠笔等，前几堂课，村民是奔着礼品去的，之后即便没有礼品，村民也会积极主动来上课。

从寥寥无几到座无虚席，再到授课教室过道上都站满了人，村民们学习技术的热情逐渐高涨。从 2017 年开始，开展培训近 165 期，参训人数近 9 800 多人次，培训增强了村民们发展信心。

在付志强的带动下，李封庄村有了一座武强县最大的、肉驴存栏260头的肉驴养殖基地和12座温室大棚。

李封庄村温室大棚第一季西红柿采摘结束，成果喜人，"老付，拿好西红柿，好吃常来啊，保你是回头客。"村民乐呵呵地说道。

图4-7 付志强在农行扶贫捐赠支持的李封庄温室种植大棚帮助贫困户干农活

付志强白天骑着电动车走访家家户户，晚上就在田间哼唱，与村民一起散步，同时也了解村民的家庭状况和难题。他享受用手触摸玉米叶的感觉，这会让他想起儿时乡间的记忆。

这里的一切都让付志强心生欢喜。他想看到李封庄的产业开花结果，所以三年期满后，他又主动申请延期三年。

每天下午四点，付志强准时与81岁的老母亲通个电话报句平安。270公里路，不单单是北京到李封庄村的路程，更是农行的扶贫之路。

李封庄300多年的历史，沉淀了太多的故事，新时代的到来，农行正在讲述着一个慢慢变老，还没过时的村庄的故事。

2021年2月，在全国脱贫攻坚总结表彰大会上，付志强同志荣获"全国脱贫攻坚先进个人"称号。

图4-8　2021年2月，付志强同志荣获"全国脱贫攻坚先进个人"称号

（原文刊登于2020年8月28日《中国城乡金融报》作者：黄景莉）

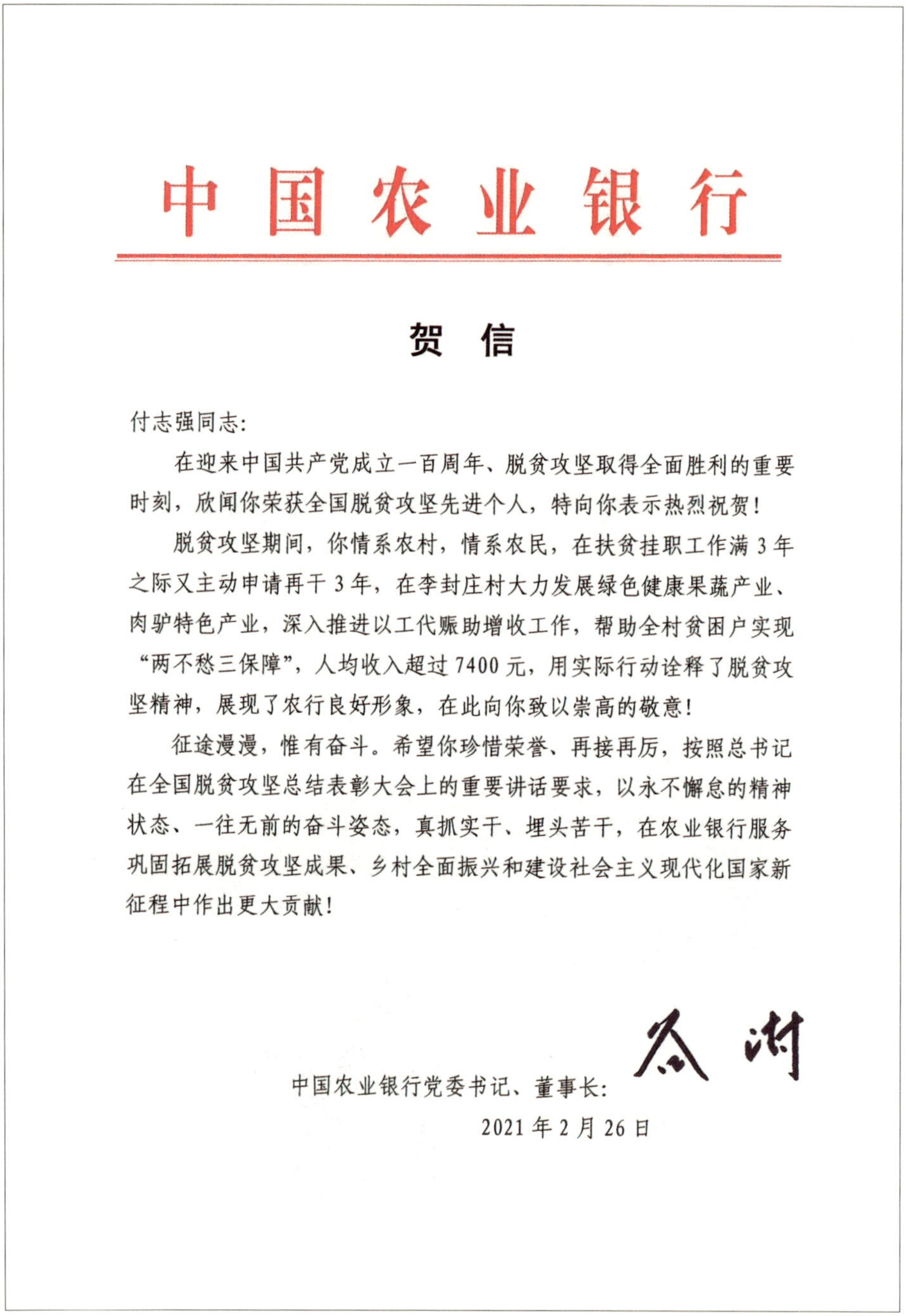

中国农业银行

贺　信

付志强同志：

在迎来中国共产党成立一百周年、脱贫攻坚取得全面胜利的重要时刻，欣闻你荣获全国脱贫攻坚先进个人，特向你表示热烈祝贺！

脱贫攻坚期间，你情系农村，情系农民，在扶贫挂职工作满3年之际又主动申请再干3年，在李封庄村大力发展绿色健康果蔬产业、肉驴特色产业，深入推进以工代赈助增收工作，帮助全村贫困户实现"两不愁三保障"，人均收入超过7400元，用实际行动诠释了脱贫攻坚精神，展现了农行良好形象，在此向你致以崇高的敬意！

征途漫漫，惟有奋斗。希望你珍惜荣誉、再接再厉，按照总书记在全国脱贫攻坚总结表彰大会上的重要讲话要求，以永不懈怠的精神状态、一往无前的奋斗姿态，真抓实干、埋头苦干，在农业银行服务巩固拓展脱贫攻坚成果、乡村全面振兴和建设社会主义现代化国家新征程中作出更大贡献！

中国农业银行党委书记、董事长：

2021 年 2 月 26 日

图4-9　中国农业银行党委书记、董事长谷澍致付志强同志的贺信

为了乡亲们的期盼

——记农行总行派驻河北饶阳县挂职扶贫干部李海波

深秋时节，河北省饶阳县的田野依然一派生机盎然的景象。金色的田野上处处是人们忙碌的身影，蔬菜大棚里郁郁葱葱。

饶阳县是国家扶贫开发工作重点县、农行总行定点扶贫县。在当地，有这样一种说法："种上一个棚，当年就脱穷；种上两棚瓜，小车开回家；种上三棚菜，小楼都能盖。"前几年，乡亲们想贷款建大棚，但是融资难、融资贵、融资慢的问题一直未能解决。

农行高度重视定点扶贫工作，持续加大政策倾斜和信贷支持力度，特别是选派德才兼备的优秀员工前往定点扶贫县挂职，助推当地脱贫攻坚。为了让饶阳县的乡亲们尽快过上美好生活，2016年8月，农行派遣了一名年富力强的干部赴饶阳挂职任副县长，协助当地推进脱贫攻坚工作。

他就是李海波，农行公司业务部员工，金融学博士。

李海波到任后，首先想到的是，要打赢脱贫攻坚战，必须先有精良的"武器装备"。对于金融扶贫来说，"武器装备"就是金融产品。他围绕破解农民"融资难、融资贵、融资慢"问题不断探索创新解决办法，先后帮助8 000余名贫困农民增收脱贫。

2018年9月30日，经河北省政府批准，饶阳县正式脱贫摘帽。当年，李海波荣获河北省脱贫攻坚奖。2019年9月，李海波荣获全国脱贫攻坚奖创新奖，成为当年全国金融系统中唯一获此殊荣的先进个人。

"他认真、肯干，来了就想为乡亲们做些实事"

见到李海波时，他已经挂职饶阳县副县长3年时间了。

饶阳县是个农业大县。到饶阳县工作后，李海波一直思考怎样发挥自身业务特长推进脱贫攻坚。

李海波说："乡亲们融资难主要是由于担保难。"为撬动金融机构加大扶贫信贷投放力度，饶阳县整合供销社和担保公司职能，成立了河北省首个"服务三农金融中心"。

"李海波副县长来饶阳挂职后，在入村走访调查时发现，乡亲们办贷款还需要拿着推荐表，村里、乡里、县里一级级跑，特别麻烦、费时。所以，他想到了创新推出政府增信业务线上审批系统。"饶阳县服务三农金融中心业务经理张舜尧说。

李海波发现，地方上的政府增信服务网络与农行信贷业务网上审批系统架构颇有相似之处。受此启发，他大力推动"饶阳县政府增信业务线上审批系统"开发工作。该系统将政府增信网上审批与银行贷款网上审批进行无缝对接，实现了"让信息多跑路，群众少跑腿"。"他认真、肯干，来了就想为乡亲们做些实事。"张舜尧说，他对李海波雷厉风行的做事风格印象很深。

随着脱贫攻坚工作深入开展，饶阳县贫困人口越来越少，剩余贫困人口多为老弱病残人员，自身没有创业能力甚至没有劳动能力，金融扶贫很难在他们身上发挥作用。如何让这部分乡亲过得好一些？李海波又陷入了思考。

图4-10　李海波创新推出政府增信业务线上审批系统

"还是从创新入手。"李海波说，他主持推动建立"10+1+1 000"金融扶贫带动机制，即要求得到政府增信贷款的农户每10万元贷款至少带动1名贫困人口实现年增收1 000元以上。饶阳县留楚乡留楚村，依托政府增信和"10+1+1 000"金融扶贫带动机制，在农行贷款支持下，村民刘杭和弟弟一起承包了200亩土地发展大棚蔬菜，带动了多名贫困农民增加收入。

"他对我们帮助很大，让我们想干些事"

饶阳县留楚乡干部郭向栓对李海波印象最深的是，李海波来到饶阳县后主持制作了一本饶阳县金融扶贫政策汇编。这本政策汇编涵盖11项具体政策，涉及"政银保"业务、"金桥贷"业务、政府风险补偿基金管理等。"所有文件都是他通过调研，对接上级政策，并联系饶阳实际，推动制定出来的，各项政策制定得很细。"郭向栓说。

在饶阳县大尹村镇，贫困农民索宏意就是这些金融扶贫政策的受益者。见到索宏意时，他满面红光，正在田里干活。他第一次获得扶贫贷款支持，建起了自家的大棚。"家人患病，有困难，我就想自己创业，加上国家、农行的政策好，就想着要干些事。"索宏意说。村里的扶贫工作队员告诉他农行的扶贫贷款政策后，他就立即申请下来了贷款，种了3亩葡萄，丰收时每亩收入达到1万元。

针对建档立卡贫困户、扶贫企业等不同群体的金融需求，李海波积极协调政府、银行、保险公司，联合开发了"政银贷""政银保""政融保"等一系列新产品新业务。在金融活水的润泽下，饶阳这个曾经的国家扶贫开发工作重点县如今已成为"中国蔬菜之乡""中国设施葡萄之乡"。

望着一栋栋新建的设施种植温室，河北新饶农业科技股份有限公司负责人何雨航对未来充满了信心。通过"政银贷""政银保""政融保"等金融产品，该公司获得农行贷款支持，建起了高标准温室大棚。大棚内每亩葡萄产值达8万元左右，预计未来可超过10万元。

在河北唯尊养殖有限公司的养殖基地，该企业负责人张少军说，企业养殖的"饶羊"已在市场上创出了品牌，带动上百户贫困户增收，"政银保"产品在此过程中功不可没。

为缓解扶贫企业还旧借新成本高的问题，李海波推动政府和银行共同设立专项资金池，推出了"金桥贷"产品，让一批扶贫企业渡过了难关。

图4-11 李海波向设施农业专业大户请教农业知识

衡水忠大农业科技股份有限公司总经理滕红龙说，公司主要从事蔬菜、苗木的培育种植，受益于"金桥贷"产品，公司融资不再困难。让滕红龙更加欣喜的是，李海波还帮助他的公司在石家庄股权交易所挂牌上市。李海波结合国家IPO扶贫政策，推动当地扶贫企业走进资本市场融资。在李海波的推动下，饶阳县已有16家扶贫企业在石家庄股权交易所挂牌上市。

"大事小情，他都看在眼里，记在心上"

作为主管饶阳县扶贫、金融等工作的副县长，大事小情，李海波都看在眼里，记在心上。

饶阳县贫困人口供养中心项目是李海波最为挂念、大力推动建设的扶贫项目，由农行出资建成。

谈起供养中心，李海波向记者讲述了建设初衷和萦绕在他心中的一件件往事。其中有两件事深深地触动了他，让他下决心争取资金建立供养中心。

一件事发生在留楚乡王留吾村。2018年初春，乍暖还寒，李海波来到村里走访贫困户。67岁的刘占启老人是村里一位特困供养贫困村民，因为小脑萎缩，多年瘫痪在床，全靠姐姐刘焕女照顾日常起居生活。刘焕女老人已经70岁了，患有风湿病，还要冒着严寒给弟弟洗尿布，这让她的病情也越发严重。疼痛难忍时，她只能将尿布直接晾干后再接着给弟弟换上。

"老人的手都冻裂了，看到他们的生活状态，心里真不是滋味。"李海波说。他看在眼里，疼在心里，立即用自己的工资给刘占启老人买了一台洗衣机。

另外一件事是，李海波去饶阳县养老院调研时遇到了一个弃婴。"当时看到他很可爱，像我的儿子一样。"李海波带有亏欠地说，这个弃婴和自己的小儿子同岁，来饶阳挂职，自己与儿子见面次数少了很多，看到这个弃婴让他想起了儿子。

"不能再让他们这样生活下去了！"李海波说，他决心尽快建好供养中心，让这些困苦的人都能得到照顾。

"孩子可以来供养中心了！"当供养中心即将建成之际，李海波第一时间告诉养老院的工作人员。但是，电话那端却传来了不幸的消息，弃婴最终因病夭折。男儿有泪不轻弹，面对噩耗，他的眼睛湿润了，心中充满了悲伤，久久不能释怀。三年挂职，在同事、乡镇干部、企业负责人，还有与他接触的贫困群众眼中，李海波一直是个踏实、肯干、务实、冷静、高知的人，但此时的他不只是一名副县长，他还是两个孩子的父亲，他是性情中人。

在建好的供养中心里，已有20多名老人入住。每一层楼都配有热水器、洗衣机等生活设施，中心采用地暖供热，还建有餐厅、理发室、浴室、问诊室等。在项目建设过程中，李海波多次前来查看项目进度，施工人员马不停蹄，确保了供养中心及早投入使用。

在河北饶阳中学，有一栋以"农银楼"命名的教学楼。饶阳中学校长告诉记者，学校此举是为了感谢农行的捐资助学之举。在李海波推动下，饶阳中学建立了物理实验室、化学实验室、微机室、图书室等。在教学楼楼顶上，只见一排排光伏发电板在阳光下熠熠闪光，这也是农行出资支持建立起来的光伏扶贫项目，项目收益全部用于资助贫困学生。

"说实话，这几年农行对饶阳作出的贡献确实不少。"饶阳县政府金融办工作人员李天佐说。

"时间有限，最辛苦的是他们。"李海波说，为打赢脱贫攻坚战，同事们都一起奋战在第一线，加班加点，无私奉献，无怨无悔。

李海波说，人生最美好的职业生涯大抵不过30年，三年挂职占到了职业生涯的十分之一，他要珍惜时间，加倍努力工作，对得起乡亲们的期盼，对得起总行的委派，对得起同事们的信任。

（原文刊登于2019年12月2日《中国城乡金融报》作者：夏明辉 郭宏珠）

北歧河村不脱贫誓不还

——记农行总行派驻河北饶阳县北歧河村第一书记李浩

"驻村两年多来，我们村两委先后在村里发展了蔬菜大棚、肉奶牛养殖、丝网加工、手套加工和服装加工，不仅提前实现了全村建档立卡贫困户脱贫致富，还带动了周边9个村374户贫困户脱贫致富。同时，我们还创新建立了农村党校，通过农村党校培训，将我们村的产业扶贫模式输向了深度贫困地区，帮助更多的贫困户脱贫致富。习近平主席连续三年在新年贺词中谈道：'我最牵挂的还是困难群众。'新的一年，我们驻村第一书记将不忘初心，牢记使命，抢抓机遇，勇往直前，用心用情用力做好驻村精准扶贫工作，力争为2020年打赢脱贫攻坚战贡献应有之力。2018年，我们继续在路上，北歧河村不脱贫誓不还！"农行派驻河北饶阳县北歧河村第一书记李浩在接受中国青年网采访时说。如今，全村人均纯收入达7 000元，村里脱贫了，村民却舍不得让他"还"。

当好谋划发展的"规划员"

2015年9月，农行总行选派三农政策与业务创新部副处长、博士李浩同志担任河北省饶阳县北歧河村第一书记。北歧河村是河北省国定贫困村，位于三市五县交界带，全村308户1 139人，2014年人均纯收入2 400元，贫困发生率42%，属于典型的基础设施落后、农业基础薄弱、缺乏产业支撑、基层党支部相对涣散的贫困村。刚一进村，李浩就深刻感受到村民普遍缺乏脱贫致富的信心。通过与干部促膝长谈，他了解到村两委很想帮助村民脱贫致富，但缺思路、缺方法。李浩认为：必须要掌握第一手资料，这是出思路、作决策、化矛盾、扶群众的基础。于是，他带领村两委连续走访14天，与党员群众聊天、拉家常，用事实和案例为大家打气鼓劲儿，激发大家的斗志。通过走访，他很快摸清了全村基本情况，制定了《2015—2018年北岐河村扶贫规划》，提出了产业扶贫、金融扶贫、教育扶贫等20条具体措施，并按照"一户一策、一人一计"，集中人、财、物资源对贫困户精准帮扶，极大增强了广大党员和群众的脱贫信心。

图4-12 李浩在北岐河村产业扶贫基地了解蔬菜生产情况

当好基层党建的"引路人"

作为中央单位选派的驻村"第一书记"，李浩深刻明白首要责任就是强化基层党建，切实履行好抓党建、带队伍、建机制、强管理等职责。在驻村工作过程中，他既不断建立健全村务规章制度，落实好"五议三公开"民主决策，又注重发挥老党员、老干部优势，调动一切有利因素形成合力；既大胆创新党建活动载体、带领村干部外出学习考察，又注重发展年轻党员、开展党员干部承诺上墙等活动。同时，还培养了一批致富标兵、产业大户及好儿媳、好公婆等道德楷模。

李浩在全县率先创建了第一家"农村党校"，并得到省市县各级领导的高度认可，其经验做法迅速在全县推广，重点发展了4名年轻党员，先后慰问了100多人次老党员、老干部，评选了10名道德楷模，提升了村党组织凝聚力、推动了村庄和谐发展。

当好产业发展的"指挥员"

2018年，在中共河北省委组织部组织的全省第一书记培训班上，李浩向来自全省各地的600多名第一书记，分享了发展产业扶贫的关键经验，"精准扶贫的难点是产业扶贫，需要驻村干部们真正发扬亮剑精神、忘我精神和创新精神"。

对有劳动能力和种植基础的贫困户，依托饶阳县蔬菜之乡的优势，李浩发挥自身金融专业优势，充分整合政府补贴资金、农行贷款和企业捐赠资金，和村两委先后发动129户贫困户新建蔬菜大棚203个，年销售收入超千万元。村民葛振宗逢人就说："都是党的政策好啊，派来了个李书记，让我们能用银行的钱来发展农业了！"

对没有劳动能力的贫困户，他大胆探索了"政府+农行+养牛合作社+贫困户+保险"精准扶贫模式,利用农行提供的流动资金贷款及政府提供的购牛补贴资金,组织村两委干部、党员代表分批次赴内蒙古和省内其他地区购买750头肉牛,成立了饶阳聚益养殖公司,带动了周边9个村375户贫困户脱贫。2017年12月,该公司成功在河北省石家庄股权交易所挂牌上市,成为全省第一家由贫困村的村民参股投资上市的省级扶贫龙头企业。"当得知这一消息时,全村人都兴奋了",村民葛英豪笑着说。

图4-13　饶阳聚益养殖公司挂牌上市仪式

对村里有创业想法的年轻人,李浩鼓励大家勇于创新、大胆尝试。在他的带领下,借助邻县安平县"丝网之乡"的优势,创新性地将织布机改造成铝镁合金丝网编制机。招商引资建厂后,产品已出口美国、印度、沙特阿拉伯等国,帮助12户贫困户致富,实现了贫困村小扶贫产业与国际大市场接轨。"没想到俺们村的产品还能销往国外，这仿佛给全村打了一针兴奋剂，提振了俺们干事创业的斗志！"村党支部书记葛凤林激动地说。

李浩了解到村里不少中老年妇女具备一定的缝纫基础，就在村里建起了手套加工、服装加工等产业，先后吸纳40多位留守妇女入厂打工，最大年龄78岁。同时，通过技术输出、订单输出等方式，成功帮助其他3位与李浩一样的中央单位派驻扶贫干部，在其所驻村发展起了手套加工、服装加工产业。"我一天能挣50元钱，比待在家里强多了"，说起自己的"新工作"，78岁的刘素英笑得合不拢嘴。"我上有老下有小，外出打工不方便，在这里不仅能挣钱，还能照顾家，不忙的时候还能下地干活"，村民刘佳佳满意地说。此外，李浩还利用农行的帮扶资金为村里购置了发展农村电商所需要的电脑、桌椅、展板以及面粉加工机、包装机，将村里的富硒面粉源源不断地送进城里。

全村实现了一二三产业的同步发展，人均纯收入大幅增加。"像俺们这个村，过年时肉贩子来了能卖掉七八头猪，大伙儿的生活条件比以前好忒多了，李书记在这三年真是帮俺们出了大劲儿！"村党支部书记葛凤林感慨道。

当好保障民生的"服务员"

李浩常说，第一书记直接面对基层百姓，必须要心系群众、为民造福。三年来，大到村庄发展、和谐稳定，小到修路建场、帮民跑办，他想民之所想、办民之所需，帮助村里硬化了道路、拆除了废旧建筑、美化了街面，新建了图书馆、公园、文化广场、村卫生室等，成立了乡村舞蹈队和青春健走队，改善了群众生活质量；他心系穷困群众，为10户村民办理了慢性病卡，为5户办理了残疾证，并建起了北歧河村民服务微信群用于沟通，帮助外出务工农民解决家中的后顾之忧；同时，他发挥自身职能优势、争取单位支持，用总行捐赠的党费和总行三农政策与业务创新部的捐款在村里设立了助学金，还建成了农行助农取款服务点，让村民足不出村就能享受到最基本的金融服务。他十分注重村庄稳定和谐，在做好民生保障的同时，认真梳理影响稳定的突出问题，帮助重点上访户解决纠纷争议，对全村2名刑满释放人员，进行重点盯防教育，实现连续三年重大信访事件、恶性群体事件零发生，增强了村民的安全感。

三年时光飞逝，在李浩的带领下，北歧河村发生了翻天覆地的变化，提前完成全村全部建档立卡贫困户186户、706人脱贫。还带动周边9个村375户贫困户脱贫。2018年，全村人均纯收入达7 000元，比2014年2 400元翻了一番。村民们听说李浩书记要走了，心里别提有多不舍。

李浩在"第一书记"的岗位上工作三年，尽管有时父母、妻儿会抱怨他没有尽到做儿子、做丈夫、做爸爸的责任，但他不后悔自己的选择。他说："我作为第一书记能借助金融手段继续帮助村里的父老乡亲致富，感到无比的骄傲和自豪。这是我身为一名共产党员的价值所在！"

决战大凉山

——记农行浙江分行派驻四川凉山州东西部扶贫工作组组长闵云忠

2019年，逼近决战决胜收官之年。农行浙江分行决定调精兵强将参加大凉山的脱贫攻坚决战。就在这关键时刻，农行湖州分行原副书记、副行长，正处级干部闵云忠被任命为派驻四川凉山州东西部扶贫协作工作组组长，农行凉山分行党委委员、副行长，并挂职凉山彝族自治州人民政府副秘书长。

"组织上把这副重担交给我，是对我的信任，我一定不负使命，完成任务！"闵云忠毅然奔赴脱贫攻坚决战前线——四川省凉山彝族自治州贫困山区，为彝族乡亲播下脱贫致富种子。

参加决战——提前进入主阵地

决战大凉山，担子重千斤。

2018年2月11日，习总书记深入大凉山腹地考察脱贫攻坚，看望彝族乡亲。截至2019年末，全国未脱贫的52个县，四川就占7个，且都在大凉山。大凉山能否如期脱贫，直接关系到全国脱贫攻坚决战的全胜。

挑选有丰富的金融工作和"三农"工作经验的闵云忠挂帅，

浙江分行党委经过深思熟虑，还在于他与大凉山有缘。早在2018年，湖州市政府与凉山州结成援川脱贫帮扶对子。那年，湖州分行党委就指派闵云忠负责援川帮扶工作。从那时起，闵云忠心系大凉山，或参加凉山州木里县的产业调研，或推荐客户到木里县考察。仅2018年，他就帮助两家浙商企业在木里成功注册，促成长兴喜羊羊生态农业开发有限公司与木里藏祥阁农特产品商贸有限公司合作，投资100万元，建设农特产品种植示范基地；牵线浙江茶乾坤食品有限公司与木里县巴登拉姆农业投资有限责任公司合作，输入乾坤红、白茶分拣和深加工技术，年产值达150万元。

大凉山的脱贫是硬仗中的硬仗。为此，他提前进入"主阵地"，实地调研。2019年4月，闵云忠跟随总行首席专家，浙江分行党委书记、行长冯建龙到大凉山调研扶贫，开始收集第一手资料。挂帅后，他又一次跟随冯行长转战大凉山调研，寻找脱贫攻坚决战的突破口。很快，他对凉山州的11个深度贫困县进行了拉网式的调研，还陪同28家浙江企业、45人次在凉山州考察，密密麻麻记满了两大笔记本。当得知湖州震远同食品有限公司要来大凉山投资考察，他先用绷带把腰绑住，几小时的颠簸，他半蹲半坐，扶着腰坚持着。那次考察，公司老总深为感动，当即与凉山州签订了农产品购销合作协议，使沉睡在大凉山的农产品，源源不断地销往全国各地。

"山路弯弯，踏石留印。脱贫攻坚，抓铁有痕。"当地一位乡干部曾这样称赞闵云忠。

图4—14 在闵云忠撮合下，湖州震远同食品有限公司和约合村签订产品购销协议

攻坚脱贫——着力打造产业链

"利用资源优势，推行产业扶贫，打造坚固的产业链，这是脱贫攻坚成功之路。"闵云忠挂职凉山州后，积极利用当地资源优势，全力推行产业扶贫，先后帮助引进项目6个，总投资5.4亿元。

在这期间，总行领导专程赴凉山州调研扶贫和东西部扶贫协作，给了他提供了智慧和动力。2019年5月，农行总行董事长一行在凉山州越西县考察调研扶贫。凉山州州长提出请农行帮助解决核桃产业的销路问题，董事长当场把任务交给了闵云忠。于是他盘算着要为当地引进核桃加工企业，打造一条种植、加工、销售的产业链。

功夫不负有心人。闵云忠终于了解到浙江国丰油脂有限公司有核桃加工生产能力。他专门赶赴浙江衢州拜访公司领导，为企业分析投资前景，促使公司领导6次赴大凉山考察。2019年9月正式签订了总投资5亿元的核桃油加工合作协议，其中一期工程投资2.5亿元。整个项目全部投产后可年产核桃油2万吨，年消耗干核桃20万吨以上，年销售收入将达20亿元，计划2020年下半年竣工投产，将有效解决当地第一大产业——核桃的销路。该项目被誉为国家东西部扶贫协作的范例。

大凉山茭白产业长期存在销路、资金、病虫害的困扰。2019年7月，闵云忠成功引进浙江朝华生态农业有限公司，当年帮助销售茭白4 000多吨，销售收入近2 000万元。2019年12月，该公司在凉山建立了四川西南朝华农业有限公司，为农户提供种植、病虫害防治、销售一条龙服务，不仅提升了茭白的产量和品质，还为会理县、喜德县210余户贫困户共1 200户建档立卡贫困人口提供就业途径，带动就业近2万人次，深得民心。

一个个项目落地，大凉山乡亲们士气高涨。"过去核桃没人摘、茭白烂地里，自从来了闵云忠，种植有着落、技术有指导、产品有销路、收入有保障、致富有希望！"成了村民的口头禅。

闵云忠和他的团队，用心血和智慧交出了优秀的答卷。凉山州州长苏嘎尔布在一份材料上批示："派驻工作组用心、用情、用力帮扶凉山，做了不少工作，深表感谢！"

收官之年——脱贫还须防返贫

收官之年遭遇新冠肺炎疫情冲击，决战决胜面临新的挑战。"'输血'只是一时脱贫，'造血'才能防止返贫！"于是，闵云忠围绕着构建金融扶贫长效机制，推出了一系列防返贫的新举措。

图4-15 闵云忠在昭觉县调研养牛情况

针对核桃收购商户缺乏资金，他量身定制推出了"核桃扶贫贷"产品。该产品专门用于核桃种植、销售、加工等领域，贷款门槛低、利率优惠，解决了农户、小微企业融资难的问题。他协助推出《凉山分行城乡建设用地增减挂钩扶贫贷款管理办法》，加速推进了省外、州外与凉山州的土地指标转让。他创新推出"项目贷款专项营销考核办法""施工单位结算账户专项营销竞赛活动"等，使金融助推脱贫攻坚发挥长期效应。

在闵云忠主导下，扶贫工作组帮助农行凉山分行梳理出信贷总额达611亿元的52个项目，并分类逐一推进，2019年底有6个项目获批，信贷总额达63亿元，投放贷款12亿元；有20个项目已受理，信贷总额达115亿元；跟踪储备项目26个，信贷总额433亿元。这些举措推动了脱贫攻坚战，还使农行做大存贷规模。2019年，凉山分行年度绩效考核位列四川省农行系统第一名，比上年提升4位。

在扶贫一线书写忠诚与坚守

——记农行广西玉林分行驻村第一书记刘殿军

刘殿军是农行广西玉林分行的一名科级干部，2016年2月被派驻广西玉林市博白县那林镇多福村担任第一书记。驻村的两年多时间里，他兢兢业业，想方设法为群众谋福利抓脱贫。经过帮扶，多福村在2017年就实现整村脱贫，脱贫34户167人，贫困发生率从6.62%下降到了2.55%，集体经济收入从2016年的0元提升到2017年的3.2万元。

在成功带领多福村的乡亲们脱贫致富后，2018年3月，刘殿军又主动请缨转战春石村任驻村第一书记。"二进村"的刘殿军带着多福村的帮扶经验，继续在脱贫攻坚第一线挥洒汗水。

图4-16　刘殿军入户走访春石村部分特困户

为产业扶贫注入"源头活水"

　　那林镇多福村传统产业主要是养鸡、养猪、养鱼，还有水稻、水果种植，大多分散经营，经济效益并不显著。2016年2月，刘殿军到该村担任驻村第一书记后，通过深入调研、组织干部参观学习等多种方式寻找适合多福村产业发展的扶贫模式，最终提出建设黑豚养殖基地、吸收群众特别是贫困户入股参与黑豚养殖的帮扶发展方向。

图4-17　刘殿军组织春石村村民种植绿箭豆角，发展村集体产业

　　明确帮扶发展方向之后，在当地政府和农行玉林分行的大力支持下，博白县鸿福黑豚养殖专业合作社应运而生。合作社坚持以家庭承包经营为基础，采取"合作社+基地+农户（贫困户）"的合作经营模式。2017年末，作为多福村产业扶贫示范基地的鸿福黑豚养殖场项目总投资70多万元，建成黑豚养殖场约2 000平方米，吸纳71户建档立卡贫困户加入，产业

帮扶覆盖率达100%。通过建立稳定的产业扶贫模式，多福村成功完成了整村脱贫指标。

合作社负责人李海东介绍："我们依托那林镇山多田少的自然环境条件，以黑豚养殖专业合作社技术力量为依托，通过将培训、养殖、疾病防疫、销售等环节进行一体化整合，不断降低黑豚的生产和销售成本，提高黑豚养殖的产量和销售价格，促进社员增收。"

授人以渔，扶贫又"扶智"

刘殿军"二进村"来到的春石村，当时既没有集体经济项目，又缺乏产业发展资金和技术，发展比较困难。他先后主持制定了《春石村2018—2020年三年发展规划》和《春石村发展村级集体经济三年行动工作实施方案（2018—2020年）》，通过带领乡亲们开拓思路，大力发展加工、仓储业，扩大传统种植业优势、引导养殖业转型，扶持博白县蓝文农机服务专业合作社，扶贫资金入股广西旺旺大农牧有限公司、争取到扶持壮大村级集体经济项目资金50万元用于大力推广种植绿箭豆角，有力促进了村集体经济和产业发展，有效解决了贫困户及村里剩余劳动力的就业问题，既增加了村集体经济收入，也巩固了春石村整村脱贫摘帽和贫困户脱贫成果。

春石村致富带头人庞玉德原来一直从事生猪养殖，2018年由于村子被列为生猪禁养区，加上非洲猪瘟影响，损失比较大。正一筹莫展的时候，刘殿军及时上门帮他分析市场行情，引导他尝试改为养牛。2019年，他通过养60头牛获利33万元，成功实现了养殖转型，同时示范带动其他养猪农户和贫困户转型。

2019年6月18日，刘殿军在广西旺旺大农牧有限公司春石村休闲农业生态园组织了"精准帮扶'三方'见面会"。邀请贫困户、脱贫户、帮扶联系人、扶贫企业负责人及行业专家等充分交流脱贫计划和致富思路，通过充分为贫困户提供政策和金融支持，引导贫困群众互动、互学、互帮、互促，进一步激发广大贫困户主动脱贫的内生动力，坚定脱贫信心。

美了村容，暖了民心

为了让贫困村旧貌换新颜，刘殿军和村两委干部一起，争取到乡镇道路基础设施项目资金342万元，帮助多福村和春石村村屯硬化乡村公路20条共6.6公里，建设文体广场1个，协助多福村和春石村新建村委办公楼，并在农行玉林分行等单位的支持下增加了一批办公设备，改善了政务服务环境。

2017年8月10日，刘殿军冒着大雨走访多福村贫困户黄立珍，发现她患重感冒，由于儿子远在外地务工，自己年纪大，孤身一人在家无法外出就医。刘殿军二话不说，立即护送黄立珍到村卫生室检查，并一直陪伴她在卫生室就医，直到病情好转，才把她送回家中。

四年多来，刘殿军一直没有停歇，对贫困村的群众关怀备至。多福村和春石村的乡间小道、新硬化的道路、老百姓家的门槛上都留下了他或深或浅的脚印。他对两个村212户贫困户进行了遍访；为多福村41户贫困户争取到小额扶贫贷款190万元，助力贫困户发展，年户均增收3 600多元；通过扶持14户贫困户养殖母猪，年户均利润达3 000元；帮助66户群众（贫困户）解决住房问题；组织实施以奖代补项目，为贫困户争取产业补助累计达292户；争取帮扶资金和社会捐资18.1万元，改善群众办事环境和条件、资助4个大学生读书……被群众称赞为勤办事、办实事的好书记。

2020年初，刘殿军结束帮扶工作回到玉林博白县支行担任副行长。虽然走出村子踏上了新的工作岗位，但他依然时时牵挂着多福村、春石村的百姓，如何让乡亲们不返贫、过上更好的日子，是他在新的工作岗位上一直心心念念的事……

举手向朝阳　汗水换芬芳

——记农行安徽分行驻临泉县城关杜庄社区第一书记马建军

当晨曦划破夜空，第一缕阳光洒在临泉县城关杜庄社区的千亩种植园上时，村民总能看到一个熟悉的身影在田间徘徊，时不时地停下来一会儿查看蔬菜长势，一会儿向管理人员询问蔬菜的市场行情。

他，就是农行安徽分行驻临泉县城关杜庄社区第一书记、驻村扶贫工作队长马建军。一名矢志不渝奋战在脱贫攻坚一线上的农行干部，一名把汗水和心血倾洒在脱贫攻坚路上的共产党员。

三年的岁月在漫漫的历史长河里或许是一瞬间，在马建军的记忆里却是一千个奋战的日日夜夜，在杜庄社区的群众眼里，是家园走向美丽富裕的蜕变过程。

三年里，杜庄社区471名贫困人口甩掉了贫困的帽子，贫困发生率从9.2%降至0.18%。

所有的一切变化，都要从三年前说起，从马建军的到来说起。

克服困难，毅然从城市来到乡村

2017年7月26日，对于大多数人都是一个十分平常的日子，而对于时任农行安徽阜阳分行副行长的马建军来说，却是人生的一个转折点。这一天，他接到了自己新的任职命令，被选派担任临泉县城关杜庄社区第一书记、驻村扶贫工作队队长。

说实话，马建军接到组织选派任命时，心情十分复杂，甚至有些畏难情绪。首先他感到自己不熟悉扶贫，害怕辜负组织的期望，其次考虑到家中父母年迈，两个小宝刚出生3个月，离不开他这个家中的顶梁柱。那一天，父亲和他在客厅里坐了很久，父亲对他说："你是一名共产党员，服从组织安排是党性的体现；谁也不是天生就会，不会可以学嘛，我相信你能干好，至于家里的事你就不用操心了。"

马建军虽然自1996年到农行工作以来，所从事的工作都与"农"字相关，但是直接参与农村工作的经验很少，更别说是扶贫这么重要的工作了。到了社区以后，他处处像个小学生一样虚心学习，用心求教。通过学习习近平总书记关于扶贫工作的有关论述，不断提升自身的思想认识，掌握相关的扶贫政策；通过逐户走访调研，会议研讨，很快了解到了村情县情，让自己迅速融入杜庄的脱贫攻坚事业中。

为了找到杜庄社区贫穷的症结所在，马建军带领着驻村工作队和两委干部走遍了杜庄的每一个角落，多次召开群众会、征求意见恳谈会、乡村大课堂等问政于民，深入到群众中间了解杜庄发展的第一手资料，在广泛调研的基础上制定了杜庄社区第一个三年发展规划，确定了依托区域优势、打造特色产业园的发展理念。

"君子讷于言而敏于行"。马建军就是这样一位不善于言谈，只知道埋头苦干的实干家。规划制定以后，他很快全身心地投入到实施中，那段时间，要不是父亲打电话来询问，他都忘记了已经一个多月没有回家看看了。

强基固本，以党建引领脱贫攻坚

2017年，马建军刚刚驻村扶贫时，在村召开的第一次党员大会，参会党员多数是老人，82名党员中，29名在外流动党员无一参会。在谈到党和国家的扶贫工作时，老党员们党性很强，觉悟很高，但谈到社区发展时，却找不到有效的方法和路径。他在走访群众中，了解到社区的多数年轻人都选择在外打工，不愿意在本地发展。为了鼓励在外流动人员回乡创业，马建军首先与本村外出成功人士取得联系，重大节日相互交流认识。在每次的党员活动日，他主动向流动党员打电话沟通思想，了解大家的思想动向。春节期间还召开外出务工回乡人员座谈会，畅谈村级发展和治理工作。通过不断努力，青年流动党员参加会议的多了，积极献计献策的多了。随着村内环境的改善，回乡创业人员逐步增加，村内也成立了多家专业合作社。

图4-18　马建军正在给社区全体党员干部上党课

杜庄社区党支部当时是个软弱涣散党组织，存在较多问题，但班子不团结是主要原因。加之各种历史、家族、利益等问题交织在一起，矛盾突出。班子不团结的根源在于办事不公开、责权利不清，造成成员之间互不服气、互不支持、互相刁难，村内正常工作无法开展。面对问题，马建军积极向上级政府领导建议：一是建议支书、村长一肩挑，有利于加强党的领导和提高办事效率；二是建议将优秀青年干部充实到村两委班子，进一步提升基层治理水平；三是认真落实"四议两公开"制度，重大事项会议审议，公开处理的方案和结果。

严格要求自己是马建军的一贯作风。2018年，在一次社区组织生活会上，马建军首先向村支部提出要严格落实"四议两公开"制度，要求党员做到的，他和支部书记、委员必须要首先做到；要求群众做到的，党员干部必须率先做出表率。其次是开展谈心活动，马建军经常与村支书、社区干部谈心谈话，交流思想和工作方法，相互尊重、相互理解、共同提高，不断增强自身为民服务的情怀和做好群众工作的方式方法。

一个好的干部，不但要自身当表率，还要建立一个团结的队伍。怎样"抓党建、促脱贫"，打造一支"永不走的工作队"，是马建军的首要任务。通过开展"不忘初心、牢记使命"主题教育，坚定党员的理想信念，增强政治定力；通过建立社区周二学习制度，进一步增强党员干部的认知水平，提升党员干部的政治能力。在队伍建设上，通过改选优化干部队伍结构，积极培养优秀年轻干部，先后有4名青年后备干部进入两委班子。在组织建设上，完善相关管理制度，规范"三会一课"，监督村级班子议事、决策程序等。通过开展"第一书记党课"等一系列活动，有力地提升了村两委的凝聚力、战斗力。同时，将基层党建与经济发展挂钩，培养干部创业能力，真正发挥致富带头人的引领作用。

社区老支书杜国敏目睹了这几年的变化，他经常说："杜庄社区这几年有了很大的变化，最关键的是班子变强了，干部为民服务的意识和能力有了很大的改观。"

2018年，杜庄社区党支部被评为临泉县星级化标准党组织，2019年，又连续7个月份被评为街道流动先进单位。杜庄社区两委班子成员团结，战斗力强，成为带领当地群众脱贫致富的战斗堡垒。

因地制宜，以增收巩固脱贫成果

"小康不小康，关键看老乡"。习总书记的这句话时时激励着马建军，如何为民办事、如何让贫困群众早日摆脱贫困，成了他工作的出发点和落脚点。通过调查走访，他了解到村民"等、靠、要"思想严重。马建军认为杜庄要发展，首先要解决好大家的思想认识问题。为此，他积极寻求切入点，采取多种引导措施。通过谈心谈话、技能培训等方式，增强贫困群众"我能脱贫"的能力。其次，他带领当地群众四处参观学习，用身边人的成效对比，增强贫困群众"我要脱贫"的动力。为了阻断贫困代际传递，马建军组织全社区通过开展"扶贫有我，爱心同行"等活动，鼓励学生从小立志，勤于学习，增强贫困群众"绝不返贫"的信心。

记得马建军刚到杜庄社区时，社区没有主导产业，集体经济收入几乎为零。为发展社区产业，2017年底，马建军组织社区干部、当地种植大户多次外出参观学习，后经考察，确定规模种植大棚蔬菜的目标。但真到项目实施时，不少村民和村干部却打起了退堂鼓。"城里来的干部，不过来'镀镀金'，哪会真帮村里谋发展！""投那么多钱，能收回来吗？""东西种出来，往哪销？"面对部分群众不理解、不支持的现状，他没有退缩，主动和群众沟通，决定利用自身的行业优势，通过金融扶贫支持产业扶贫，由产业扶贫带动就业扶贫，增加贫困户收入，带领群众摆脱贫困，走上致富道路。

2018年初的一天清晨，刚刚外出参观回村的种植大户王春礼来到村部，与马建军交流自己的想法。"马书记，我搞大棚蔬菜种植已经多年了，一直规模不大，积累了一定经验，通过这段时间学习，很有想法，但合计一下，资金有点缺口。"之后，马建军及时联系县农行进行调查评估，为其办理"乡村振兴带头人"贷款10万元用于农场建设。该农场蔬菜大棚种植面积60余亩，带动了当地4户贫困人口劳动就业增收。

无独有偶，杜庄社区养殖企业也面临资金短缺的难题，马建军又帮助企业通过"劝耕贷"模式获得贷款50万元，用于扩大生产。该企业存栏黄牛350余头，带动6户贫困户人口就业增收。

为了带动更多的贫困户脱贫，马建军又积极实施了"引凤入巢"项目，引进阜阳市弟兄农业科技股份有限公司入驻杜庄社区，流转1 200亩土地，开展"供港蔬菜基地"建设，进行规模化种植，带动当地贫困人口36人劳动就业增收。

在发展杜庄社区产业的初期，马建军没有睡过一个囫囵觉，没有吃过一顿安生饭，为此还累得大病了一场。可看到1 200亩"供港蔬菜基地"建成后，社区群众务工时喜悦的笑容，他感到自己所有的努力都是值得的，心里充满了成就感。

贫困户杜朝伟说："马书记到村后，积极为群众办实事，现在我不仅有土地流转收入，还能在地里干活，获得一些务工收入，村集体发展产业还有部分收益分红收入，我对脱贫充满了信心。"

迎难而上，用言行展示农行风采

2020年初，一场突如其来的新冠肺炎疫情更加坚定显现了马建军的初衷。

春节假期期间，新冠肺炎疫情席卷而来。杜庄社区是临泉县首例发病地之一，社区从武汉返回的人员多达72人，防控形势异常严峻。他得知这一情况后，不顾家人的劝阻，立即将不到3岁的孩子送到70多岁的父母家中，和爱人共赴抗疫一线。到村后，社区张东生书记见到他的第一句话，"马书记，你怎么来了，这里现在被列为疫情高风险区，一定要注意防护。"

"越是困难的时候，越是人民需要的时候，党员干部越要挺在前面，作出表率。"他不停告诫着自己，并与社区干部一起奋斗在抗疫一线。为解决最急需的问题，他及时向省行汇报，为社区捐赠口罩等防护物资。按照疫情防控的要求，村里实行了全封闭管理，社区有30户特困群众需要上门帮扶，他第一个冲在前头。贫困户王春领，母亲80多岁，无劳动能力；妻子患有先天性精神疾病，一家3口仅靠他打工维持生活。疫情期间，王春领本人突发感冒，几天没有出门，家中生活物资逐渐用完。得知这一情况后，他立即带领驻村工作队为其送去了大米、口罩等生活必需品，解决了其燃眉之急。同时又联系了社区医生，及时为其测量体温开展诊治，在排除新冠肺炎后，又送上治疗药品。

图4-19　马建军深入新冠肺炎疫情一线，了解农产品产销情况

新冠疫情期间，他始终和社区两委干部一道坚守岗位，冲锋在前。当疫情有所好转时，他又深入走访排查，为贫困群众及时送去《就业指南》，帮助237人联系岗位实现稳定就业。对于有特色种养业条件的贫困户，积极向他们宣传特色种养业奖励政策，鼓励他们及时发展种养业。在此期间，社区贫困户张东阳，新种果树9亩；苏振起等16户贫困户办起了家庭养鸡场。另外，他积极协调各方力量，促进社区种植企业复工复产，召集社区群众80余人及时上岗，解决"蔬菜基地"企业的用工困难。

受新冠肺炎疫情的影响，贫困户产销出现脱节情况。马建军积极与阜阳农行联系，在中国传统节日"端午节"来临之际，开展"购一份农产品、献一颗关爱心"活动，鼓励员工积极采购滞销的小鸡。通过逐户摸排对接、联系宰杀场所、安全保质运输等环节，购买社区贫困户自养鸡400余只，有效解决了群众的燃眉之急。

三年来，在安徽分行党委的坚强领导和支持下，马建军带领驻村扶贫工作队，始终将"真扶贫、扶真贫、真脱贫"贯穿于工作中。通过安徽分行的定点帮扶和驻村工作队的不懈努力，已向杜庄社区累计投入资金50万元，实施基础设施建设项目6个，引进产业项目2个，惠及全社区1 708户、7 157人受益。实现建档立卡贫困人口471人脱贫，2018年，杜庄社区从贫困村中出列。杜庄社区的贫困村称号已甩掉，基础设施和基本公共服务得到明显改善，群众的幸福感、获得感不断增强。

举手向朝阳，汗水换芬芳。马建军带领社区干部群众，正在瞄准新的工作目标，推进巩固拓展脱贫攻坚成果与乡村振兴的有效衔接，扬起小康的风帆，向着实现共同富裕而奋进！

情暖山野结出幸福果

——记农行总行派驻贵州省黄平县扶贫干部李建平

2020年的一场新冠肺炎疫情给刚刚脱贫出列的贵州省黄平县带来了严重考验。作为农行派驻黄平县定点挂职干部，李建平及时赶赴新冠肺炎疫情防控一线。当他刚返回黄平县，得知黄平县半山村农户们种植的古稻米因新冠肺炎疫情严重滞销时，第一时间组织黄平县定点扶贫工作组与合作社讨论销售方案，联系行内外各类采购渠道，协调物流和包装加工场地，帮助销售古稻米约6万斤，为百姓带来80多万元收入。在农户家收购稻米的现场，农户的一句"有农行帮我们，我们很开心！"让他感慨万分。与此同时，他借此契机组织合作社以深入挖掘非物质文化遗产——稻作习俗文化为切入点，确定了半山村产业发展思路。农产品销售现状再一次让他下定决心要继续帮助贫困地区创立品牌、孵化市场主体、扩大销售，实现产业兴旺、百姓富裕。

李建平在2016年8月至2020年5月期间，作为农行定点扶贫干部派驻贵州省黄平县挂任县委常委、副县长。三年多来，他在总分行各级领导及同事的帮助支持下，克服生活困难，积极转变角色，沉下心俯下身，走遍所有贫困山村调研，搭建银政沟通桥梁，整合资源、创新思路，全力推动党中央、国务院及农行党委各项扶贫决策部署贯彻落实。依托农行政策和资源，他积极努力推动农行定点扶贫工作取得了显著成效，协调争取各类捐赠资金及物资累计6 507万元，实施了产业、教育、党建、医疗、技术培训、饮水住房等53个定点扶贫项目，累计直接帮扶15 298人脱贫，惠及贫困群众超过4.6万人，2019年年底，全县贫困发生率下降至1.13%，顺利脱贫出列。他本人也先后荣获"中国农业银行优秀青年""2016—2018年中国农业银行金融扶贫先进个人""贵州省脱贫攻坚先进个人""全州脱贫攻坚优秀共产党员"等荣誉称号。在总行的坚强领导下，他带领由总行驻村第一书记、县支行行长、挂职副行长等同志组成的中国农业银行派驻黄平县定点扶贫工作组，积极推进落实总行各项定点扶贫工作，宣传定点扶贫工作成效。工作组因此荣获2019年贵州省"全省脱贫攻坚先进集体"称号。《人民日报》、凤凰网、新华网等众多媒体先后报道了这位一直奋斗在滇桂黔石漠化区扶贫攻坚主战场的农行人事迹。

来自北京的挂职干部，一头扎进了田间地头

　　黄平县是一个"靠天吃饭"的农业大县，全县142个行政村，其中53.6%是贫困村，32.1%是深度贫困村，"经济空心村""产业空白村"更是普遍现象。面对如此困难的开局，面对三年后脱贫摘帽的艰巨任务，李建平倍感压力。"是压力也是动力"。李建平来到黄平县后，一头扎进田间地头，深入贫困村开展调研——到田间地头实地考察稻田养鱼、黑毛猪养殖、精品水果种植等产业现状，进村入户倾听群众诉求，与村两委座谈共谋产业发展大计。经过深入调研，李建平心中逐渐形成了一条清晰的帮扶思路。

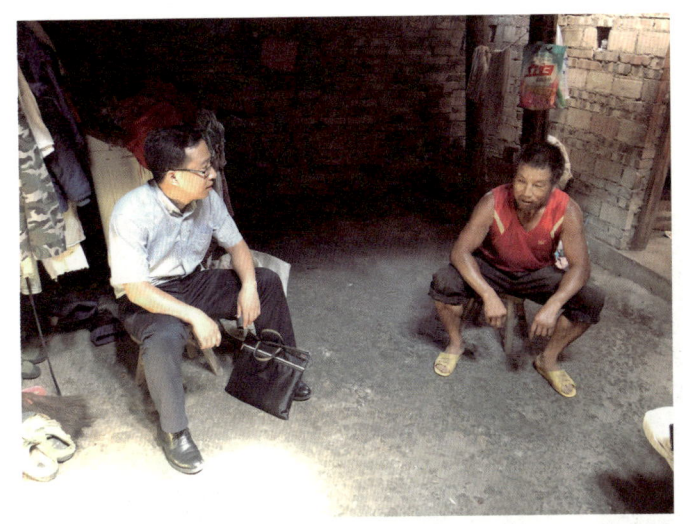

图4-20　李建平进村入户开展移民搬迁户动员工作

创新产业链扶贫模式，贫困村有了稳定的致富产业

如何改变农村无人才、无资源、无产业的"三无"现状，是李建平不断走访贫困村时思考的最大问题。要带领贫困村发展产业，面临农民思想意识落后、参与意愿不强和产业不稳定、不可持续等问题，经过调研，他选定了岑花村作为产业扶贫示范带动村。李建平带领村干部到北京、广西、重庆等地考察，经过对比分析产品属性、市场销售等情况，最终选定百香果作为产业扶贫突破口。2017年，他采用"农行+龙头企业+合作社+基地+农户"模式在岑花村建设100亩百香果产业扶贫基地。为了形成可持续稳定的产业发展机制，李建平逐步从完善产业链的思路上下足工夫，完善了注册商标、育苗、种植、销售、产品加工、绿色农产品认证等产业链环节。2020年，更是通过示范作用带动全县发展百香果种植3 000

亩，成功签约了百香果全产业链项目，逐渐形成了集育苗、种植、销售、观光旅游为一体的多元化产业链条，使得贫困村有了稳定的致富产业。

图4-21　李建平带领定点帮扶工作组进村入户调研

"请进来走出去"，招商引资修正果

产业是扶贫的核心，更是脱贫不返贫的根本保障。李建平通过农行总行、省分行及朋友熟人关系等各个渠道，积极对接企业，先后累计引入超过数十家企业到黄平县考察，但真正落地项目却不多。招商引资的经历，让他深刻反思总结，积极转变招商思路，围绕优势产业及产业链招商，协调整合各类资源为企业做好全方位服务，终于获得企业认可。三年来，他协调签约项目4个，总投资10.5亿元，其中生猪养殖加工项目完善了全县生猪产业链，形成了扶贫优势产业，更为全县贫困人口"脱贫不返贫"奠定了坚实基础。

打造农行扶智品牌，扶贫先扶智

"妇女能顶半边天"，提升贫困村妇女整体素质，提高就业创业能力，是帮扶其家庭脱贫致富的有效路径。于是，李建平通过摸索创新了"培训+就业+创业+订单"的联合扶贫模式。积极争取20万元培训资金，联合县妇联积极组织全县农村妇女开展200人的蜡染、刺绣等民族手工艺品制作特色培训班，得到群众的好评，最后参加培训学员多达246名。但仅仅完成技术培训还不够，更重要的是要确保培训效果转化为经济成果。于是，李建平通过多方整合资源，推动成立了且兰遗风馆和专业合作社，帮助学员搭建就业创业平台，促使培训成果得到很好的经济效益转化。三年多来，他创新打造了农行"金穗扶智"培训品牌，争取各类资金资助贫困学生及残疾学生1 423名，培训致富带头人、技术人才8 684名，基层党员干部882名。

发挥总行优势，多方合力促脱贫

除了上述帮扶成果外，李建平积极发挥农行资源优势，先后促成项目精准扶贫贷款10.06亿元，支持旅游、中药材种植等产业项目，通过公益岗位、劳务用工带动贫困户就业增收；创新信贷产品，发放小额扶贫贷款1.5亿元实现了1 500户贫困户的精准扶贫；积极争取棚户区改造项目6.3亿元，通过务工、就业扶贫带动贫困户1 439名。

　　对于具有丰富电商经验的李建平来讲，当看到黄平县丰富的水果、苗银等特色农产品产业时，他看到了更多的脱贫致富的希望。于是他积极发挥自身专业特长，探索电商扶贫模式，建立了60家且兰生活馆，制定了黄平县水果电商和苗银电商的两条发展主线，累计帮扶全县销售农特产品金额超过750多万元。

为脱贫攻坚贡献农行力量

——记农行四川凉山分行派驻金阳县马依足村
驻村第一书记卢易成

　　2017年，既是脱贫攻坚承上启下之年，也是农行凉山分行定点帮扶驻村干部选派的承前启后之年。农行凉山分行本着优中选精、强中选锐原则选配新一轮驻村力量。农行凉山西昌市支行员工卢易成被组织选中，赴四川省凉山州金阳县马依足乡马依足村开展驻村扶贫工作，任驻村扶贫第一书记、驻村帮扶工作队队长，并挂职共青团金阳县委副书记。

图4-22　卢易成走村入户采集贫困户信息

"助力脱贫攻坚，耕耘美丽中国"，出发前夜卢易成在自己的工作笔记本扉页上写下了这句话，并将这句话作成自己的微信头像。这句话也成了他日后扶贫工作的座右铭。

强化引领——扩大党的执政基础

中国共产党是领导我们事业的核心力量。卢易成在驻村开展扶贫工作过程中，始终明确搞好党建与脱贫攻坚是纲举目张的关系，明确党建工作在脱贫攻坚工作中的重要性。卢易成积极发挥第一书记作用，结合马依足村脱贫攻坚和基层党组织建设需要，贯彻落实党的路线方针政策，带头执行党的民主集中制原则，严肃党组织生活。利用开展"筑强基层　凝聚民心"党建月会为抓手，推进支部党员对党的会议精神学习教育常态化制度化，严格落实"三会一课"制度建强基层党组织，落实全面从严治党向基层延伸，将村党支部建设成为打赢脱贫攻坚战的坚强堡垒，将村党员群体打造成为打赢脱贫攻坚战的先锋军。不断增强群众获得感，持续提升群众满意度。

卢易成深刻领会习总书记说的"小康不小康，关键看老乡"的含义，以开展农民夜校为契机，邀请县各部门领导、专业人员充实师资力量，组织开展农民夜校54期，通过农民夜校向村民大力宣传党的会议精神、国家扶贫政策，普及反假币、防诈骗、惠农信贷等金融知识，讲解农林畜牧等专业知识，既在群众中树立听党话、感党恩、跟党走的思想，又引导贫困群众确立脱贫思路、拓宽致富路子，变"要我脱贫"为"我要脱贫"。

多策并举——脱贫战场生力军

为了扭转马依足村集体经济发展受挫、亏损严重的现状，卢易成进行了深入调研。找问题、究原因深入研判，积极想办法谋出路，最终将集体经济发展与本村青花椒优势产业发展相结合，扩展经营范围转变、经营重点，进行青花椒等农产品的统购统销。同时利用"以购代捐　扶贫爱心礼包"等方式打开了销售渠道，解决贫困群众农产品销售难问题，在2017年实现集体经济营业收入7.5万元，成功盘活了马依足村集体经济，解决了集体经济空壳问题。2018年紧跟国家政策导向，争取了四川省脱贫攻坚植树造林专业合作社试点项目，投入资金93万元建设450亩立体林业经济示范基地，当年即为贫困户增加劳务收入约9万元，极大地巩固了脱贫攻坚成效。

为了打通金融扶贫最后一公里，卢易成在马依足乡设立"银讯通"服务点两个，协助金阳支行对马依足乡贫困户进行小额扶贫信贷全覆盖授信，并协助发放扶贫贷款368万元。在村内组织开展"送金融知识、产品、服务进村"活动9场，覆盖群众2 000余人次。

为了提升贫困人口就业能力，卢易成积极对接相关部门组织贫困人口参加技能培训，共组织青年农民免费参加电焊工、机动车驾驶等培训共计114人次，先后组织输出贫困户空闲劳动力54人到佛山等地务工增收，大大提高了青年农民工素质和就业能力。

为了使教育真正成为阻断贫困代际传递的最有效手段，卢易成通过凉山分行引进浙江滨江集团投资240万元，为金阳县捐建幼儿园两所。并主动对接"金穗圆梦"、"草庐"助学、"农担学子情"、"我要上大学"等公益助学项目，为全县420余名贫困学生争取到48万余元助学款及物资，为16名贫困学子圆了大学梦。

为了引导贫困群众"住上好房子、过上好日子、养成好习惯、形成好风气"，卢易成利用工作经费购买劳动工具，组织全村党员和村组干部，固定每月1日带头开展全村卫生大扫除。围绕省委"四个好"家庭的标准，在村内开展"月评比、季表扬、年表彰"工作，对优秀家庭予以奖励，推进引导村民思想观念、生活方式的转变。

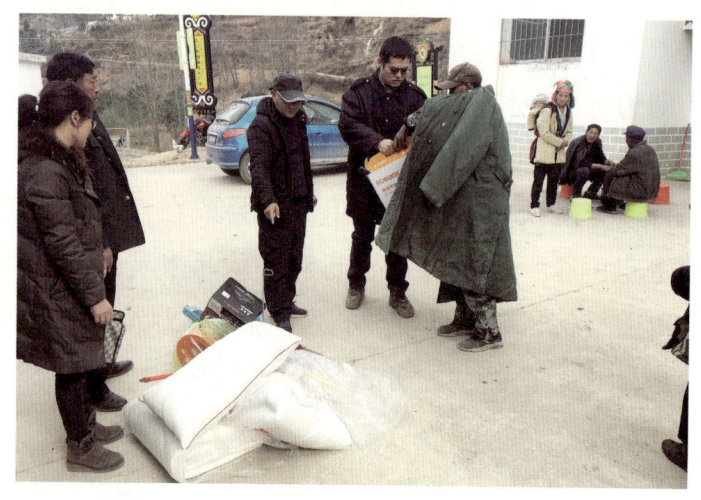

图4-23　卢易成自费给贫困户添置过冬物资

精准发力——定点扶贫寄真情

2019年，卢易成调到总行机关党委，从事总行定点扶贫相关工作。为了在工作中始终突出"精准"要求，卢易成利用自身基层扶贫经验丰富的优势，配合相关部门和挂职扶贫干部，严谨细致做好定点扶贫专项帮扶捐赠资金划拨，起草了总行4个定点扶贫县、6个重点帮扶县捐赠资金使用（变更）计划。先后24次协调总行财务会计部划拨帮扶资金共8 340万元，完成了总行2019年对4个定点扶贫县和6个重点帮扶县捐赠资金帮扶项目的选定、申报、审批、划拨和后评价工作。共实施帮扶项目62个，使贫困人口33 100余人受益。在中央定点扶贫考核工作中，卢易成严格按照国务院扶贫办、人民银行关于2019年度中央单位定点扶贫工作考核要求，认真收集整理迎检材料，及时反馈总行定点扶贫相关数据材料，全面体现农行定点扶贫工作成效，为农总行在2019年中央定点扶贫工作考核中获得第一等次——"好"，贡献了自己的力量。

成绩突出——内外一致肯定

卢易成在驻村扶贫工作期间，倾心倾力、甘于奉献、工作成效获得广泛认可。在行外先后被共青团中央金融工作委员会评为2018年度"'银团合作'优秀个人"，被中共四川省委、省人民政府评为2018年度"凉山州综合帮扶工作队优秀队员"，并多次在全县脱贫攻坚大会上被点名表扬。在行内先后被凉山州分行评为2017年度"服务'三农'及金融扶贫先进个人"、2017—2018年度"优秀青年"，被农行总行评为2018年度"县级团委挂职优秀青年干部"。其驻村扶贫事迹于2019年、2020年先后被总行、省行以展板形式宣传。

助力脱贫攻坚路上彰显责任与担当

——记农行贵州安顺普定县支行党委书记、行长洪明

行走在茶山上，那一片片茶山被清晨的云雾包裹着，茶香弥漫山野，零星看到农户正在施肥、修剪茶树，嫩绿的小叶似乎正休养生息，等着来年的蓄势待发。一幕幕往事在洪明脑海中浮现，看着自己曾经驻足瞭望的地方发生的大变化，看着村民们喜笑颜开的样子，洪明心中那块石头终于落地了。

几年来，洪明不管工作岗位如何变动，始终围绕脱贫攻坚工作领域"真扶贫""扶真贫"，以良好的工作作风、务实的工作态度积极参与谋划全行金融扶贫工作，为全行奠定脱贫攻坚工作坚实基础作出了积极的贡献。特别是2018年4月担任农行普定县支行党委书记、行长至今，他始终坚守为"农"服务情怀，扎根金融扶贫一线，用智慧与汗水浇灌"希望的田野"，在普定县实现脱贫摘帽的历史进程中，有力彰显了新时代农行"最美青年"金融战"贫"的使命与担当。

聚焦脱贫源头，创新服务产品

产业扶贫是稳定脱贫的根本之策。为找到突破口，刚到普定工作时，洪明总爱到田间地头转转，了解普定产业发展情况。韭黄种植在普定县有着悠久历史，"白旗韭黄"更是国家地理标志产品，

而长期以来停留在家庭式、零散式的种植和经营状态，产量根本无法满足市场需求。当地政府虽然明确提出将普定特色蔬菜"白旗韭黄"打造成为"一县一业"，但是农户、村级公司、乡镇企业等依然面临资金短缺问题。得知这一情况后，洪明立即着手，紧盯当地政府产业发展政策，主动对接，多次调研沟通。最终，结合产业特点，先后创新推出支持特色韭黄种植产业的专属产品"韭黄产业扶贫贷"和"韭黄e贷"。农行也成为该县首家开办"白旗韭黄"产业贷款的金融机构。

洪明通过不断跑上级行、跑政府、跑企业、跑农户，创新服务模式和产品，两年多来，为普定县韭黄产业发展注入8 100多万元资金，支持普定韭黄规模化种植，带动当地农户和建档立卡贫困户增收脱贫。

图4-24　洪明到普定县马场镇调研韭黄产业情况

韭黄村的村支部书记杨守亮拿着一封手写的感谢信找到洪明，说道："我代表全村村民感谢您，没有您我们村韭黄产业不可能发展得那么好，韭黄不可能卖那么远，我们村的几百户贫困户不可能那么快脱贫，村民不可能那么快致富。您贴心的关怀、真情的投入让我们倍感温暖。"

围绕普定县"三种一养"（韭黄、茶叶、食用菌种植及肉兔养殖）特色产业，洪明还创新推出"产业强镇贷""朵贝茶e贷""食用菌e贷""玉兔e贷""兵支书e贷"等金融产品，支持当地扶贫特色产业发展。针对普定县"三种一养"主导产业，农行已累计投放贷款11 810万元，有效带动贫困人口3万余人增收脱贫。洪明创新服务模式和产品，定制化服务"三种一养"产业扶贫模式入选国务院扶贫日论坛金融扶贫典型案例，洪明还受邀参加该论坛案例研讨活动。农行普定县支行金融扶持的"白旗韭黄"两次获得贵州省委书记点赞，中央电视台、新华网、《贵州日报》等主流媒体纷纷采访报道，当地政府和农户先后致信感谢农行金融支持普定韭黄变"黄金"。

图4-25　农行"韭黄e贷"支持的韭黄村村两委向农行送来感谢信和锦旗

紧盯基础设施建设，解决民生难题

普定县是滇桂黔石漠化连片特困地区，山地多、地形复杂，饮水主要依靠多年前建设的小水厂，供水量小、保证率低、水质差，每年干旱时节用水矛盾十分突出。眼看当地产业发展起来了，村民们的生活越来越好，"水"的问题就一下子成为了洪明的"心病"。

为解决农村地区饮水安全问题，普定县政府开始实施脱贫攻坚饮水安全巩固提升工程。洪明在获知该工程存在资金困难后，第一时间找到相关政府部门，获取金融服务需求。功夫不负有心人，在与政府的多次对接沟通下，通过上下级行有效联动，最终创新推出"农村安全饮水贷"，投放1.8亿元支持普定县脱贫攻坚农村饮水安全项目，供水范围覆盖普定县所辖12个乡镇、164个村寨，有效解决了当地39万农村常住人口的吃水问题，惠及建档立卡贫困人口7万余人。项目推进的关键时期，恰逢其爱人即将生产，但为如期兑现向当地政府和群众的承诺，"舍小家为大家"，洪明仅用两天时间匆匆安排家事就迅速返回了工作岗位，全力促成全省农行首笔支持贫困地区解决农村居民饮水安全问题项目贷款的落地。此外，累计投放贷款4.6亿元支持县铁路、电力等领域基础设施建设，带动逾2 200人贫困人口。

秉承创新精神，攻克担保难题

普定"朵贝茶"是国家地理标志产品，也是普定农村经济的传统产业，所产茶叶色清味甘、品质优良，在省内外享有美誉，茶产业前景大好。蔡峰是省级龙头企业普定县亮峰茶叶有限公司的负责人，因前期投入大量资金建设厂房、培育茶树，在2019年春茶采摘前期的流动资金成为蔡峰最焦虑的问题。为此，洪明充分利用普定县作为全国土地经营权抵押贷款试点地区的机遇，创新将"区块链"技术与"两权"抵押贷款相结合，仅用短短一周的时间就向蔡峰经营的企业成功投放全市首笔区块链农地抵押贷款200万元，用来解决企业流动资金周转需求。蔡峰提起这笔资金，忍不住竖起大拇指："农行这笔资金正如雪中送炭，给予了我们很大的支持"。

此外，洪明还积极推动上级行政银担涉农产业担保政策落实，运用"4321"政银担风险分担方式，切实有效解决当地农户、合作社、小微企业等经营主体的融资担保难问题，进一步提升了扶贫产业带动能力。截至2020年末，普定支行累计投放"4321"担保体系贷款6 570万元，累计投放两权抵押贷款2 030万元，帮助原来因缺少担保无法融资的21户带贫企业累计获取信贷资金近8 500万元，带动建档立卡贫困人口超过2.03万人。

延伸触角渠道，跑好"最后一公里"

为进一步激发贫困人口内生动力，洪明将扶贫和扶智相结合，多次组织业务宣传队伍，深入乡镇、村寨，利用赶场天、乡镇会议期间开展党的脱贫惠民政策及金融知识普及宣传，对广大群众更好地利用银行业务帮助脱贫致富起到了积极作用。同时，洪明还运用农行"线上+线下"的多功能展示区，帮助特色农业企业宣传和销售特色农产品，带动贫困地区特色产业发展、贫困农户增收。

如今，普定县产业更加兴旺了，百姓的腰包鼓起来了，乡村更美了，村民们也再不会因为饮水而发愁了……几年来，洪明交出的一张张满意答卷，成功诠释出农行基层党员干部助力脱贫攻坚的责任与担当！

两度请缨赴基层

——记农行新疆吐鲁番分行派驻鄯善县吐峪沟乡潘家坎儿孜村第一书记牙库甫·阿不都热依木

远离繁华的都市、舒适的家庭，沉下心来甘当一名"村里人"，他两度请缨扎根贫困村，用五年的辛勤付出，为贫困村绘就小康新蓝图，带领自治区级"贫困村"摘掉了"穷"帽子，实现了建档立卡贫困户240户925人全部脱贫的目标，提前完成了脱贫攻坚任务。伴随着2020年新年的脚步，带领着潘家坎儿孜村全体村民一道提前迈入小康社会。

他就是牙库甫·阿不都热依木，男，维吾尔族，中共党员，1964年12月出生于新疆鄯善县，1983年8月参加工作。先后在中国农业银行鄯善县支行、中国农业银行吐鲁番分行工作，现为鄯善县吐峪沟乡潘家坎儿孜村"访惠聚"驻村工作队队长、第一书记。

2016年，牙库甫·阿不都热依木被评为新疆维吾尔自治区"访惠聚"驻村工作队年度先进工作者。

响应号召初次请缨赴基层

是党和国家的培养，让一个农家子弟上了大学、成为一名优秀的金融工作者。牙库甫·阿不都热依木将这份感恩之情铭记在心。在他的心底一直有个愿望：如果党和国家需要，我愿意去任何地方从事任何工作。

2015年2月，牙库甫·阿不都热依木积极响应国家号召，主动申请加入"访惠聚"驻村工作队，后被分配到鄯善县吐峪沟乡潘家坎儿孜村"访惠聚"工作队，担任工作队副队长。

潘家坎儿孜村距鄯善县城区70公里，是吐鲁番地区18个自治区级贫困村之一。该村辖下有7个村民小组，总人口3 200人。

初到潘家坎儿孜村，他看到的现实远超自己的预想。人均耕地面积不足2亩，农民收入主要以种植葡萄晾晒成干销售为主。农民增收渠道单一，没有企业和规模性农业项目，缺乏稳定就业岗位……

作为"访惠聚"驻村工作队的一员，他以贫困村为家，与贫困户为友，奔忙在村里的各个角落，认真倾听贫困户心中的困扰和期许。在潘家坎儿孜村这个热情的汉子很快成了地地道道的村里人，和村民们打得火热，取得了村民们的信任。

不知不觉中，一年的驻村工作结束了。本已完成驻村工作的牙库甫·阿不都热依木却毅

图4-26 牙库甫·阿不都热依木走访贫困户了解
生活情况

211

然向党组织提出申请：我还要再干一年。潘家坎儿孜村还没有脱贫，我还不能回去。就这样，他主动又留在潘家坎儿孜村"访惠聚"工作队一年。2016年末，潘家坎儿孜村通过了自治区脱贫攻坚小组的验收，摘掉了"贫困村"的帽子。2017年5月，他才回到了农行吐鲁番分行的工作岗位上。

二度请缨绘就贫困村小康新蓝图

回归本职工作，牙库甫·阿不都热依木并没有忘记潘家坎儿孜村的百姓。在干好岗位本职工作的同时，他整理汇总了潘家坎儿孜村工作期间收集到的各类资料，并列出诸多解决措施和办法。他在为再次回到潘家坎儿孜村做着精心的准备。

"我申请赴潘家坎儿孜村'访惠聚'驻村工作队，请组织批准……"

2018年1月20日，牙库甫·阿不都热依木以"访惠聚"队长、第一书记的身份第二次赴潘家坎儿孜村开展驻村工作。二度来到工作队，转变的是职务，不变的是责任。

胸有丘壑，眼存百姓。他结合潘家坎儿孜村经济发展特点，围绕脱贫攻坚这一中心，绘就了"长短"两张蓝图，找准"项目、渠道、农业结构"三个发力点，落实五项攻坚举措，坚决打赢脱贫攻坚战。

一是发挥金融优势，提供信贷资金支持。发挥后盾单位金融优势，对该村有贷款需求的7户群众发放贷款近300万元，贷款用于发展特色种养殖业，培养一批农村致富带头人，带动本村贫困户增收。二是加大技能培训工作力度。开展16场次1 620人次种养殖技能培训，提高了贫困户葡萄种植管理技术，受到了广大群众好评。三是抓好转移就业。采取"项目带动就业、发展农民创业"等办法，利用劳动力培训市场和巴扎市场，发展民族手工业、农副产品加工、特色手工艺品制作等各类"短平快"项目，实现农村劳动力本地转移就业。结合本村种植大户多的实际，动员贫困户每月每人至少务工10天，使贫困户每天有活干，有钱挣。截至2019年末，贫困户临时务工达200余人，收入达110.9万元，人均增收超过2 000元。四是强化项目扶持拓宽增收渠道。2019年，该村申请惠民生项目4个，农业技术项目1个。4.2公里防渗渠项目，两个鲜食葡萄交易场地，一个创业服务中心，20座葡萄晾房项目，总投资360余万元，铸牢了农村脱贫攻坚根基。2019年，79户贫困户种植大芸352.34亩，发展梭梭套种大芸农业技术项目，该项目采用"分红+劳动力"转移模式，贫困户既可以通过分红增收，也可以临时务工增加收入，此项目年人均增收超过446元。大力实施农田水利建设项目，仅水费一项年均节约345元/亩。五是转变传统葡萄生产销售模式。由之前的葡萄晾干销售转变为销售鲜食葡萄为主。2019年，潘家坎儿孜村累计销售鲜食葡萄731吨，鲜食葡萄销售占比超过50%，收入达到276.4万元，较2017年的100吨增加7倍，其中，贫困户125吨，收入达到55万元。

2019年，该村通过落实五项攻坚举措，农牧民人均收入达到13 265.17元，远远高于吐鲁番地区贫困人口11 475元的平均线。实现了建档立卡贫困户240户925人全部脱贫的目标，提前完成了脱贫攻坚任务。2020年，潘家坎儿孜全体村民一道提前迈入小康社会。

改善人居环境，建设美丽乡村

宽阔的沥青路向里延伸，路边的桑树葳蕤，道路两边纵横交错的田字格里，一栋栋安居房整齐分布，三三两两的行人有说有笑，初到潘家坎儿孜村，会被这里怡人的环境深深吸引。

2019年，吐鲁番市大力推进人居环境整治工作，该村以此为契机，开展以"五化一提高"（净化、亮化、绿化、文化、美化、提高农民生活水平和保障水平）为主要内容的新农村建设工作，进一步改善农民生活环境，以"三清三拆三整治"为抓手，通过开展农村人居环境整治工作，推动实现乡村振兴。

在"三清三拆三整治"过程中，牙库甫·阿不都热依木带领"访惠聚"工作队村两委党员干部率先作为，争做模范，冲锋在环境整治第一线，带领发动全村各族群众，形成多方合力，共建幸福美丽新家园。

2019年，潘家坎儿孜村共清理村巷道、房前屋后乱堆乱放的生产工具、建筑材料、杂草杂物、积存垃圾合计100余处40多吨，近千立方米；清理沟渠池塘淤泥、漂浮物和障碍物合计10处；拆除危房、违章建筑物10余间，面积约100平方米；通过电线线路整治"三线"1 000多米；建设标准卫生厕所166座。

积极协调后盾单位投资近80万元改善村委会办公环境，群众活动中心配备大屏幕，修建卫生厕所，配备办公电脑，打印机，扫描仪等办公设备10余台，安装路灯8盏，根据该村无金融网点的实际情况投资6万元设三家金融服务点为广大群众办理金融业务提供方便。

在村庄主街道两旁，新安装的100多盏太阳能路灯，点亮了村庄夜生活。一栋栋的小楼房拔地而起形成了商业区，超市，饭馆一家接着一家开起来，从无到有。该村商业区饭馆设有14家，各类超市20余家，给贫困户提供了家门口就业的机会。建设村级文化广场，添置了音箱、灯箱等设备的村级文化广场，炎热的夏天成了广大各族群众纳凉娱乐的好场所。

牙库甫·阿不都热依木将困难群众始终放在心上，将困难群众当做自己亲人般对待，只要群众有困难，随时能看到他的身影出现在群众面前，第一时间解决困难。驻村以来，他自掏腰包向53户困难户捐钱捐物近20 000元，成了该村群众的贴心人和"好书记"。美丽新家园，幸福新农村，让潘家坎儿孜村的各族群众收获满满的幸福感和获得感。

发挥党建引领，团结一心抗击疫情

"我是党员我在防控一线坚守"。牙库甫·阿不都热依木在全村疫情防控动员会上的一句话，得到了潘家坎儿孜村94名党员的积极响应。面对新冠肺炎疫情防控的严峻形势，牙库甫·阿不都热依木亲自带领干部成立了党员疫情防控突击队、党员志愿者服务队，协调后盾单位、上级部门发放各类体温枪15只、口罩和手套共1 000余件、防护服10套等防护物资，挨家挨户开展疫情防控知识宣传、体温测量、外来人员登记、防疫消杀等疫情防控工作。积极利用大喇叭、微信群、宣传册、展板等形式，向全村各族群众宣传疫情防控知识；党员干部坚守全村各个固定岗、流动岗对过往车辆人流进行劝导；每天安排专人对公共区域进行消毒；安排工作人员每天入户对全村3 200多人进行体温测量，做到全覆盖。疫情期间向211户贫困户发放各类蔬菜近10吨、米面油5吨，并做好日常蔬菜供应等保障工作。

危难时刻方显党员初心本色。在牙库甫·阿不都热依木的带领下，该村坚决落实疫情防控各项措施，进一步激励引导广大党员干部在危难时刻勇于担当、积极作为，切实把党的组织优势转化为打赢疫情防控阻击战的工作优势，引导群众履行社会责任，为防疫工作贡献力量。

机构篇

美丽边城里的风雨与共

——农行重庆秀山支行助力地方脱贫攻坚纪实

武陵山脉逶迤延绵向东，在渝东南与贵州、湖南三省交界之处作了一个温柔的停顿——形成喀斯特高原坝子名为"秀山"的边城。于是山不再那么凶猛了，水即使到了雨季也不那么浑浊。

2017年11月，秀山土家族苗族自治县正式退出国家扶贫开发重点县，成为全国第一个脱贫摘帽少数民族贫困县，在这片温柔却历来贫困的土地上，土家族苗族的农民同胞甩掉了由来已久的贫困包袱，揭开了新的生活序幕。

能让他们卸下包袱并由衷感到幸福的，是多年来陪伴他们风雨与共的朋友——中国农业银行重庆秀山支行。2015年，秀山支行被确认为农行四个定点扶贫县支行之一，该行认真贯彻落实总行定点扶贫工作要求，上下一体、内外联动，将总行给予秀山的好政策和特殊关怀全面落地，成为秀山脱贫攻坚绝对的金融主力军，扶贫成效和经验做法被中央电视台、《农民日报》、《城乡金融报》等报道。2015年至2020年，秀山支行累计投放各项贷款112亿元，信贷投放居渝东南片区国有银行首位。2020年12月末，秀山支行各项贷款余额79.87亿元，比2015年末净增54.48亿元，实现了3倍增长，从贷款方面实现"再造两个秀山支行"的成绩。

产业扶贫——奉上创业吸金"敲门砖"

山区的农业不好搞，科技含量低、分散运作、劳动力外流是众多掣肘因素中的主要问题。其中，劳务输出大、人口老龄化是产业发展面临的首要问题，新一代年轻人大多放下祖辈耕作的主业，外出就业谋生。秀山支行结合脱贫攻坚与乡村振兴衔接需求，在2020年复工复产之初，推出"惠农e贷·乡村振兴带头人贷款"，举全行之力部署推广，发挥好该产品纯信用、免担保、到账快等优势，鼓励有致富能力的农户回乡发展生产、带动脱贫，仅仅半年时间，迅速扭转疫情复产后农户资金难、生产难的局面。

大学生小胡，毕业后在省城、县城先后尝试了多份工作，做过公司白领、电商店主，也略有积蓄，但城市的车水马龙让小胡缺乏归属感。春节回到老家，小胡惊讶地发现家乡的变化，也萌生了在家乡长久发展的念头。小胡想做山货创业，希望利用积累的电商经验打造家乡绿色品牌。2020年初，当小胡向村委会打听支持农民创业的信贷优惠时，村长马上向小胡介绍农行"惠农e贷·乡村振兴带头人贷款"。对于创业初始阶段的小胡，农行提供的乡村振兴带头人贷款效率之快让小胡咂舌。待土地流转合同、工作时间确定后，小胡的贷款申请获批了。

贷款手续简便、准入灵活、利息低等特点一度刷新了小胡对银行的认知，小胡向作产业调查的农行员工介绍："我在外地工作时曾经向一家城市银行申请贷款，因为不是本地人、缺固定资产等原

图4-27　农行秀山支行信贷支持农户发展产业

因，贷款申请没有通过，最后只办到一张信用卡，真没想到这次用老家房子、村里的推荐和一份真真实实要做事业的决心为基础，就得到了你们的支持"。

秀山支行积极开展"造血式扶贫"，以"惠农e贷"为主体，打造了茶叶、油茶、中药材、果蔬、"畜禽+乡村振兴带头人贷"、农家乐贷、电商贷的"5+3""惠农e贷"产品体系。截至2020年末，秀山支行"惠农e贷"余额3.49亿元，较年初增加1.91亿元，计划完成率均排名全市农行第一。

助农销售——90后农行小伙成"带货王"

在秀山广袤的土地上，秀山支行将惠农服务点升级为金融服务、电子商务、物流配送、便民服务"四个中心",实现全县208个行政村全覆盖。积极开展"惠农服务点+"建设,创新开展"惠农服务点+爱心超市""惠农服务点+村卫生室共建"等多种助农模式,让惠农服务点真正成为根植农村的"前沿阵地",用实际行动助力解决金融服务"最后一公里"的问题。

2019年,为切实解决深度贫困乡镇隘口镇和清溪场镇的金融服务需求,秀山支行在清溪镇新设清溪支行——这是重庆金融系统第一家乡镇"5G+场景"智慧银行,同时也成为打造金融科技服务乡村振兴的"新窗口"。

在隘口镇平所、新院、坝芒等村的村庄里,人们经常看到这样一个忙碌的身影——被大家称做"带货王"的农行90后员工小向。原来,"小向"不叫"小向",是时任秀山清溪支行副行长向显能,只因自7年前参加农行工作开始,便活跃在农民朋友之间,被大家称为"小向"。清溪支行金融服务辐射清溪场、隘口两个镇,这里有众多发展种植、养殖业的农户,向显能不仅运用e融通、农行卡券商城等金融工具帮助农民朋友们在支付结算、获取客户方面创造便利,还通过惠农服务点、清溪支行、微信平台等搭建起一个农特产品的"传输带",让农户精心种养的农特产品卖出更好的价钱。农民朋友的鸡养好了,鸡蛋积攒够数量了,打一声招呼放在惠农服务点,"小向"引导服务点店主通过相关平台进行售卖;谁家草莓熟了、黄桃熟了,"小向"宣传并收集带货需求,与农户直接联系,减少中间差价。2019年,平所村桑葚园的桑葚成熟了,"小向"先后联系秀山支行工会、共建单位安排员工入园采摘,实现消费扶贫2.1万余元。

关注特群——雪中送炭助农脱贫致富

聚焦建档立卡贫困人口稳定脱贫，秀山支行积极对接政府，建立政府增信机制，创新面向建档立卡贫困人口的"金穗精准脱贫致富贷"，充分发挥金融扶贫的"造血"功能，有效激发贫困户内生动力，促使扶贫开发由"漫灌式"向"滴灌式"转变。截至2020年末，秀山支行累计发放金穗精准脱贫致富贷5 515笔、2.26亿元，覆盖了全县27个乡镇、208个行政村，带动2.45万人贫困人口增收致富，"金穗精准脱贫致富贷"发放笔数和贷款金额均居全县金融机构第一位。

秀山县梅江镇果蔬家庭农场负责人杨胜刚，是土生土长的秀山县人，夫妻二人育有一对子女，是当地的建档立卡贫困户。由于家庭负担重，杨胜刚多年来一直在外务工贴补家用。2015年，杨胜刚决定回乡创业，从事农业生产，主要种植西瓜、草莓、火龙果等经济作物，在并2017年成立了兴隆果蔬家庭农场。随着种植规模扩大，后期投入不断增加，家庭农场开始出现资金短缺，杨胜刚抱着"试一试"的心态向秀山支行申请了金穗精准脱贫致富贷款。秀山支行经过调查，第一时间为其发放了5万元金穗精准脱贫致富贷款用于家庭农场经营。资金到位后，杨胜刚的家庭农场种植规模扩大到53.6亩，实现年销售收入50万元。接下来，杨胜刚还准备与当地农村电商合作，逐步发展订单农业，实现稳定收益。

图4-28　农行重庆秀山支行客户经理深入田间地头了解种植户金融需求

创新机制——做好稳定脱贫加减法

2019年，农行向秀山县无偿捐赠2 000万元。双方决定，从中拿出48.4万元建立"防贫基金"，用于建档立卡贫困户大病救助试点。2020年5月，农行再向秀山捐赠2 000万元，其中200万元注入县医保部门专户。自此，秀山县"防贫基金"正式建成。截至2020年末，秀山兑现了今年首批救助金94.2万元。

家住龙池镇建国村的杨碧庆是"防贫基金"的受益者。2017年，杨碧庆不幸确诊为尿毒症，需要长期透析来维持生命，每周3次的透析费用和药费开支，实在是一笔不菲的开销。但是，自2018年被识别为建档立卡贫困户起截至2020年末，杨碧庆自付的医疗费用总共还不到6 000元。

原来，享受完各类兜底政策后，杨碧庆每年需要自行承担的治疗费用仍有2万多元。按照"防贫基金"的使用标准，杨碧庆年个人自付费用超出3 000元的部分，由"防贫基金"全额救助。按照"防贫基金"救助规则，杨碧庆共获得救助2.74万元。

申请"防贫基金"无须救助对象奔波，县卫生健康部门通过大数据监测系统自动比对，生成名单后交由申请人所在乡镇核实，再收集银行卡号汇总到县医保局，就能完成支付。

降低贫困户的大额支出，减轻贫困户的经济负担，做好减法，便是巩固"两不愁、三保障"工作成果。试点期间，秀山县"防贫基金"已累计救助全县53名建档立卡贫困户。

联动合力——东西部行定点扶贫协作出实效

俗话说，"一个好汉三个帮"。秀山支行按照农行东西部行定点扶贫协作工作部署，加强与广东省分行的对接联系，围绕招商引资、无偿帮扶资金、人才交流学习、消费扶贫、金融产品创新"五个方面"开展对秀山县脱贫攻坚支持工作。

"不仅仅是帮钱帮物，更在于产业层面的合作"，秀山县委副书记、代理县长马文森说，随着东部地区的人才、资金、技术向秀山流动，很多事情开展起来更有效率了。

2019年，广东省分行引入无偿帮扶资金250万元，用于秀山县隘口镇平所电商金融扶贫示范点建设、石耶镇平邑蔬菜基地建设等扶贫项目；为提升扶贫工作人员业务水平，组织秀山扶贫干部和贫困农户等到华南农业大学参加业务培训100人次；积极联系客户，帮助销售深度贫困乡镇隘口镇46万元农特产品。2020年，广东分行又引进无偿帮扶资金600万元，用于资助贫困学生和扶贫项目建设，助力秀山巩固脱贫成果。

红色基因——当好留守儿童代理家长

为进一步巩固乡村文明，秀山支行组建农行支教志愿者团队，在农村地区免费开设周末兴趣班，面向贫困地区学生开设美术、篮球等课程，着眼培养农村孩子的兴趣爱好与强化课业学习，助力阻断贫困代际传递。

2020年，受新冠肺炎疫情影响，学校停课，丢下课业的学生们像脱缰的小马驹。一位留守儿童的家长——赵奶奶无不担忧地说到"娃娃父母在外打工，我们老年人不懂文化，辅导不了孩子功课，我好发愁哩……"农行志愿者搬来画具和防疫设备，严格按照防疫要求，在隘口镇新院村村委会的院子里，支起画架开启一堂乡村美术课。孩子们纷纷被吸引，从田野上欢快地跑过来，笑脸在阳光下熠熠生辉。"孩子们，今天我们开始第一节课——学习色彩……"被阳光照射的室外课堂格外生动活泼。

"多亏农行搞了个活动，帮我把娃娃管住了，但就怕费用……"带着笑容的赵奶奶还是有一丝担忧。"奶奶您放心，画具、设备都是农行免费提供的，我们不收一分钱"，农行支教团队志愿者握着赵奶奶的手说到。

在红星村，秀山支行派驻的第一书记黄诚，主动申请加入支教团队。这个朴实的70后汉子并非是给自己主动加工作，而是孩子们的学习需求是他唯一的思量。不仅如此，黄诚还把当老师的爱人叫到支教学堂帮忙，自己则当起了爱人的助教，留下读高中的女儿自己在县城家里温习功课。红星村支教学堂没有辜负农行人的辛勤，孩子参与度非常高，黄诚夫妇也在"妇唱夫随"中体验悠然的乐趣。

在决战脱贫攻坚、决胜全面小康的道路上，秀山支行始终牢记金融扶贫的政治责任和历史使命，积极发挥金融扶贫国家队主力军作用，创新金融服务、加大信贷投放、延伸服务网络，不遗余力地支持秀山巩固脱贫成果、推进乡村振兴。

2021年2月，在全国脱贫攻坚总结表彰大会上，重庆秀山支行荣获"全国脱贫攻坚先进集体"称号。

图4-29　2021年2月，重庆秀山支行荣获"全国脱贫攻坚先进集体"称号

中国农业银行

贺　信

重庆秀山支行：

在迎来中国共产党成立一百周年、脱贫攻坚取得全面胜利的重要时刻，欣闻你行荣获全国脱贫攻坚先进集体，特向你行表示热烈祝贺！

脱贫攻坚期间，作为总行定点扶贫县所在支行，你行全面落实行党委关于定点扶贫工作的各项决策部署，聚焦信贷投放、产品创新、渠道建设、消费扶贫、东西部行扶贫协作等重点领域，探索创新"党建+扶贫"等金融扶贫模式，大力支持秀山扶贫产业发展，助力秀山县在总行4个定点扶贫县中率先脱贫摘帽，用实际行动诠释了脱贫攻坚精神，展现了农行良好形象，在此向你们致以崇高的敬意！

征途漫漫，惟有奋斗。希望你们珍惜荣誉、再接再厉，按照总书记在全国脱贫攻坚总结表彰大会上的重要讲话要求，以永不懈怠的精神状态、一往无前的奋斗姿态，真抓实干、埋头苦干，在农业银行服务巩固拓展脱贫攻坚成果、乡村全面振兴和建设社会主义现代化国家新征程中作出更大贡献！

中国农业银行党委书记、董事长：谷澍

2021 年 2 月 26 日

图4-30　中国农业银行党委书记、董事长谷澍致重庆秀山支行的贺信

主战场上勇作为　脱贫攻坚显担当

——农行贵州安顺分行服务脱贫攻坚纪实

近年来，安顺分行始终坚持以习近平新时代中国特色社会主义思想为指引，认真贯彻党中央、国务院及各级党委政府关于脱贫攻坚决策部署，严格落实总分行关于金融服务脱贫攻坚的工作安排，立足于安顺市资源禀赋，坚持精准扶贫、精准脱贫基本方略，创新金融扶贫模式和产品，不断加大金融扶贫工作力度，为安顺市打赢脱贫攻坚战贡献积极力量。

截至2020年末，安顺分行扶贫重点县贷款余额172.02亿元，较2015年末增加103.66亿元，年均增幅30.32%；精准扶贫贷款余额32.27亿元，较2015年末增加27.3亿元；服务带动建档立卡贫困人口261 194人，较2015年末增加228 640人。2021年2月，在全国脱贫攻坚总结表彰大会上，贵州安顺分行荣获"全国脱贫攻坚先进集体"称号。

党委主体责任"强带动"

安顺分行党委切实将金融扶贫工作作为全行的核心工作和头等大事来抓，认真履行主体责任，始终把谋划好、推动好、落实好金融扶贫工作作为树立"四个意识"、坚定"四个自信"、做到"两个维护"的具体实践。一是成立金融扶贫领导小组。领导小组由行长任组长，分管副行长任副组长，成员由相关业务部门组成。辖属支行比照执行，负责各行金融扶贫工作推进。二是指定部门促落实。在市分行、县支行分别成立扶贫金融部，承担金融扶贫有关工作的组织和开展。三是党委先行作表率。农行总行明确由总行三农政策部重点帮扶深度贫困县紫云县，省农行明确由省分行党委委员、副行长陈宏同志挂点帮扶紫云县。安顺分行明确各党委委员挂点帮扶对象，其中党委书记挂点帮扶紫云支行。

专业团队"强推动"

市分行选取部分熟悉"三农"有激情的到龄转岗科级干部任督导员，和市分行前后台信贷业务骨干组成金融扶贫"突击队"，利用晚上、周末等休息时间上门调研、收集资料、办理业务等，增强服务能力、提升服务效率。截至2020年末，累计组织突击次数50余次，青年员工参与500余人次，突击项目20余个，实现贷款授信30亿元。

差异化政策"强支撑"

一是做好政策设计。按年召开"全市金融扶贫专题会"，围绕安顺市各县区经济发展情况、贫困状况、资源禀赋等，结合各县区"十三五"规划，先后拟订了各县区2016—2020年《金融扶贫服务方案》，通过制订工作方案，强化工作责任落实，全面推进金融精准扶贫工作。二是加强激励约束。将贷款投放、消费扶贫计划直接穿透分解到贫困县支行，穿透式督导、穿透式监测评价，对效果差的支行由市分行直接约谈督导；并将金融扶贫核心指标纳入市分行部门和支行绩效考核，进一步凝聚全行合力。三是强化资源倾斜。拟定下发《关于金融支持紫云深度贫困县发展和脱贫攻坚的实施意见》，从信贷规模、产品创新、信贷政策、审查审批、财务资源等方面给予倾斜，全力以赴助推深度贫困县脱贫攻坚。

发挥优势，助力打好基础设施"攻坚战"

安顺分行始终把支持补齐贫困地区基础设施"短板"，改善贫困地区农村人口生活生产条件，增强脱贫内生动力作为金融扶贫的"重中之重"。一是支持美丽乡村建设。累计发放美丽乡村贷款6.89亿元，项目覆盖建制村750个村120万人，累计建设村以下道路1 464公里，完成3.5万户"三改三治"及庭院硬化工程，累计建成垃圾收集处理工程38个、便民设施283个、文体活动设施256个、照明设施7 583套。二是支持农村基础设施建设。围绕贫困地区农网、水利、路网等重点领域，加大支持力度，为贫困户脱贫致富提供良好条件。贷款支持紫云黄家湾水库建设，有效解决了紫云县城供水难的问题；贷款支持紫云、关岭农村电网改造项目，有效解决了贫困地区电力基础设施薄弱的问题；对全市四家医院新增投放贷款1.43亿元，服务全市近80余万贫困人口，为解决贫困地区"两不愁、三保障"突出问题找到新的着力点。三是支持人居环境改造。发放关岭县异地扶贫搬迁贷款7 470万元，服务建档立卡贫困户1 024人，有效解决"一方水土养不活一方人"的难题。支持贫困地区棚户区改造项目，自2019年以来，先后审批通过西秀区、关岭县、紫云县等棚改项目22.8亿元，成功实现信贷投放11.83亿元，有效改善贫困地区基础设施环境。行司联动、内外联动创新推动黄果树旅游公司引入境外资金1亿元、债转股资金5亿元支持旅游产业扶贫，累计带动贫困人口近1万余人次。

面向农户推出"惠农e贷产品包"

围绕安顺市九大农业特色产业，结合各县资源禀赋，创新打造安顺特色"惠农e贷"产品包，实现全市特色产业信贷投放的全覆盖，开启金融扶贫新模式。一是聚焦特色产业打造。围绕普定县"一县一业"韭黄产业，针对种植农户"融资难""担保难"的问题，采用"政府+村级公司+农户"模式，创新设计推出"韭黄e贷"金融产品，累计发放贷款1.08亿元，663户农户受惠。普定韭黄产业在农行金融扶持下，种植面积从5 000亩扩大到10万亩，成为全国韭黄种植规模最大的县，并获得韭黄第一县的美誉，得到时任贵州省委书记孙志刚点赞，也获得各主流媒体的先后采访报道。围绕紫云县"一县一业"红薯产业，量身打造"红薯e贷"金融扶贫产品，累计投入信贷资金6 097万元，是紫云县首个获得千万级信贷资金的单一农业产品，带动674户贫困人口增收。针对西秀区主打的辣椒产业，银政合作，创新推出"辣椒e贷"，累计投放贷款2 626万元，促进西秀区辣椒产业规模化、规范化、标准化种植，并带动每个农户平均增收2.5万元。针对关岭县关岭牛特色产业，累计投放贷款1.15亿元，支持关岭牛存栏量连年增长，远销省内外，助推关岭牛真正"牛起来"。针对人民银行示范点打造的平坝区，在人行安顺中心支行的支持下，累计投放贷款4 288万元支持特色产业发展，助力当地高田、塘约等乡村先后发展成远近闻名的小康村。"普定产业扶贫模式"案例先后入选国务院扶贫办和总行金融扶贫典型案例汇编。二是聚焦支柱产业发展。安顺市作为重点烟叶生产区，烟叶生产、销售具有较强的扶贫带动效应。安顺分行精准发力，利用大数据，创新推出"两烟e贷"拳头产品，线上化、批量化支持烟农烟商发展支柱产业。截至2020年末，累计发放"两烟e贷"4 055户，金额3.64亿元。同时，依托成熟景区，在同业首创推进出"乡村旅游e贷"，投放贷款3.9亿元，支持乡村旅游经营户2 078户。例如，在贷款9.49亿元支持黄果树景区发展的同时，累计发放乡村旅游贷款2.62亿元支持景区周边918户农户改造村居、发展农家乐、民宿旅馆等，乡村面貌焕然一新。三是聚焦兵支书带动。围绕投身在脱贫攻坚和产业革命一线担任村支书、主任、委员的退役复员军人，安顺分行银政联动，创新打造"兵支书e贷"专属金融产品，累计投放贷款4 552万元，支持普定县靛山村"兵支书"褚代洋、平坝高田村"兵支书"朱高学等优秀兵支书带动贫困群众走上了脱贫致富道路。在2020年9月16日举办的"退役军人村干部决战决胜脱贫攻坚和推进乡村振兴"全国现场观摩会上，安顺分行作为全国唯一一家受邀金融机构代表参加会议，安顺市委书记陈训华在会上这样说："政策激励，激发兵的斗志，联合农行推出'兵支书e贷'，专项支持兵支书发展扶贫产业，有效解决了兵支书融资难题"。

积极探索服务农村产权改革

顺应农村产权制度改革衍生的新情况、新需求，充分利用产权制度改革成果，不断推进产业扶贫。自2016年以来，针对人民银行两权抵押示范点普定县，安顺分行先行先试，积极探索，切实找准金融支持切入点，在当地政府及人民银行的支持下，累计投放"两权"抵押贷款近3 000余万元，先后支持普定县久茗茶业、园明农业、永昌种养殖公司等带贫企业发展壮大。此外，通过政府增信，创新融资服务模式，为贫困地区食用菌经营主体投放黔菌贷420万元，有效解决了食用菌企业融资难、担保难问题，并带动100户建档立卡贫困户增收脱贫。

做实非信贷扶贫专项行动

在加大信贷投放的同时，安顺分行多措并举做实非信贷扶贫。近年来，累计捐赠和帮扶各类扶贫资金物资近100万元。通过扶贫商城、员工购买等渠道，帮助销售贫困地区农特产品。落实好"金穗圆梦"助学活动，积极开展教育扶贫，对建档立卡贫困家庭大一新生按每人5 000元标准予以资助。匹配专项资金27万元在贫困村翁寨村、沙戈村等创建智慧党建平台，通过党建引领扶贫。

征途漫漫，惟有奋斗。安顺分行将始终坚持以习近平新时代中国特色社会主义思想为指引，在总分行党委的坚强领导下，砥砺前行，真抓实干，以迎难而上、冲锋在前的勇气和担当，切实做好巩固拓展脱贫攻坚成果、助力乡村振兴的排头兵，为全市经济社会发展贡献农行力量！

图4-31　农行客户经理到紫云县开展产业调研

图4-32　2021年2月，贵州安顺分行荣获"全国脱贫攻坚先进集体"称号，图为贵州
分行副行长杨春雷向安顺分行转授奖牌

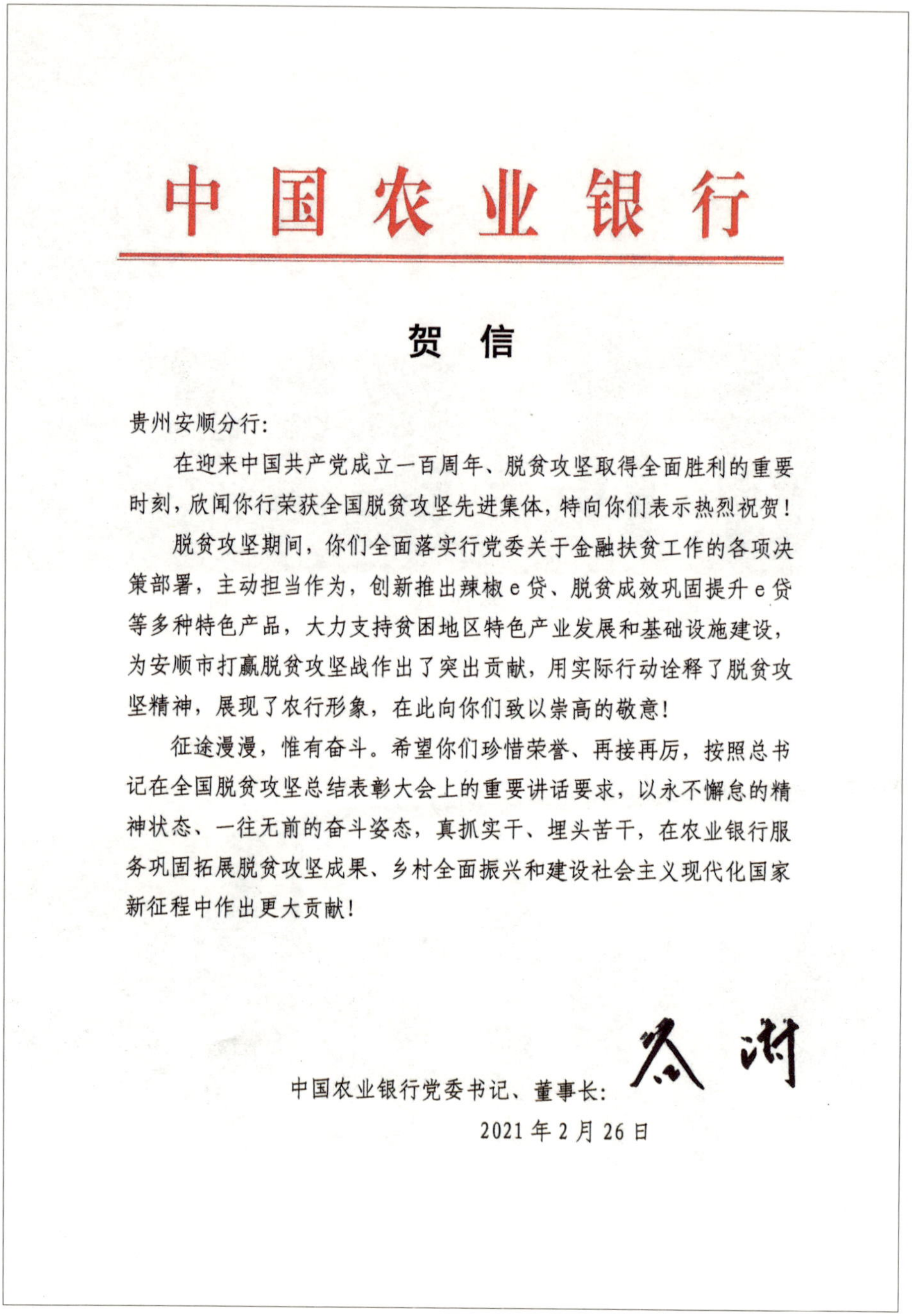

中国农业银行

贺 信

贵州安顺分行：

在迎来中国共产党成立一百周年、脱贫攻坚取得全面胜利的重要时刻，欣闻你行荣获全国脱贫攻坚先进集体，特向你们表示热烈祝贺！

脱贫攻坚期间，你们全面落实行党委关于金融扶贫工作的各项决策部署，主动担当作为，创新推出辣椒 e 贷、脱贫成效巩固提升 e 贷等多种特色产品，大力支持贫困地区特色产业发展和基础设施建设，为安顺市打赢脱贫攻坚战作出了突出贡献，用实际行动诠释了脱贫攻坚精神，展现了农行形象，在此向你们致以崇高的敬意！

征途漫漫，惟有奋斗。希望你们珍惜荣誉、再接再厉，按照总书记在全国脱贫攻坚总结表彰大会上的重要讲话要求，以永不懈怠的精神状态、一往无前的奋斗姿态，真抓实干、埋头苦干，在农业银行服务巩固拓展脱贫攻坚成果、乡村全面振兴和建设社会主义现代化国家新征程中作出更大贡献！

中国农业银行党委书记、董事长：谷澍

2021 年 2 月 26 日

图4-33 中国农业银行党委书记、董事长谷澍致贵州安顺分行的贺信

用责任担当书写金融扶贫农行篇章

——农行西藏分行服务脱贫攻坚纪实

近年来，在农行和西藏自治区党委政府的正确领导和大力支持下，农行西藏分行认真贯彻落实以习近平同志为核心的党中央关于脱贫攻坚的重大决策部署，锐意进取，扎实作为，不断探索金融扶贫的新思路、新途径、新举措，聚焦解决西藏自治区"两不愁三保障"突出问题，坚定不移地站在金融扶贫最前沿，用心、用情、用力践行使命担当，勇挑重担，写下了金融助力脱贫攻坚的"农行篇章"。2021年2月，在全国脱贫攻坚总结表彰大会上，西藏分行荣获"全国脱贫攻坚先进集体"称号。

图4-34　2021年2月，西藏分行荣获"全国脱贫攻坚先进集体"称号

加强规划设计，明确金融扶贫政策导向

农行西藏分行始终以习近平新时代中国特色社会主义思想和习近平总书记关于扶贫工作的重要论述为指导，全面贯彻党的十九大、十九届历次全会和中央经济工作会议、中央农村经济工作会议，以及中央历次西藏工作座谈会精神，并紧密结合西藏实际，连续17年出台金融服务"三农"工作意见，即农行西藏分行"三农""1号文件"，以支持扶贫产业发展、加大扶贫信贷投放、扶贫渠道建设等诸多工作意见和政策、制度，明确金融服务"三农"特别是金融扶贫工作总体思路，持续强化组织保障和政策指引，切实做到以"1号文件"精神武装头脑，指导实践，鼓舞斗志，推动全行金融扶贫工作。

创新产品体系，加大扶贫贷款投放力度

聚焦中央"增加扶贫信贷投放"要求，结合地方经济特色，首创"钻金银铜"四卡纯信用贷款产品，并经过不断升级完善，适应农牧民发展需要，助力发展养殖业、运输业、餐饮服务业，激发农牧区市场活力，提升农牧民可持续增收致富的信心，成为西藏农牧民增收致富的"金钥匙"。截至2020年12月末，"四卡"贷款余额达255.27亿元，贷款户数达42.31万户，受益农牧民200多万人，占全区农牧民总人数的70%。同时，紧密对接全区62.8万人建档立卡贫困人口，创新推出"免抵押、免担保"的"建档立卡贫困贷"，专门用于建档立卡贫困户发展生产和扩大经营，增强了建档立卡贫

困户增产增收的内生动力，该产品被总行列入全国农行金融扶贫十大模式之一。

截至2020年12月末，农行西藏分行农户贷款余额首次突破300亿元大关，户均贷款达到8.54万元；自2016年以来，累计在扶贫重点县投放贷款2 079亿元，余额达到1 089.4亿元，较2016年增长83.74%。其中，44个深度贫困县贷款余额399.15亿元。累计投放个人精准扶贫贷款逾62.69亿元，扶持贫困户23万户，业务总量占全区金融机构的99.8%。通过多方式、广覆盖的扶贫模式，农行西藏分行实现了对全区有劳动能力的贫困人口基本全覆盖。

为支持西藏自治区易地扶贫搬迁工作，围绕"搬得出、留得住、能致富"的目标，创设"易地扶贫搬迁贷"产品，加大力度为搬迁户发放易地扶贫搬迁贷款，帮助搬迁户乔迁新居、创收致富。此外，积极推动互联网金融服务"三农""一号工程"，创新推出"雪域惠农e贷"特色产品，并结合地方特色产业，创新推出"青稞贷""牦牛贷""幸福家园贷"等"雪域惠农e贷+"系列产品。截至2020年12月末，发放线上信贷产品"惠农e贷"62.16亿元，创新产品项下累放贷款2 569笔，金额2.84亿元。

为支持区内生猪产业发展，解决担保抵押不足问题，2020年出台了《农行西藏分行生猪活体抵押贷款管理办法（试行）》，向家庭农场、农民专业合作社、养殖企业及屠宰加工企业等经营主体以生猪为抵押物发放贷款，满足其在生产经营过程中合理资金需求。

延伸服务网络，提升金融服务"三农"水平

受地理环境和历史因素影响，西藏是全国唯一的省级集中连片

特困地区，脱贫攻坚之初是全国贫困发生率最高、贫困程度最深、扶贫成本最高、脱贫难度最大的深度贫困地区。农行西藏分行始终坚持"缺氧不缺精神、艰苦不降标准"的高原农行人精神，全行519个网点遍布城乡，67%的职员长年坚守在环境恶劣、条件极端艰苦的乡（镇）农牧区。17个网点设在海拔4 800米以上的"生命禁区"，280个、452个网点分别设在海拔4 000米以上、3 500米以上的高寒地区。在西藏边境地区设立的机构网点数量达到108个，服务的边境线长达4 000多公里，服务边境地区面积约占西藏总面积的28%，服务人口约占西藏总人口的14%。

为进一步延伸服务触角，大力推进金融服务平台建设。截至2020年12月末，设立三农金融服务点5 448个，覆盖率达95.29%；实现全区5 261个行政村掌上银行村全覆盖；建设有效场景70个，其中农业产业链场景18个、县域专业市场5个、智慧乡村场景5个、智慧医院2个、县域农村商圈10个、其他场景30个。并在农牧区大力推进移动金融进村入户，创新推广掌上银行藏文专区。同时，创新推出"3+2"流动金融服务模式，构建了"物理网点+自助设备+互联网金融+三农金融服务点+流动金融服务""五位一体"的金融服务体系，是全区唯一一家在县、乡（镇）、村实现基础金融服务全覆盖的金融机构，惠及128万平方公里230多万农牧民群众。并通过"3+2"服务模式，走村入户，以点对点方式开展农牧民信息建档工作，为贷款程序简化，提升群众获得感和幸福感做足基础工作。截至2020年12月末，全行建档开办营业所共417个，占100%；开办行政村2 610个，占全区行政村总数的50%；建档户94 689个，建档率达到17%。为改善农牧区金融服务条件，2016—2020年累计投资5亿多元，配备各类金融机具逾12 000台，布放8台金融流动服务车深入空白乡镇开展流动金融服务111次，累计办理业务11 355笔。

图4-35 西藏分行"金穗惠农通"将普惠金融服务送到老百姓家门口

履行社会责任，助力专项扶贫取得实效

定点扶贫成效显著，截至2020年末，农行西藏分行先后派出25支驻村工作队，惠及1 600多户8 000多名农牧民，累计捐赠扶贫资金近3 000万元，帮扶项目175个，在金融扶贫中先后有409个单位受到各级党政表彰。消费扶贫贡献突出，通过"益农融商+扶贫商城+网点展销+员工购买""四位一体"的西藏分行消费扶贫新模式，线上线下协同发力，实现本地特色产品面向全国销售。并以"线上展销、线下购买"的方式，多次开展扶贫商城现场展销活动。截至2020年末，实现电商扶贫辖区内74个县（区）"一县一户一品"全覆盖，共计112个商户，299余种商品入驻扶贫商城，全行直接购买贫困地区农产品765.44万元，帮助销售1 763.21万元，打

通农牧区产品销售"最后一公里",有力带动了全区青稞、牦牛、林果、奶业、民族手工业发展。2020年,西藏分行被自治区脱贫攻坚指挥部授予"西藏自治区消费扶贫示范单位"荣誉称号。

扎根农村改革,主动参与地方经济建设

农行西藏分行历来"先算政治账,后算经济账",积极履行国有大型商业银行社会责任,扎根农业农村,主动参与地方经济建设。为加快实现西藏公路基础设施跨越式发展,西藏自治区在"十三五"时期,拟建设公路项目46 834千米。西藏分行作为全区农村公路贷款的承贷银行,2016—2020年已累计为全区公路交通项目发放贷款112.75亿元,用于支持西藏农村公路建设。为支持西藏水利水电工程建设,自2016年以来,农行西藏分行充分发挥国有大行的金融作用,加大对水电行业的信贷投放力度。截至2020年末,西藏分行水电行业类贷款余额为64.38亿元。

深入实施"双基联动"扶贫机制,加强与基层党组织的合作,发挥各自优势,推进信用体系建设。截至2020年末,"双基联动"合作范围实现74个县(区)全覆盖,合作公约签约率达100%。同时,多措并举,积极为社会减费让利,对西藏城乡各类客户的贷款均执行比全国低近2个百分点的优惠利率,对扶贫和带贫企业执行全国最低1.08%的利率,为支持实体经济发展壮大增强后劲。为减轻农牧民的金融交易成本,提供支付工具工本费、账户维护费和交易手续费减免等多项优惠政策。因工作成效显著,西藏分行被西藏银监部门评为"双基联动扶贫先进集体"。

习近平总书记在决战决胜脱贫攻坚座谈会上强调:"脱贫攻坚

不仅要做得好，而且要讲得好。"农行西藏分行持续开展"金融扶贫农行在行动"的金融扶贫政策宣传活动，积极引导基层员工深入交通不畅、条件恶劣的偏远乡村，通过发放宣传折页、海报、走村入户、集中宣传等各种形式，多维度开展宣传。截至2020年12月末，全辖网点共组织宣传活动1 802次，金融政策宣传工作乡镇覆盖率达80.79%，行政村覆盖率达49.71%。

中国农业银行

贺 信

西藏自治区分行：

　　在迎来中国共产党成立一百周年、脱贫攻坚取得全面胜利的重要时刻，欣闻你行荣获全国脱贫攻坚先进集体，特向你们表示热烈祝贺！

　　脱贫攻坚期间，你们全面落实行党委关于金融扶贫工作的各项决策部署，创新推出青稞贷、牦牛贷等多款特色产品，探索建立"银行让利、企业（大户）带动、贫困户收益"的利益联结机制，构建了"五位一体"渠道服务体系，实现对建档立卡农牧户信贷支持和金融服务基本全覆盖，在雪域高原上用实际行动诠释了脱贫攻坚精神，展现了农行良好形象，在此向你们致以崇高的敬意！

　　征途漫漫，惟有奋斗。希望你们珍惜荣誉、再接再厉，按照总书记在全国脱贫攻坚总结表彰大会上的重要讲话要求，以永不懈怠的精神状态、一往无前的奋斗姿态，真抓实干、埋头苦干，在农业银行服务巩固拓展脱贫攻坚成果、乡村全面振兴和建设社会主义现代化国家新征程中作出更大贡献！

中国农业银行党委书记、董事长：

2021 年 2 月 26 日

图4-36　中国农业银行党委书记、董事长谷澍致西藏自治区分行的贺信

扛牢使命勇担当

——农行江西分行扶贫开发金融部服务脱贫攻坚纪实

打赢脱贫攻坚战是时代的历史责任。近年来，在集中连片特困地区罗霄山区、著名红色革命根据地江西，服务"三农"的主力军——农行江西分行，举全行之力攻坚克难，扎实作为，在助力江西如期打赢脱贫攻坚战的历史征程中留下了坚实的足迹，高质量书写了农行江西分行金融扶贫的时代答卷。

五年来，农行江西分行扶贫开发金融部紧紧围绕"建档立卡贫困户如期脱贫"这一条主线，发挥部门脱贫攻坚牵头、谋划、协调、落实作用，积极构建系统性金融扶贫政策体系，聚焦贫困地区、贫困人口金融需求，提出了支持贫困户脱贫、助力贫困地区摘帽、促进贫困县经济发展三大目标，完成加大信贷投放、创新扶贫产品、延伸服务网络、做好定点扶贫、推进消费扶贫五大任务。

2016—2020年，该分行累计投放扶贫贷款1 353亿元，支持带动了131.95万人贫困人口脱贫增收。创新金融扶贫产品15个、服务模式7个，首创的"金穗油茶贷"新产品获社会各界一致好评，并入选国务院扶贫办金融产业扶贫优秀案例。2017—2020年在人民银行南昌中心支行对全省金融机构金融精准扶贫政策效果评估中，农行江西分行连续四年排名第一。2021年2月，在全国脱贫攻坚总结表彰大会上，江西分行扶贫开发金融部荣获"全国脱贫攻坚先进集体"称号。

图4-37　2021年2月，江西分行扶贫开发金融部荣获"全国脱贫攻坚先进集体"称号

创新金融产品　增强投放能力

五年来，农行江西分行扶贫开发金融部着力解决金融产品难对接、扶贫贷款专用产品少、担保难的困境，加大产品创新力度，创新设计个性化、特色化信贷产品。牵头创新推出了农村土坯房改造贷款、扶贫光伏贷、"金穗油茶贷"等扶贫贷款对接产品和专属产品。

"金穗油茶贷"降低了准入门槛、放宽了抵押担保条件、延长了贷款期限和还款宽限期、实施灵活下沉的授权政策、开辟了绿色办贷通道，"金穗油茶贷"业务得到了快速发展。截至2020年末，累计投放贷款33.8亿元，支持了1.8万户农户和44家企业，发展126万亩油茶，覆盖带动了7 914户建档立卡贫困户增收。

同时，农行江西分行扶贫开发金融部牵头组织相关部门，积极运用互联网、大数据、人工智能等金融科技手段，建立农户信息档案，结合特色产业，推出"惠农e贷"，实现农户贷款"线上申请、快速放款、随借随用、自助循环"。截至2020年末，累计发放贷款512亿元，其中惠及贫困户5.8万户。

延伸服务渠道　增强服务能力

五年来，农行江西分行扶贫开发金融部制定金融服务脱贫攻坚渠道建设规划，着力推动构建"人工网点+自助网点+惠农通服务点+互联网线上渠道+流动服务""五位一体"的服务渠道网络。在贫困乡镇增设物理网点，在物理网点无法布局的乡镇村，通过布放惠农通电子机具，积极满足当地居民小额存取款、转账等基础金融服务需求。截至2020年末，贫困县行政村的村级金融服务点覆盖率达81.06%。

图4-38　农行江西分行惠农通服务点

在赣南山区开展流动金融服务，为190个金融服务空白乡镇提供移动金融服务。加大线上金融服务渠道建设，掌银、网银、扫码支付等互联网服务渠道已100%覆盖贫困县。

做好定点扶贫　增强贫困村发展能力

五年来，农行江西分行协调组织全行力量做实做好定点扶贫工作。该行积极选优配齐帮扶干部，全行有1 459名干部职工驻村扶贫、结对帮扶，其中脱产扶贫干部92人，担任第一书记39人，定点帮扶62个贫困村、结对帮扶54个贫困村，累计帮扶的4 418户、16 300人已全部脱贫。

支持发展产业增效，截至2020年末，累计发放贷款2.07亿元，帮助贫困村发展项目108个，带动贫困人口年人均增收5 000余元，如通过牵线搭桥、外引内联，引导广昌县贯桥村贫困农户发展茶薪菇产业，贷款66万元支持贫困户就业增收。

帮助改善基础条件增后劲，如重点帮扶的石城县，2018—2020年，农行江西分行累计为其提供190万元扶贫捐赠资金，用于定点扶贫岩岭村基础设施建设，安装了43盏太阳能路灯，为全村3个村小组45户共计210多人照亮了回家的路，村容村貌焕然一新；修建的防洪堤项目更是有效解决了汛期防汛问题，保障了当地群众的生产生活安全。

做好公益扶贫增能量，农行江西分行捐资20万元在广昌县驿前镇创建了"同心奋进"超市，鼓励全镇580余户贫困户通过参与村级公益事务、争做好人好事、自主发展生产脱贫等获得超市兑换奖励积分，截至2020年末，"同心奋进"超市向当地贫困群众兑现积分奖励4 000余人次，兑现物品价值达20余万元，带动了贫困户感恩奋进，助推乡风文明、弘扬社会正能量。

图4-39 农行江西分行扶贫干部了解贫困村产业情况

推进消费扶贫 拓宽金融扶贫新路径

五年来，农行江西分行扶贫开发金融部充分发挥金融力量，积极搭台建桥，全面构建线上、线下消费扶贫网络，通过消费扶贫帮助农特产品"卖出去"，实现产品变商品。在农行掌上银行专门建立扶贫商城江西馆，实现贫困县100%全覆盖，上线贫困县79家企业818种农产品，2019年至2020年，累计实现销售金额1.16亿元，助推贫困地区优质农产品销往全国。

同时，广泛动员农行各级机构、员工直接参与消费扶贫，各级机构、员工除购买江西省贫困县农产品外，还积极购买"三区三州"、52个挂牌督战县的农副产品，踊跃参与扶贫产品进机关"爱心购"等专项活动，累计实现销售件数24 709件，销售金额428万元。2019—2020年，通过联系线下农业龙头企业、行政事业单位、经销商等有采购需求的农行客户购买扶贫重点县农产品8 995万元。如2020年了解到定点帮扶的广昌县招禾村支柱产业通芯白莲因受新冠肺炎疫情影响滞销，农行江西分行扶贫开发金融部联系到专业进行白莲加工的公司收购了该村贫困户5 547斤通芯白莲，切实解决了贫困户的燃眉之急。

中国农业银行

贺　信

江西分行扶贫开发金融部：

在迎来中国共产党成立一百周年、脱贫攻坚取得全面胜利的重要时刻，欣闻你部荣获全国脱贫攻坚先进集体，特向你们表示热烈祝贺！

脱贫攻坚期间，你们全面落实行党委关于金融扶贫工作的各项决策部署，紧紧围绕"贫困地区贫困人口如期脱贫"目标，积极构建金融扶贫政策体系，加大信贷投放，创新扶贫产品，延伸服务网络，在助力江西如期打赢脱贫攻坚战中作出了突出贡献，高质量书写了农行江西分行金融扶贫的时代答卷，用实际行动诠释了脱贫攻坚精神，展现了农行良好形象，在此向你们致以崇高的敬意！

征途漫漫，惟有奋斗。希望你们珍惜荣誉、再接再厉，按照总书记在全国脱贫攻坚总结表彰大会上的重要讲话要求，以永不懈怠的精神状态、一往无前的奋斗姿态，真抓实干、埋头苦干，在农业银行服务巩固拓展脱贫攻坚成果、乡村全面振兴和建设社会主义现代化国家新征程中作出更大贡献！

中国农业银行党委书记、董事长：

2021 年 2 月 26 日

图4—40　中国农业银行党委书记、董事长谷澍致江西分行扶贫开发金融部的贺信

用心用情用力做好金融扶贫服务

——农行总行扶贫开发金融部扶贫金融处服务脱贫攻坚纪实

党的十八大以来，作为农行扶贫工作的牵头处室，扶贫开发金融部扶贫金融处全处上下始终以习近平总书记关于扶贫工作的重要论述为指导，坚决贯彻中央脱贫攻坚决策部署，全面落实行党委关于服务脱贫攻坚的决策安排，在分管行领导、三农业务总监和部室领导的悉心指导下，认真履行统筹协调、政策研究、业务创新、组织推进等职责，苦干实干、无私奉献，在政策规划、产品支持、模式支撑、运行机制方面持续加大创新力度，用心用情用力做好金融扶贫文章，为农行发挥金融扶贫国家队、和主力军作用作出了突出贡献。

脱贫攻坚期间，面对繁重的工作任务，扶贫金融处迎难而上，毫不退缩。何源源、惠超、李青吉三位扶贫处负责同志，先后带着颈椎病等病痛，克服人员少、工作多的困难，全身心投入脱贫攻坚工作。王瑜洁、么晓颖、蒋潺潺三位扶贫金融处的老同志，加班加点，毫无怨言，多年如一日干好金融扶贫工作。李佳鑫、翟墨两位新入行同志，一入职便开始了高强度的密集工作，在压力中迅速成长。韦春丽、高建辉、杨溜三位分行交流同志以行为家，交流期间为农行金融扶贫做了大量工作。部内其他业务处室，主动认领相关金融扶贫工作，派出精兵强将，积极支援金融扶贫工作。扶贫金融部干部员工的辛勤付出，有力推动了全行金融扶贫工作开展。

2021年2月，在全国脱贫攻坚总结表彰大会上，农行总行扶贫开发金融部扶贫金融处荣获"全国脱贫攻坚先进集体"称号。

图4—41　2021年2月，总行扶贫开发金融部扶贫金融处荣获
"全国脱贫攻坚先进集体"称号，图为部领导与各处长合影留念

统筹推动全行金融扶贫工作

农行是国务院扶贫开发领导小组成员单位中唯一的商业银行，为落实《中共中央　国务院关于打赢脱贫攻坚战的决定》中"延伸服务网络，创新金融产品，增加贫困地区信贷投放"等要求，扶贫金融处充分发挥全行金融扶贫工作牵头处室的重要职能，坚持规划先行，强化统筹推进，加强组织协调，从制度层面为全行金融扶贫工作的开展提供了保障。

坚持规划先行。自2016年以来，在充分调查调研基础上，先后制定印发全行金融扶贫五年规划、年度金融扶贫工作指导意见、深度贫困地区金融扶贫工作意见、挂牌督战县金融扶贫工作意见等文件，勾画全行金融扶贫工作"路线图"和"作战图"。

强化统筹推进。筹备召开全行金融扶贫工作推进会，对金融扶贫工作及时进行部署推动。推动落实金融扶贫各级行党委"一把手"负责制，协调建立总分行党委成员挂点指导贫困县支行制度，开展金融扶贫重点工作专项督导，统筹构建覆盖总分支行的金融扶贫考核激励体系。推动建立"总行统筹、省市分行推进、县支行抓落实"的工作机制，层层压紧压实脱贫攻坚主体责任。

加强组织协调。牵头组织推动全行产业和项目精准扶贫贷款投放、东西部扶贫协作和消费扶贫等专项行动及金融扶贫业务数据统计和监测分析等日常管理工作。协调推进中央单位定点扶贫工作，组织实施农行重点帮扶政策。推动完善驻村帮扶工作机制，协调选派和指导扶贫干部进行驻村、驻点帮扶等工作。

协调出台贫困地区差异化支持政策

贫困地区自然禀赋差、基础设施建设落后、产业基础薄弱，通用性政策措施针对性不够，亟须出台量身定制、精准到位的差异化政策。

倾斜资源政策。针对832个国家扶贫开发重点县、深度贫困县、挂牌督战县，扶贫金融处因地制宜出台差异化信贷政策，并协调行内相关职能部门出台信贷规模、财务资源、项目审批、人力资源等方面专项支持政策。推动分支行加大信贷投放，扶贫重点县贷款和深度贫困地区贷款均显著高于同期全行贷款平均增幅。832个国家扶贫重点县贷款余额从2015年末的6 124.2亿元增长到2020年的12 831.7亿元，增幅109.5%，高于全行贷款平均增幅35.6个百分点；深度贫困地区贷款余额从2015年末的2 270亿元增长到2020年末的4 891.3亿元，增幅115.5%，高于全行贷款平均增幅41.6个百分点。

聚焦重点区域。针对深度贫困地区这类最难啃的"硬骨头"，扶贫金融处出台或推动出台《关于金融支持深度贫困地区脱贫攻坚的意见》《"三区三州"深度贫困地区差异化信贷政策》《关于做好国务院扶贫开发领导小组挂牌督战的52个贫困县、1 113个贫困村脱贫攻坚金融服务工作的意见》等政策意见，进一步倾斜资源配置，进一步优化深度贫困地区特色信贷业务准入条件和信用贷款条件，提高贷款可得性。截至2020年末，农行在深度贫困地区贷款余额4 891.3亿元，比2016年初增长115.5%，高于同期全行贷款增幅41.6个百分点。

协调推动金融扶贫产品和模式创新

习近平总书记强调，"发展产业是实现脱贫的根本之策。要因地制宜，把培育产业作为推动脱贫攻坚的根本出路。"扶贫金融处紧紧围绕贫困人口，提出"通过支持龙头企业辐射一批，支持专业合作社带动一批，支持规模农户扶持一批，支持产业园区受益一批"的金融精准扶贫方针，推动产品模式创新，满足深度贫困地区群众融资需求。

下放创新权限。协调扩大贫困地区分行的产品创新权限，增设

"三农"产品创新基地。明确一级分行作为金融扶贫产品的创新主体，承担辖区内区域性特色产品创新与管理责任，总行向一级分行下放精准扶贫贷款产品、农林牧渔类产品创新权，在符合监管规定的前提下，积极鼓励分行自主创新，报总行备案。

指导基层创新。指导和推动分支行创新推出精准扶贫区域特色小众贷款产品数十款，总结提炼了政府增信扶贫模式、互联网金融扶贫模式、特色产业扶贫模式等25种金融精准扶贫模式。自2016年以来，全行累计投放金融精准扶贫贷款9 778.1亿元，带动服务贫困人口1 646万人。2020年末精准扶贫贷款余额较2015年末增加200.4%。

全面推广经验。整理下发金融扶贫模式和产品手册，并在行内组织开展专项培训班，加大金融扶贫产品和模式的推广。指导各分行加强与有关政府部门的对接，精准掌握农户需求，加快产品投放，让更多农户和农业经营主体享受融资便利，带动农民致富、助力脱贫攻坚。

协调推进基础金融服务水平不断提升

针对深度贫困地区基础金融薄弱的现状，扶贫金融处协调推动出台《中国农业银行县域及贫困地区差异化网点转型工作指引（试行）》，通过构建"人工网点+自助银行+惠农金融服务点+互联网金融平台+流动金融服务"的"五位一体"新型渠道服务体系，为贫困地区群众提供"足不出村"的基础金融服务。

线下建设渠道。协调下达贫困地区网点建设固定资产预算指标，保障贫困地区网点建设改造的需要。对贫困地区新建网点开辟绿色通道，加快建设周期。对人工网点、自助银行无法覆盖的乡镇、贫困村，深入推进惠农通工程，主要依托加大电子机具的布放和加快惠农金融服务点的建设。优化上线少数民族文字和语音向导服务功能。

线上推广服务。重点推广掌上银行、网上银行和农银"惠农e通"平台，不断加大线上金融服务渠道的推广力度，积极提供基础金融服务和贷款、理财、电商等拓展性金融功能，为贫困地区客户提供全天候的线上金融服务。

开展流动服务。在"三区三州"深度贫困县试点移动金融服务模式，运用移动金融服务车、流动客户经理组、马背银行、金融轻骑兵、移动服务室等方式，填补了偏远贫困乡村基础金融服务"最后一公里"问题。

截至2020年末，农行在832个国家扶贫工作重点县人工网点数量达3 704个、自助网点数量达2 305个，占全行网点数量的19.4%，较2015年末提升了4.8个百分点；电子机具行政村覆盖率为89.5%，较2015年末提升了16.6个百分点；掌银、网银注册客户数分别为3 932万人、4 074万人，分别较2016年末统计以来增长167.9%、142.7%；专门定制的43台移动服务车已全部投入使用，在贫困地区600个空白乡镇服务群众超过10万人次。

创新开展多种非信贷扶贫专项行动

打赢脱贫攻坚战需要动员全社会力量参与其中，扶贫金融处充分发挥协调作用，在信贷工具难以直接触及的领域，多措并举地推动构建农行非信贷扶贫专项行动，为农行构建多维度、多层次、多方面、多渠道的立体化帮扶格局。

组织东西部扶贫协作。统筹安排12家东部地区行结对帮扶"三区三州"12个地州和4个定点扶贫县，截至2020年末，各行累计协助引资项目31个，总投资超过10亿元；协助组织"双百"干部人才结对帮扶，开展"一对一"精准结对帮扶。

推进消费扶贫。动员各级机构和全体员工，通过后勤集采、员工自购等方式，积极采买贫困地区特色农产品。创新探索"直播带货"等新途径，搭建特色农产品"直供直销"新链路。协助研发"扶贫商城"，为贫困地区搭建特色农产品展销平台。

图4-42 2021年2月，总行扶贫开发金融部扶贫金融处荣获
"全国脱贫攻坚先进集体"称号，图为扶贫金融处全体人员合影留念

实施教育扶贫。实施"金穗圆梦"助学活动，自2018年起，利用单位和员工捐赠资金，按每人5 000元标准资助"三区三州"深度贫困县等地区的贫困家庭大一新生，三年累计资助逾万名贫困学

子圆了大学梦。

　　开展就业扶贫。协助开展"千人计划"专项招聘工作，自2018年起，连续三年开展面向深度贫困地区建档立卡贫困家庭毕业生的专项招聘，累计实现招聘逾千名深度贫困地区建档立卡贫困家庭大学毕业生入职农行。

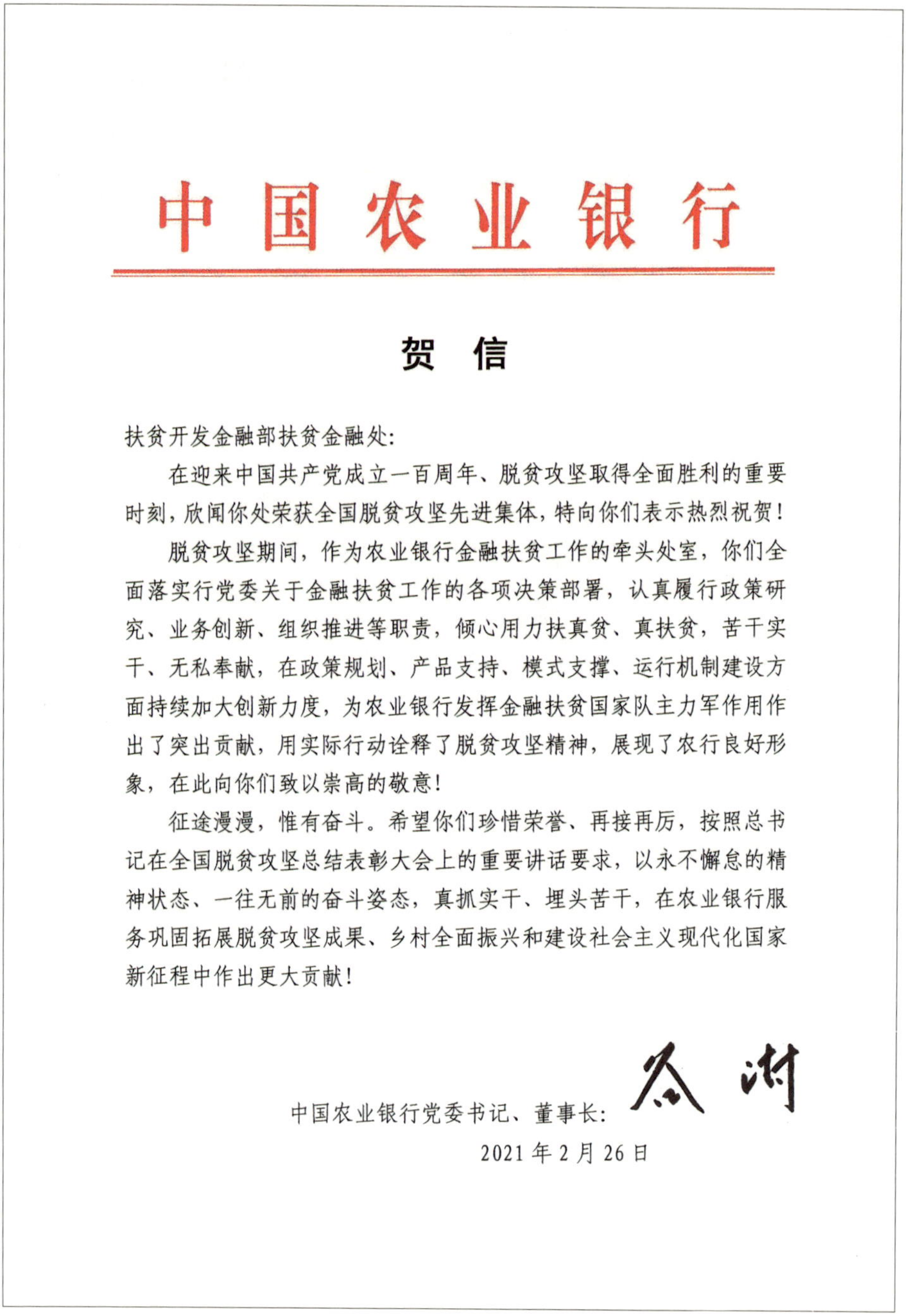

中国农业银行

贺 信

扶贫开发金融部扶贫金融处：

在迎来中国共产党成立一百周年、脱贫攻坚取得全面胜利的重要时刻，欣闻你处荣获全国脱贫攻坚先进集体，特向你们表示热烈祝贺！

脱贫攻坚期间，作为农业银行金融扶贫工作的牵头处室，你们全面落实行党委关于金融扶贫工作的各项决策部署，认真履行政策研究、业务创新、组织推进等职责，倾心用力扶真贫、真扶贫，苦干实干、无私奉献，在政策规划、产品支持、模式支撑、运行机制建设方面持续加大创新力度，为农业银行发挥金融扶贫国家队主力军作用作出了突出贡献，用实际行动诠释了脱贫攻坚精神，展现了农行良好形象，在此向你们致以崇高的敬意！

征途漫漫，惟有奋斗。希望你们珍惜荣誉、再接再厉，按照总书记在全国脱贫攻坚总结表彰大会上的重要讲话要求，以永不懈怠的精神状态、一往无前的奋斗姿态，真抓实干、埋头苦干，在农业银行服务巩固拓展脱贫攻坚成果、乡村全面振兴和建设社会主义现代化国家新征程中作出更大贡献！

中国农业银行党委书记、董事长：

2021 年 2 月 26 日

图4-43　中国农业银行党委书记、董事长谷澍致扶贫开发金融部扶贫金融处的贺信

新颜大凉山

——农行四川昭觉县支行助力地方脱贫攻坚纪实

四川省凉山州是我国最大的彝族聚居区。当地人说，彝族人会说话时就会唱歌、会走路时就会跳舞，这里连山水都风情万种。他们又说，以前这里很多人家唯一的电器就是一盏白炽灯，"贫穷"才是大凉山的模样……

大凉山腹地的昭觉县又是凉山州"贫中之贫"地区，当地贫困人口在四川省内各县中最多。这里分布着大量的高寒山村，老百姓受自然条件限制只能种些玉米、土豆自给自足，鲜有额外收入，发展不平衡、不充分的问题十分突出。

为助力深度贫困地区脱贫攻坚，农行昭觉县支行把金融扶贫作为第一责任，组织工作人员"5+2""白加黑"开展扶贫小额信贷整村推进工作，为最偏僻的村寨布设现代化支付渠道，派驻专人驻村帮扶，为打赢脱贫攻坚战不遗余力地提供金融支持。

彝家人以后都能告别土坯房

大凉山平均海拔2 700米，虽然已进入雨季，但6月的昭觉县依旧日照强烈，竹核乡尼日村83套在建平房已上了橘色墙漆，衬在绿油油的农田里特别好看。这些即将收尾的新房，是昭觉县土地增减挂钩项目中的村民集中安置小区。受益于该项目，昭觉县将通过土地整理复垦、拆旧建新等方式，改善像尼日村这样的深度贫困村村民的住房条件。

"你看这些房子，人均得房25平方米，宽敞明亮，每家每户都有小院。我们还建了集中化粪池实现雨污分流，老乡都能像城里人一样用冲水马桶。"对于自己主持建设的尼日村安置小区，昭觉县中农土地资源开发有限公司（以下简称中农公司）负责人李铁笑着说。他的团队有多年运作土地增减挂钩项目的经验，此次是针对当地脱贫攻坚而运作该项目的。

李铁的底气还源自一位最近相熟的朋友——农行昭觉县支行行长邹海英。就在李铁团队中标该项目后，农行四川分行、凉山分行、昭觉县支行第一时间与中农公司对接合作事宜。农行三级行服务团队半年来无数次到公司项目部、工地现场调查，针对项目性质策划融资方案，从贷款利率、抵押担保、资本金、贷款审批通道等多个方面予以全力支持和优惠。

据了解，昭觉县支行已为中农公司的昭觉县土地增减挂钩一期项目授信1.3亿元，已发放贷款1.1亿元。在建的竹核乡尼日村、拉牙村两个项目惠及农户483户，新建安置小区16个，建筑总面积3.68万平方米，显著改善了两个村的居住环境，新复垦整理耕地460多亩，占整个昭觉县2018年复垦面积一半以上。截至2020年末，农行昭觉县支行支持5个土地增减挂钩项目，拆旧总规模2 930亩。中农二期项目授信1.08亿元，已发放贷款0.5亿元。李铁表示，为彝族同胞建一批现代化住宅小区，让他们搬出昏暗的土坯房，新家通水通电通网络、有物业、有绿化，不再仅有一盏灯、一张床。

"我们尊重老乡住惯平房不喜欢楼房的意愿，盖的都是有独立小院的联排平房。"李铁说，他经常泡在工地，让他欣慰的是，盖房子这几个月总有老乡跑过来看进度，"他们对自己的新家喜欢得很，满意度100%！"

身为彝族姑娘，邹海英十分骄傲能够参与脱贫攻坚，帮助改变彝族人千百年来落后的居住环境。"大凉山太多太多的老乡最大的心愿就是能住上好房子。现在脱贫攻坚各县都在搞安全住房建设，好房子哪里都有了。"

走进现代，从家门口的银行开始

很多人不知道，世界上最后的奴隶制原始社会形态在大凉山，这里的彝族同胞直到1956年才彻底废除奴隶制，进入社会主义阶段。但半个多世纪以来，大凉山的发展还是很缓慢，其中有自然、历史、习俗等多重原因，一步跨千年、曾长期以物易物的当地人还缺少参与经济活动的能力和条件。

在彝族人口占比最高的昭觉县，农行工作人员一个村一个村搭建基础金融服务渠道、挨家挨户识别发放精准扶贫贷款，普及现代社会经济活动知识。截至2020年末，昭觉县支行已经在全县各贫困村发放惠农卡3.8万张，社保卡10.3万张，布放助农取款服务点225个，行政村覆盖率85.6%。打好这层基础，老乡在自家门口就能办理取款、缴费、转账等日常银行业务。

为了帮助想做事又缺少启动资金的老乡，昭觉县支行还开展扶贫小额信贷整村推进工作。截至2020年末，该行已在22个乡的68个贫困村发放贷款5 880.8万元，服务带动1 642户建档立卡贫困户显著增收。

在"悬崖村"阿土列尔村，农行组织人员依靠人背步行攀天梯的方式搬运装修材料，为山顶村民设立首个助农取款服务点，并且授信213万元支持村里农户发展脐橙、核桃、油橄榄种植，开办农家乐。截至2020年末，"悬崖村"山上和山下的两个农行服务点累计实现交易1 352笔，金额达49.84万元，对33户贫困户实现信贷投放77万元。

图4-44　农行四川昭觉县支行打造完成后的助农取款服务点

"普惠金融是基础，但这还不够。我们这种地方经济基础差，特别需要有人真心实意带头做大几个产业，带动更多人致富。"昭觉县支行副行长林枫的理念代表了支行同仁们的心声，要把银行资金实力转为企业发展动力。截至2020年12月末，该行已为县域小微企业发放贷款7 940.2万元，助一批有生产技能、有销售渠道的致富带头人一臂之力，吉史子格就是其中之一。

吉史子格是曾经走出大凉山带着几百同乡去无锡打工学习的探

路者。得知吉史子格是县科协重点支持的返乡创业带头人，昭觉县支行第一时间主动对接，双方发展产业为家乡办实事的思路一拍即合。当时，35岁的吉史子格用自有资金和50万元农行农村生产经营贷款，从养殖、繁育、培训、研究、消毒、环保等多方面入手建起一家现代化养猪场，依靠规范管理和科技养殖，几年时间，实现生猪数量140头到4000头的提升。农行的贷款支持也从最初的50万元增加为120万元。现在越来越多的老乡跑来跟吉史子格学习技术、买种猪。

据了解，农行正在全国系统推进脱贫攻坚东西部帮扶，对口凉山分行的浙江分行准备引进浙江的企业、技术和资金，帮助大凉山做强产业。前期浙江分行已经派人到昭觉考察，很有希望引进高附加值中药材种植等产业，帮助昭觉支行找到适合本地发展的金融扶贫新模式，实现"支持一个产业，带富一方百姓"。

我们是村里娃，更能做好驻村帮扶

选派"第一书记"驻村帮扶抓党建促脱贫，是我们党解决"三农"问题的制度创新。"在这项重要工作中，农行人从不含糊、从不落队。"昭觉县支行行长邹海英表示。

昭觉且莫乡地处高寒偏远山区，距县城83公里，昭觉县支行共在此结对帮扶3个村。名字仅差一字的阿苏古哈和阿于古哈，是该行首批派驻结对帮扶乡夫土古尔觉村和苏巴姑村的驻村"第一书记"，周围的人根据年龄，用大小古哈称呼这两个"80后"小伙子。

4年前，海拔2 700米的夫土古尔觉村，大古哈告别新婚不久的妻子来到此。他走组串户了解村里经济发展、文化教育、医疗卫生、社会保障等方方面面的情况，开办"农民夜校"，在村里实施硬化路、易地搬迁安全住房工程，根据村情实际建设首家养殖专业合作社，牵头在村里布设农行助农取款服务点，和农行同事们一起开展送金融知识进村……2017年，夫土古尔觉村通过省、州级评估验收，顺利实现了脱贫。

小古哈热情开朗，虽然苏巴姑村条件艰苦，他来的时候冬天雪封山夏天屋漏雨，也并不像现在通水通电通公路，但他说自己本就是农村人，这些苦不算啥。驻村这些年，他坚持每月对村里217户人家走访两遍了解民情，在他和村两委的努力下，村里60多个到了入学年龄不上学的孩子走进课堂接受文化教育。他还坚持跟着政府打造的科学种养APP学习技术，帮助村里开展山地鸡和蜜蜂养殖。"我想为我们村打造生态旅游产业，村民们都能分红受益！"苏巴姑村距脱贫还有一段时间，但小古哈已经在为村子未来的可持续发展做着准备。

据了解，昭觉县支行在2015年8月派驻首批3名"第一书记"的基础上，2018年初又增派驻村工作人员3人，协助"第一书记"在夫土古尔觉村、苏巴姑村、哈诺沟村共同推进精准扶贫。昭觉县支行不仅协助3个村发展养殖产业，铺路建新房，还捐款为村里送去生活日用品、鸡苗、简易家具等物品。

在第二十二届上海国际电影节上，来自大凉山的歌手吉克隽逸登上舞台，带来比她歌声更触动人心的一段4分钟讲述，呼吁更多人关注家乡脱贫。邹海英说，"吉克隽逸是我们的骄傲，她说出了大凉山儿女的心声。希望有更多人认识凉山，我们在本地也会尽所能搭建更好的舞台展示家乡、建设家乡。"

图4-45 昭觉县支行移动金融服务办理现场

据了解，昭觉县支行现有营业网点2个，在岗员工50人，2016—2018年连续三年被昭觉县委政府授予目标任务综合考核"一等奖"，2018年，还成为当地唯一一家被县委政府授予"脱贫攻坚先进单位"的金融机构；2019年，农行总行授予昭觉支行"2016—2018年度中国农业银行金融扶贫先进集体"荣誉称号。

（原文刊登于2019年8月7日《中国城乡金融报》作者：杨燚 汪治）

苦瘠之地吹响决胜号角

——农行甘肃临夏东乡县支行助力地方脱贫攻坚纪实

11月入甘肃临夏，黄的山，黄的路，黄的树，目之所及尽是荒芜的颜色，就连天空也像笼罩了昏黄的云。

甘肃省临夏回族自治州，因恶劣的自然环境被列入"三区三州"深度贫困地区之一。而作为临夏境内最难啃的脱贫"硬骨头"，东乡族自治县地貌环境更加复杂，这里资源十分匮乏，气候干燥、植被稀少、山大沟深，被人们戏称为"大山开会的地方"。

2013年春节前，习近平总书记沿着陡峭山路来到东乡县布楞沟村看望当地百姓，这片黄土高坡上的苦瘠之地成为总书记最牵挂的地方之一。

在打赢脱贫攻坚战的决胜关键期，东乡脱贫成为各方关注的重点。为保证31万东乡儿女如期摘下贫困的"帽子"，政府、企业、社会各界投入空前，出政策、出人力、出资金、出实举。

在这之中，农行甘肃临夏分行强化责任担当，全力加大金融扶贫力度，以东乡县支行为排头兵，投入一场与自然对抗、对历史负责的金融扶贫攻坚战。因工作突出，农行甘肃临夏分行被临夏州政府授予"2019年度全州脱贫攻坚帮扶工作先进集体"荣誉。

地上的宝藏：让"东乡手抓"走出山沟沟

做过扶贫工作的人都有感触，想要扶贫出实效，必须发展产业。农行临夏分行行长孔令旭作为土生土长的临夏人，深深知道养育自己的这片土地有多贫瘠，但他清楚这片土地也蕴涵着许多别处没有的优势。他认为，作为提供资金支持的金融机构，就是要立足本地资源禀赋支持一批产业，靠产业发展让老百姓脱贫致富。

临夏分行推出"一县一品"特色产业金融产品，"永靖百合""和政高原酸梨""积石山花椒"等成为该行产业支持目标。在东乡，他们瞄准了历史悠久、享誉西北的本地手抓羊肉。

在平均海拔2 200多米、90%地区为山地的东乡，四季干旱牧草不丰，但被老百姓以豆荚、玉米壳喂养的牛羊，肉质细腻可口。东乡羊早在南北朝时期就是帝王贡品，"东乡手抓"更是知名的西北特色名吃。

农行东乡县支行创新推出"东乡手抓贷"，通过信贷方式重点支持规模养殖、家庭养殖、农家乐等"东乡手抓"领域客户，培育扶持本地"东乡手抓"品牌，带动贫困户长期稳定增收。不论是养殖专业合作社还是养殖大户，只要提出贷款申请，农行信贷人员就会上门调查，利用大数据分析技术，建立信贷模型，实现系统自动审批，为符合条件的借款人快捷办理发放贷款。建档立卡贫困户或者带贫企业申请贷款时，还可以享受财政贴息、利率优惠等多项优惠。

布楞沟村，东乡语意为"悬崖边"，曾是全县基础条件最差的村，受扶贫政策惠及，村子道路、饮水等设施焕然一新，"东乡手抓贷"更让"无羊不成家"的村民们腰包鼓起来。建档立卡贫困户马建英夫妇作为其中代表，已是村里知名的"信贷支农种养大户"。农行东乡县支行与省农担公司合作，给马建英发放了基准利率下浮的20万元"东乡手抓贷"，夫妇二人以家为厂，圈里存羊200多只，养羊纯收入能达到5万元。

与养殖大户马建英夫妇相比，由马伊德勒担任理事长的东乡县坪庄乡尕东家坡养殖农民专业合作社规模大了许多，共联户12个养殖大户，设6个中型牛棚，存牛150头。马伊德勒自小养牛经验丰富，2019年预备扩大养殖规模时，从农行东乡县支行顺利得到了120万元利率下浮的贷款。从初步统计来看，合作社的牛每年出栏两次，行情好的话每头牛市价可卖2万多元。

中国人冬季进补喜欢吃羊肉，肉羊销售因此受季节影响很大，每年入冬前的资金周转是让返乡创业的东乡族小伙马成海最头疼的事。2019年5月，农行东乡县支行工作人员主动找到马成海，通过推荐省农担公司提供担保，为他所负责管理的优尔塔农牧业农民专业合作社发放200万元"东乡手抓贷"，他终于不用再为入冬资金犯愁。2019年，东乡县获得商务部授予的"2018年电子商务进农村综合示范县"称号，马成海也因为在线上平台370万元的年销售额成为远近闻名的"电商+手抓"达人。农行还把马成海家的东乡贡羊推荐到全国农行网络扶贫商城，越来越多的顾客留言反馈"从没吃过这么好的羊肉"。

截至2020年末，农行东乡县支行已经累计发放以"东乡手抓贷"为代表的县域特色产业贷款3 227笔、30 639万元。

在打响"东乡手抓"品牌的过程中，很多人摆脱了贫困走上致富道路，但性格豪爽仗义的东乡族人先富不忘未富，马伊德勒的合作社联户90多户建档立卡贫困户，每年每户能分红3 000多元；马成海的合作社以每斤高于市场价1至2元的价格收购建档立卡贫困户育肥出栏羊7 800多只；除养殖相关产业外，厂址在东乡的甘肃兰亚铝业建立企业与贫困户利益联结机制，带动解决贫困户就业308户，其中建档立卡贫困户58户；达板面业直接带动贫困工人近50人，其中建档立卡贫困户5人，最高发放月工资5 000元……

这些带贫企业与贫困户都是农行的服务对象，他们的贷款按照基准利率甚至更低利率执行。近年来，农行东乡县支行还因地制宜创新特色金融产品，让当地老乡着实感受到实惠和好处。截至2020年末，累计发放到户财政贴息扶贫贷款9 968户；联合县担保中心、扶贫办累计投放"创业贷"贷款3 571笔、32 174万元；投放精准扶贫农户小额贷款735笔、3 626万元；积极衔接省农担公司和临夏州金控担保公司，为缺少担保的小微企业、专业合作社发放"陇原农担贷"10笔、570万元，"特色产业贷"3笔、3 900万元。

图4-46 农行东乡县支行"东乡手抓贷"发放仪式

地上的战士：为黄土高坡上的小康未来倾尽全力

"三区三州"深度贫困地区脱贫攻坚，当属硬仗中的硬仗。为了2020年决胜时刻，无数战士在深度贫困战场上尽锐出战、迎难而上，上演着中国人与贫困之间一次最坚决的较量。

2019年7月，临夏州遴选州直部门500名干部分赴基层一线，进一步集中力量攻克"贫中之贫、困中之困、坚中之坚"。农行义不容辞地挑起金融扶贫大梁，临夏分行全州选派17名干部长期驻村，担任扶贫村第一书记、驻村工作队队长，152名职工对口帮扶建档立卡贫困户1 094户共5 034人。

在主要经济指标人均水平处于省、州后列的东乡县，农行东乡县支行投入了前所未有的人力支援扶贫。

作为金融扶贫先锋队，农行东乡县支行"大小马行长"是默契搭档。他俩不仅有着发音相同的姓名，还有奋战农金领域十几年的交情。2018年，两人被州分行作为精锐尖兵调遣到脱贫任务最艰巨的东乡县支行。"大马行长"马红玉作为支行行长，在方圆1 500平方千米的东乡县带头跑政府转企业进村田，一辆小车一年赶了往常三年的路。"小马行长"马鸿钰作为支行副行长，机关人手不够，他身兼数职，腰椎动完手术后很快返岗。

作为农行东乡县支行选派的长期驻扎高山乡岔巴村帮扶人员，陈世孝、马作峰、马维山、马尤素，四人在同样四五十岁上有老下有小的年纪，选择奉献在黄土高坡深处，与一屋一床一桌一炉日夜为伴。他们每人负责对口帮扶30户左右人家，要经常挨家挨户了解情况、宣讲政策，帮贫困户申领扶贫资金，协助建大棚搞养殖、翻盖新房，还要及时协调解决邻里矛盾和家长里短。帮扶村与各自的家不过一小时车程，但他们往往几个星期也难得回去一次。

作为农行东西部扶贫协作对口单位派驻人员，农行厦门湖里支行对公业务部经理朱志强，从最开始对高海拔与饮食的不适，到现在高效率开展工作，这位年轻的小伙子主动发挥纽带作用，协助做好产业扶贫、消费扶贫、劳务输出、教育援建。很快，厦门分行的60万元捐赠就要投入到东乡县贫困学校教育项目建设中，一批东乡特色农产品也将陆续搬上厦门社区的货架。

"大马行长"马红玉说：在东乡这个地方，农民种田叫"撞田"，因为都是靠天吃饭，有好收成要撞运气。面对这种程度的贫瘠，做金融扶贫必须有情怀、有使命、有真担当。

"小马行长"马鸿钰说：这里羊肠小道、坡陡路险，曾有干部夜晚赶路摔落悬崖，谁能不害怕。

驻村工作队员马作峰说：自小在东乡农村长大，驻村的辛苦能适应，现在要紧的是帮贫困户危房改造，让符合条件的老乡搬入达板镇的新楼房。至于自己老家的危房，还是再等等吧。

图4-47　农行东乡县支行客户经理给农户讲解农行金融扶贫政策

从厦门转战甘肃东乡的朱志强说：人员紧张是最大的困难，三四个人面对的是三千多贷款农户，这在厦门是不可想象的。现在一线扶贫工作，是考验也是补课，更是一种奉献。

让中国人民历史性地摆脱绝对贫困，是一场硬仗。"三区三州"是攻坚主战场，无数平凡之辈化身战士，以"敢教日月换新天"的斗志、以"不破楼兰终不还"的豪情投入其中。当勠力同心，当众志成城，便没有比人更高的山，没有比脚更长的路。

截至2020年末，农行临夏分行金融扶贫贷款余额15.06亿元，东乡县支行精准扶贫贷款余额2.63亿元。深贫地区的农行人正全力以赴开辟贫困少数民族地区富民产业贷款健康发展的新路子，以决战决胜之势，不舍寸功，善作善成。

（原文刊登于2019年12月25日《中国城乡金融报》作者：杨燚　黑锦芸）

石漠山乡拓新路

——农行贵州黄平县支行助力地方脱贫攻坚纪实

在这片面积1 668平方公里的县域里，大山一座连着一座，仿佛没有尽头，而贫困也像大山一样桎梏着这片古老而深沉的土地。这里是贵州省黄平县，滇桂黔石漠化片区内一个与山有着不解之缘的县。

在打赢脱贫攻坚战的决胜阶段，黄平县支行金融扶贫"东风"正在吹拂这片山区，为这里朴实的人们带来摆脱贫困的希望。黄平县2015年被确定为农行总行定点扶贫县。一直以来，从出台定点扶贫专项方案落实金融扶贫，到派驻优秀干部扎根扶贫一线，再到向基础设施建设、特色产业、互联网金融服务"三农"等领域提供优质金融支持，从财力到人力，从机制到模式，黄平县支行加快助力脱贫攻坚步伐，让金融之水浇灌这片贫瘠的土地，结出累累硕果。

截至2020年12月末，黄平县支行精准扶贫贷款余额10.62亿元，累计精准帮扶贫困人口3.34万人；用于支持脱贫攻坚的贷款余额21.43亿元，净增2.43亿元，2018—2020年贷款增量连续居可比同业第1位。黄平县支行先后获得"2016年贵州银行业金融精准扶贫先进单位""2017年贵州省金融助推脱贫攻坚劳动竞赛先进单位""贵州省五一劳动奖状""全国金融五一劳动奖状"等12项荣誉称号。

项目扶贫惠民生

在风景名胜区舞阳河畔，黄平县支行金融扶贫"东风"正在让一座古老的旅游小镇——黄平县旧州古镇焕发出新的生机。

清晨的阳光洒在古镇灰白色的老宅上，干净整洁的街道旁有一家藏在老宅里的客栈——"老城客栈"，年轻的店主龙大维正在收拾客房，准备迎接新一天的游客。他说："古镇改造后，各方面环境比以前好了很多。我家就是在古镇改造后建起了这家客栈，生意好得很！"

同样在这个清晨，古镇里的旅游观光电瓶车司机杨光付一边擦着车，一边聊起家常："古镇改造后，我有了这么一份稳定的工作，每个月大概能存下1 000元。最重要的是再不用外出打工了，老人孩子都能顾得上。我知足！"

经过改造，旧州古镇在保留原有民族风貌的基础上，各方面环境大为改善。旧州古镇改造项目是黄平支行重点支持的旅游项目，贷款金额共计2.56亿元。该项目运作方黄平县国资公司副总经理李忠平对黄平县支行的优质金融服务赞叹不已："古镇以前从没申请过这么一大笔贷款，我们有什么不知道的程序和需要提供的材料，农行人都及时来指导，贷款办得很顺利。"

自2016年以来，为进一步落细落实对黄平县的金融扶贫，黄平县支行结合当地资源禀赋和政府需求，先后制定了《黄平县支行扶贫金融服务方案（2016—2020）》《黄平县金融扶贫工作意见》等，从项目扶贫、产业扶贫、业务创新等方面进一步细化帮扶重点和措施，多措并举地推进金融扶贫力度进一步加大。

　　黄平县作为农行总行定点扶贫县，总分行在信贷规模、绿色通道、资源匹配等方面予以政策保障。黄平支行乘着政策"东风"，聚焦黄平基础设施"短板"，践行项目带动扶贫之路。投放1.28亿元"美丽乡村"贷款，支持黄平县民房风貌整治772栋、旧州舞阳河河滨慢行道5.5千米建设等，项目覆盖全县11个乡镇，惠及贫困人口5 280人，极大地改善了本地百姓的居住环境。发放农村电网改造项目银团贷款1.68亿元，促进黄平县农村电网网络化智能化，解决农村电路老化、生产生活用电安全等问题，覆盖2个乡镇9个贫困村、1 250户贫困户，贫困人口13 460人直接受益。为黄平县2016—2018年棚户区改造项目发放贷款5.05亿元，惠及建档立卡贫困户343户、贫困人口1 492人。投放0.34亿元流动资金支持黄平县医院和妇幼保健医院发展，惠及贫困户3 407人，通过劳务用工带动建档立卡贫困户40人增收。在东西部扶贫协作政策下，黄平县支行与浙江分行创新银团方式推动尖峰水泥技改项目获批贷款3亿元，2020年8月开始投产，预计每年为黄平县创造利税不低于8 000万元。

产业扶贫增活力

　　云随风动，云开日出。黄平县支行深知，只有产业扶贫的强劲"东风"才能吹散贫困这朵"乌云"，迎来黄平县"增收奔小康"的美好前景。在定点扶贫过程中，黄平县支行运用自己的智慧，用心用情用力帮助黄平县发展特色优势产业，带动贫困户增收脱贫。

　　脱贫攻坚，既要发挥优势，也要多管齐下。立足黄平县资源禀赋，在总行大力支持下，黄平县支行推动通过招商引资、争取定点帮扶资金等，加大对重点主导产业、特色产业、村集体产业的帮扶力度，截至2020年末，已累计投入捐赠帮扶资金10 461万元，主要用于黄平县特色产业、党建、教育等80个扶贫项目建设，通过造血式扶贫，增强当地经济活力，促进贫困户增收脱贫。围绕当地特色水果种植、中药材种植、畜禽养殖等特色优势产业，引进26家相关企业到黄平县投资，现已实际落地项目3个，金额约12亿元。

针对农特产品，黄平县支行以真情实意，伸援助之手，自2018年以来，累计通过线上线下渠道直接购买和帮助销售黄平农特产品1902万元，有效地助推了谷陇糯小米、秋葵、苗银首饰等特色产品"黔货出山"。

黄平县支行还通过精准谋划，打造致富平台，与黄平县政府联合打造"电商+金融"的"且兰生活馆"81家，为当地农户提供电商、农资销售、扫码支付等服务。2019年，在黄平自主首创"惠农e村"智慧村务平台，成为全国农行系统在村务公开等乡村治理领域数字化的首单尝试。

图4—48　集合电商与金融服务于一体的且兰生活馆

"e贷"扶贫促发展

黄平县支行将金融科技在扶贫领域进行深度应用，用新技术、新打法、新模式助力黄平县脱贫攻坚。

黄平县地处贵州苗族聚居区，有山有水，还有不少能工巧匠。古老的苗族文化孕育出了苗族银饰这一具有民族特色的工艺品。在当地政府的推动下，苗银产业在黄平县得到快速发展，成为当地农民增收创收的支柱产业。然而，苗银加工基本都是在"前店后厂"式的家庭作坊内靠手工操作完成。仅靠作坊自身的资金积累，缺乏持续性的金融支持，苗银产业难以发展壮大。

对此，黄平县支行根据苗银产业作为全县优势产业的实际，主动与相关县政府部门、苗银行业协会等进行对接，就产业发展规划、金融需求、政策保障措施等进行深入沟通，创新推出了"苗银e贷"产品，有效支持苗银加工、经营户发展产业。

在黄平县苗银特色镇——谷陇镇的"苗银销售一条街"上，金华苗族银饰坊店主吴金华正在根据销售情况盘算着近期"苗银e贷"还款的事。"我是在手机上贷的款，也就用了几分钟，10万元贷款就到账了。"吴金华点开自己的农行掌银APP贷款页面笑着说，"到了每年的销售旺季，我都要请两三位银匠来赶工。"自"苗银e贷"推出以来，已累计发放贷款3 128万元，带动184户贫困户增收。

在这家银饰店里，还可以看到"农行扫码付"二维码，客户可以通过微信支付、支付宝等第三方支付渠道扫农行码付款，购买苗银饰品。这家银饰店的商品还通过镇上的苗银行业协会成功在农行"惠农e通"平台上线，拓展了销路，提高了苗银饰品价值，真正实现了"用农行的APP、扫农行的码、贷农行的款、享受农行的现代化线上综合金融服务"。黄平支行力推的"惠农e贷""惠农e付""惠农e商"三大业务完美地聚集在这家藏在深山里的银饰店。截至2020年末，黄平县支行各类"惠农e贷"累计投放2.53亿元。

农行还积极将金融服务渠道拓展到黄平县的乡镇村寨。截至2020年末，黄平县支行已设立"金穗惠农通"服务点272个，乡镇覆盖率达100%，行政村覆盖率达98%；通过统一规划，加大硬件投入，完成惠农通助农取款服务点星级改造36个，星级服务点里除了有助农取款机外，还新增了保险柜、电脑及宣传电视机等设备，其服务功能和有效性得到进一步提升。

（原文刊登于2019年7月26日《中国城乡金融报》作者：王玉翔　文弋）

天边有源

——农行青海治多县支行助力地方脱贫攻坚纪实

当记者在海拔4 200米的治多县城见到朋措多杰时，还有3天，他就要当新郎了。2019年朋措多杰27岁，在农行青海治多县支行工作快3年了。他是支行唯一的客户经理。

治多县地处青海省玉树藏族自治州，面积8万多平方公里。人口4万多人，平均海拔4 500米以上。治多县藏语意为"长江源头"。这里有可可西里，同时地处三江源国家级自然保护区核心区，地广人稀，高寒缺氧，环境恶劣，是国家扶贫开发工作重点县，有建档立卡贫困户3 634户，贫困人口9 791人。

就是在这里，11名农行员工为8万平方公里的县域提供着全面的金融服务。治多县县长南阳表示，自国家脱贫攻坚战略实施以来，农行治多县支行对全县的脱贫攻坚工作高度重视，倾尽全力。

"怎么说呢，也不算奉献，就是本职工作。"

2019年7月4日，朋措多杰来到距离治多县60公里远的治渠乡江庆村开展贷后回访，他骑在马上说，再过两天就是婚礼了，新娘正在来治多县的路上，但是还有工作要做，时间不等人。"我们作为高原农行人，怎么说呢，也不算奉献，就是本职工作"。

治多县幅员辽阔，从2019年4月1日开始，朋措多杰已连续下乡52天，一口气跑完所有乡镇村组，开展入户调查、贷后跟踪、贷后检查以及推进"金穗惠农通"服务点行政村全覆盖等工作。他去的海拔最高的一个村子在5 100米以上的索加乡，距县城有400公里远，从那里往西基本上就属于无人区了。

由于农牧民都是逐水草而居，居住地分散，从索加乡再去村组，没有车辆通行的道路，只能骑马下乡。最远的地方，骑马来回要一天的时间。朋措多杰说，在路上，他经常遇到狼和熊等野生动物。

"狼已经习以为常了，最害怕遇到熊。"朋措多杰告诉记者，因为地处三江源国家自然保护区，这些年野生动物越来越多，当地农牧区经常遇到熊害、狼害。在我们采访的江庆村，当地村民就发现一头进村觅食的小熊，后来将其赶跑放生。

"农牧民居住条件、交通方面都很不便利，想到县上去办业务，就要把手头的生产停下来，所以我们到农牧民家里服务，就减轻了他们的压力，给他们带来便利。"在江庆村，朋措多杰对记者表示。

中午时分，因为路途比较遥远，大家无法回到县城，只能在草地旁边吃个简单的午餐。草原上，席地而坐，朋措多杰告诉记者，农行治多县支行"金穗惠农通"服务点现已覆盖全县6个乡镇20个行政村，金融机具的布放比例达到100%。

"以前都是借高利贷，现在大家都用农行贷款了"

在江庆村，村民火治伊西说，农行是唯一一家向当地村民发放贷款的金融机构，而且贷款利率低，他用农行获得的贷款购买了牦牛，日子慢慢好起来。

"我们此举也是向民间高利贷宣战。"农行青海玉树分行行长伍荣说。记者了解到，由于贷款门槛高、不了解金融业务、路途遥远等原因，以往当地农牧民融资往往依靠民间借贷，成本极高。农行的金融服务对于村民来说，可谓雪中送炭。

伍荣介绍说，以往农牧民在当地金融机构贷款，必须要由当地干部做担保，门槛很高，老百姓只能望洋兴叹。现在农行通过推进信用乡、信用村建设，创新推出"惠农e贷""惠农虫草贷"等金融产品，降低了信贷门槛，解决了农牧民的贷款难问题。

南阳告诉记者，在降低门槛、确保资金成效等方面，治多县政府与农行治多县支行双方形成了很好的合作机制。

据悉，从2016年开始，治多县支行与治多县委县政府紧密合作，在乡、村开展诚信社会建设工作。在乡村范围内，成立由乡镇、村委会干部、农户代表及农行工作人员组成的农户信用评定机构，对农户整个家庭信用等级进行评定，为符合条件的农户颁发信用证，对信用村进行授牌，并以此进行授信。

除此之外，治多县支行积极配合治多县政府推进县级综合征信中心建设，致力于推动政府部门与银行机构实现信息互联互通，共建共享。

在推进金融精准扶贫工作中，治多县支行第一时间把特色金融产品送到农牧民和贫困群众身边。

农行治多县支行行长张九顺说，近年来，针对当地农牧民参保牲畜保险的情况，治多县支行创新推出了牲畜保险贷款。"保险公司前期已经调查过，农行也借此掌握了当地农牧民的牲畜数量。在此基础上，我们对农牧民发放牲畜保险贷款，支持农牧民发展牲畜养殖。"

张九顺向记者介绍，在开展金融精准扶贫工作中，治多县支行推进"双基联动"建设（基层银行业机构与基层党组织开展深度合作），农牧民申请精准扶贫贷款时，由两级村委推荐、村委初审，贷后催收时村委也参与进来。这样，既有利于扶贫工作的开展，也能更好地防控风险。

2019年6月19日，农行青海分行在玉树藏族自治州玉树市格萨尔王广场举行金融扶贫创新产品"惠农虫草贷"发放仪式，授信扶贫贷款3亿元。"惠农虫草贷"是该行针对虫草产区的农牧民，在虫草采挖季节推出的贷款产品。贷款额度从3 000元到5万元，贷款期限为一年，建档立卡贫困户还可享受政府贴息。

伍荣介绍，更让农牧民们受益的是，"惠农虫草贷"采用了"特色产业+信用村户+政府增信"的推广模式，只要属于信用户，无须实物担保，便可申请贷款。"惠农虫草贷"的推出，有效杜绝了玉树地区农牧民采挖虫草期间民间高利贷猖獗的现象。

窥一斑而知全豹。江庆村村长拉西才加告诉记者，2019年，农行给村民发放贷款支持发展畜牧业和采挖虫草。他特别提到，农行的精准扶贫贷款由于有利率优惠，因此对农牧民的帮助很大。

"这些贷款，有些农牧民用来收购虫草，有些则拿到其他地方用来交采挖虫草的费用。以前很多农牧民采挖虫草需要借高利贷，现在农行的贷款给农牧民带来了很大好处。"拉西才加说。

另外，据了解，2019年年初以来，治多县支行主动加强与三江源管委会管理局长江源园区治多管理处、治多县扶贫开发局等相关部门沟通，充分利用国家贴息政策，推行"政府主导、多方配合、共同推进"的工作机制，以便更有效地推动惠农贷款业务发展。

截至2020年末，治多县支行累放"惠农e贷"2 078笔，贷款金额15 220万元，其中投放精准扶贫贷款3 740万元，范围覆盖全县6个乡镇，直接或间接带动贫困人口超过6 000人。

图4-49 农行治多县支行员工上门为农牧民提供金融服务

"海拔我们改变不了，我们唯一能改变的是员工的心情。"

在治多县，在海拔4 500米之上没有树木，鸟儿也无法飞越雪山之巅，人们更是很难吃到新鲜蔬菜。

当记者向治多县支行员工问起工作中面临的最大困难时，大家不约而同地回答：缺人。

的确，治多县支行现有员工11名，服务的县域面积却有8万多平方公里，但大家干劲十足。"海拔我们改变不了，我们唯一能改变的是员工的心情。"张九顺说。

"虽然工作环境很艰苦，但一天的辛苦工作也会在大家庭的欢声笑语中结束。看到我们的老同事在身体欠佳的状态下还坚持工作，坚守岗位，体现了高原农行人'缺氧不缺精神'的精气神，深深地打动了我们这些新员工。他们的精神鼓励着我们继续努力奋斗。"治多县支行90后综合柜员张世玲说。

面对客户流量较大、人员紧张的情况，为切实做好金融扶贫工作，为农牧民和贫困群众提供更好的金融服务，治多县支行还提出"一乡一村一柜员，联点联人联业务"的工作模式，即成立由"一把手"带队、柜员组成的乡镇业务联点小组，实行柜员挂点制度。

"日常工作中各乡、村业务人员与联点柜员对接，如办理发放草场补助资金、存储虫草款、发放惠农贷款等业务。从贷款流程的各个环节到资金结算，联点柜员都主动为客户提供金融服务，帮助客户解决实际问题。"张九顺解释说，对接以后，柜员利用下班时间加班办理相关业务，得到了农牧民的理解与支持。

治多县支行在人员极为紧缺的情况下实行灵活排班，将原来"上三休一"调整为"上九休一"，给未休假的柜员打休假欠条，补入柜员带薪年假，通过人性化排班，坚持开放3至4个高柜，既减轻了柜面压力，又缓解了网点排队现象，深受农牧民欢迎。

张九顺介绍，各联点柜员进乡镇、进村组开展业务宣传，同时加入各乡镇政府微信工作群，每日定点发布农行产品宣传信息。联点柜员还定期参加各乡、村会议及有关活动，为农牧民群众介绍金融服务和贷款产品，并答疑解惑。

为进一步发挥乡村联点柜员作用，治多县支行还与当地政府沟通，让柜员挂点各乡任职乡长助理，以此推进扶贫工作的开展。

"农行在第一季度就已经完成了上级行下达的全年扶贫贷款任务。"张九顺说。

治多县人大副主任尼玛松保告诉记者，治多县支行这两年为服务脱贫攻坚做了很多工作，员工与村、镇书记同工作，惠民举措越来越多。近年来，县里开人代会，大家对农行的服务都很肯定。

（原文刊登于2019年8月28日《中国城乡金融报》

作者：夏明辉　蓝怀忠　许鹂）

打造忠诚金融卫士

——农行西藏白朗县支行助力地方脱贫攻坚纪实

位于年楚河畔的白朗县，是西藏重要的商品粮基地，素有"世界青稞之乡""西藏粮仓"之称，这里人勤春早、地肥牛壮，自然恩赐，天然所成，所以有了"五彩天域、有机白朗"的美誉，在西藏属于为数不多的资源禀赋较好的县域。自治区为更好地实施以"神圣国土守护者 幸福家园建设者"为主题的乡村振兴战略，把白朗列入"1+6"农村改革试验区，农村集体产权制度改革在这里鸣枪开炮，为推进白朗县现代特色农牧业发展，为全县脱贫攻坚和迈向全面小康提供了有力的政策支撑。

白朗县支行作为当地唯一下沉和服务"三农"的金融机构，积极作为，主动担当，紧紧抓住这一发展机遇，组建专业团队，开展"一对一"服务营销，在用足用活中央、自治区赋予的优惠金融政策方面久久为功、绵绵用力，在脱贫攻坚与乡村振兴中走出了一条具有西藏特点、农行特色的金融扶贫之路，成为当地名副其实的金融扶贫"主力军""排头兵"，无愧于"五彩天域、有机白朗"的忠诚金融卫士称号。

探索产业扶贫新模式，为农牧民持续增收插上腾飞的翅膀

白朗县支行因地制宜，紧紧围绕建设高原特色现代农牧产业强

县，打造"五彩天域、有机白朗"地域品牌。百姓要致富，产业要先行。白朗支行班子意识到"担保难"的问题不落实，信贷资金无法撬动产业扶贫，产业不强继而建立不了与农牧民的利益联结机制。

针对这一实际情况，白朗县支行由行领导班子挂帅，与政府相关部门加强对接，争取得到地方政府的理解与支持。经过多方论证调研，提出引用政府增信方式解决"担保难"问题，并最终落地"政府风险补偿基金+农业龙头企业+专业合作社+农牧民+银行"的产业金融扶贫模式。在当地财政预算并不宽裕的情况下，白朗县支行主动作为，争取到了合作机会。

截至2020年末，白朗县支行已对接白朗县"十三五"规划期内的17个产业项目，累计发放产业扶贫贷款12笔，金额达到9 630万元，累计惠及建档立卡贫困户255户、1 538人，实现就业159人，产业项目每年向建档立卡贫困户兑现产业分红资金达到30万元。

白朗七彩庄园生态农业有限公司是白朗县招商引资项目，也是山东对口支援西藏的示范性农业产业化项目，旨在通过采用山东寿光的先进技术，打造我国高原有机蔬菜特色生产基地和代表品牌。产业园区项目总体规划面积5 000亩，项目一期占地1 536亩，总投资金额1.5亿元。为有效解决企业5 500万元前期筹措资金缺口，白朗县支行第一时间成立专门贷款调查小组，开展深度对接，在产业园一期建设项目及配套基础项目方面达成一致意见，通过政府增信模式为该企业发放产业扶贫贷款4 300万元，带动了108户贫困户就业，解决了当地165人的就业岗位，户均年增收达到15%以上。通过"公司+基地+农户+银行"模式，企业实现了自身发展，农牧民就近就便实现就业，当起职业农民，收获了稳稳的幸福感。

创新推广农户金融产品，让农牧民增收致富更有底气

西藏虽然属于"三区三州"深度贫困地区，但是农户贷款的覆盖面却是全国最广的，藏区老百姓的金融可得性并不低。农行西藏分行坚持做到"乡乡有网点、村村有金融服务"，在此基础上，创新推出"钻、金、银、铜"四卡特色信用贷款产品，针对农牧民缺少足值抵押物的实际，以信用方式解决融资难题。对农牧民来说，拥有并持续升级不同颜色的64开小册子，就像得到了信贷身份证一样，使家庭生产生活条件的改善有了保障。

图4-50　白朗县支行客户经理走村入户了解客户需求，推广"四卡"特色信用贷款产品

白朗县支行走村入户，大力推广"四卡"产品评级授信，在农牧区宣传诚信意识，构建了县、乡（镇）、村三级信用体系建设生态图谱，金融生态持续优良。截至2020年末，该行各项贷款余额为8.98亿元，较2017年初增加4.15亿元，增长85.92%，各项贷款余额较2017年初实现了翻两番。已为全县7 065户农牧户中的6 293户发

放了"四卡"贷款证，发证面89.07%，使用率82.49%，户均贷款余额13.12万元，成为全区户均农户贷款最高的县域。

白朗县支行随着农牧区的经济发展，不断满足农牧民的金融服务需求，先后4次提升授信额度，对农牧户单户最高授信额度达到了30万元。"四卡"贷款证所特有的"随需随贷、循环使用、无须担保"的特点，极大地方便了当地农牧民融资需求。农牧民通过农行支持，开起了农家乐，办起了民族手工艺、跑起了运输，开办了商店。

在这一政策环境下，白朗县杜琼乡久布村村民普布石达，尝试向农行贷了款，用于第一笔启动资金，做起建筑生意。"贷过很多次了。"普布石达说，最初只是3 000元，在农行的帮扶下，因为还款及时，授信额度一直提升，先后5次顺利拿到信用贷款，信用额度已经达到30万元。他逢人就说，"如果没有农行援手相助，绝不会有今天幸福的日子"。普布石达生意越做越大，成立了自己的建筑公司，同时给村里的80多个贫困家庭提供了就业岗位，帮助他们共同脱贫增收致富。

白朗县支行针对当地建档立卡贫困户的实际金融服务需求，还创新推广"建档立卡贫困贷"，专门为建档立卡贫困户提供"5万元以下、3年以内、免抵押免担保、利率1.08%"为标志的专属扶贫信贷产品。为精准识别建档立卡贫困户，客户经理走村入户开展情况核实，有针对性地制订金融帮扶方案。在提供资金帮扶的同时，针对每户贫困情况，在市场信息、技术指导、产品销路等方面给予帮助，让建档立卡贫困户在"短平快"致富项目中尽快富裕起来。截至2020年末，白朗县支行发放该类贷款6 109万元，帮助1 310户建档立卡贫困户脱贫增收致富。

以数字化转型为媒，让线上服务成为农牧民的金融新宠

按照"一地一特色，一行一产品"的特点，白朗县支行充分发挥科技金融优势，以"场景+"为平台，加大支农惠农力度，以县委、县政府全力打造农牧业特色标杆县为契机，深入开展市场调研，了解青稞、果蔬种植户和加工销售融资需求，量身定制线上化金融产品。

在新冠肺炎疫情的冲击下，白朗县支行充分发挥"雪域惠农e贷"线上化金融产品，让农牧民少跑腿甚至不跑腿就能顺利拿到贷款，不受时间、空间制约的线上金融服务让农牧民切身感受到了什么是快捷方便，充分体会到了科技金融带来的实惠，原来跋山涉水到网点办理金融业务的经历已渐渐成了遥远的记忆。

白朗县支行推出的"雪域惠农e贷+青稞贷，+果蔬贷"等系列产品，为农牧民"种养加""产供销"产业链提供全方位金融支持，融资、结算、售卖均可以通过农行掌银等线上服务解决问题。截至2020年末，白朗县支行累计发放"青稞贷"等线上贷款5 630万元，受益户数达到521户，有力推动了当地特色产业快速发展。

近年来，通过自身不懈努力，白朗县支行得到了社会各界的广泛认可和赞扬，先后获得白朗县"2017年度经济发展突出贡献奖""2018年度脱贫攻坚先进集体"，农行西藏分行"2019年度金融扶贫先进集体"，全国金融总工会"2020年度脱贫攻坚先进典型、全国金融五一劳动奖状"等多项荣誉称号。

（原文刊登于2019年6月26日《中国城乡金融报》作者：夏明辉　梁志强）

峡谷豪情

——农行云南泸水市支行助力地方脱贫攻坚纪实

云南怒江,是全国唯一的傈僳族自治州,位于滇西北横断山脉纵谷地带,地处西南边境,集"边疆、民族、贫困"为一体。怒江全州98%以上的面积是高山峡谷。由于地处高山峡谷,欠缺投入,怒江无高速路、无机场、无铁路、无航运、无管道运输,交通非常落后,是全国最贫困的地区之一。

记者走进怒江州府所在地泸水市,深入峡谷,看到两岸脱贫新景,感到一种精神如江水奔腾。作为金融扶贫的"国家队",农行泸水市支行将服务脱贫攻坚作为最大政治责任和头等大事,扎根边疆、深植县域,创新服务模式,与各族群众共同决战贫困,用情、用心、用力做好边疆少数民族金融扶贫工作,筑起一个绚烂的梦想。

"最难啃的骨头就在这里"

"你看怒江州地图,像不像一个骨头?'三区三州'最难啃的骨头就在这里。"初一见面,农行云南怒江分行副行长王治刚的一句话,让记者对怒江的印象顿时跃然纸上。

全面实现小康,一个民族都不能少。习近平总书记情系怒江,多次强调怒江的脱贫攻坚。

泸水市交通闭塞，是全国深度贫困地区中贫困发生率较高的县（市）之一，贫困人口有4.4万人，贫困发生率达29.6%。

尽管地处峡谷深处，贫困程度深，但如今"这里每天都在变，每时都在变。"怒江州委宣传部常务副部长和政江介绍说。这其中，农行在源源不断为泸水扶贫注入金融能量。

记者从六库（泸水市政府驻地）出发，沿着正在施工的"美丽公路"，在大峡谷里穿行。目的地是一个有着很独特美丽名字的村庄：佑雅村。

两个小时车程之后，终于到达了目的地。记者被眼前的一派原始村落景象所触动。这里木质房屋非常简陋，鸡飞在房梁上，黄狗和牛在游荡，还有高大的剑麻，葱郁的树。长期以来，佑雅村的傈僳族原住民依然还保留着人畜混居的生活状态，整个村子的村民几乎全是建档立卡贫困户。

作为脱贫攻坚金融服务的"主力军"，农行泸水市支行用金融力量助力脱贫攻坚和民生改善。该行持续构建"物理网点+自助银行+惠农金融服务点+互联网金融服务平台""四位一体"的服务渠道，提高贫困地区金融服务覆盖率和可获得性，实现"金穗惠农通"服务点行政村100%全覆盖。

"覆盖了有什么用呢？一句全覆盖就完了吗？不。我们这个地方是国家财政转移支付的重点地区，也就是说国家需要一个渠道把补助资金给到每一位老百姓。"农行云南怒江分行主持工作的副行长施寿松说，农行通过渠道服务体系建设，精准高效地实现了资金畅通；同时，通过拓展服务功能，实现代缴城乡基本医疗保险和养老保险，帮助老百姓解决民生难题。

在位于泸水市上江镇蛮英村康鑫药房的农行惠农支付点，店主王建梅正在通过农行POS机为村民办理养老保险代缴和银行卡助农取款服务。据王建梅介绍，该支付点服务覆盖了2 774户农户、1万余人，平均每天办理取款40笔左右。

这个服务点最初为当地村民提供取款、转账等基础支付结算业务，自2015年以来，业务扩展至代缴城乡基本医疗保险和养老保险，让大山里的村民第一次享受到现代金融服务，成为乡亲们"家门口的银行"。

施寿松说，老百姓不会用银行卡和掌银、不懂金融知识，金融机构有责任有义务普及金融知识，用金融的方式帮他们做想做的事。

傈僳族的生活在变化。以佑雅村为例，在地方政府和农行等机构的帮扶下，佑雅村成立了专业合作社，发展起特色产业，养猪、养蜂，种起花椒和重楼（一种中药材）。村子里现在有了电有了水，通了硬化路，村民用起掌上银行，拿到了扶贫贷款。

图4-51　农行泸水市支行金融服务站

"东西协作成就'甜蜜的事业'"

汽车沿着蜿蜒的山路盘旋而上，接近傍晚时分，记者来到了泸水市六库镇新寨村梅子树二组。丛林深处，珠海何伯蜂业的技术人员胡小强正在指导建档立卡贫困户何维军养殖蜜蜂。

"在国家东西部扶贫协作政策指导下，珠海对口帮扶云南怒江州。因此，我被公司选派来指导怒江州的农户养蜂。"胡小强介绍说。

"现在生活比以前好过多了，在政府的支持下，我们盖起了新房，农行还给我们养猪养牛提供贷款。"村民何维军说，凭借着参与扶贫产业，2017年底，他脱贫了。

2019年，新寨村成立了中蜂养殖农民专业合作社，养蜂150箱，有8户社员加入，对加入合作社的何维军来说，养蜂后收入会更好一些。

"我们的蜂蜜是原生态的野生蜂蜜。我们的蜜是会结晶的，保留了蜂蜜最原始的状态和最醇厚的口感。"怒江三仟锦中蜂蜂业有限公司负责人杨雁霞拿着一罐"相思蜜"介绍起来。她说，怒江大峡谷蜜源丰富，公司致力于酿造最好的蜂蜜，通过发展"甜蜜的事业"带动民族地区贫困群众脱贫。

在农行的支持下，三仟锦公司坚持"公司+合作社+基地+农户+市场"的农业产业化经营模式，抓住中蜂（中华蜜蜂）养殖被列为怒江州扶贫攻坚地方特色产业的发展机遇，加大投入力度，打造怒江中蜂产业链。

杨雁霞向记者透露，2019年，东西部扶贫协作政策给企业发展提供了有力支持。东西部扶贫协作政策不仅包括深圳市对口帮扶云南怒江州，也包括农行上海分行对口帮扶云南怒江分行，共同助力怒江脱贫攻坚。就在不久前，上海分行主要负责人率队来公司走访调研，推进消费扶贫，帮助企业将好产品推向更广的市场，临走时还采购了一大批蜂蜜。

图4-52 农行员工向农户讲解金融业务

产业发展是脱贫攻坚的重要手段。泸水市支行行长刘圣君对记者表示，该行围绕当地独特的自然资源和民族文化，优选一批农户给予重点帮扶，培养致富带头人，带动周边贫困群众增收脱贫；通过为贫困户提供扶贫小额信贷、龙头企业带动、项目带动等多种形式，助力培育短期有收益、中期有市场、长期有潜力的产业体系。

记者了解到，三仟锦公司采取保护价收购农户蜂蜜，促进养殖、加工、贮藏保鲜、销售和流通一体化，带动贫困农户增收致富。公司年产蜂蜜30吨，2019年带动贫困户1 264户，其中建档立卡贫困户1 036户，2020年带动贫困户862户，其中建档立卡贫困户

546户。

"我们现在收入挺好的"

投我以木瓜，报之以琼琚。在泸水市老窝镇荣华村，泸水佳梨农产品加工专业合作社负责人和忠妹开心地向记者展示合作社生产的木瓜醋，请大家品尝。

和忠妹说，虽然泸水生态环境脆弱，但当地气候很适宜木瓜生长。在附近的育苗基地，她培育的上万株木瓜苗今年已挂果。在合作社木瓜初加工车间，5名合作社社员正在忙碌着。

社员李泽荣说，加入合作社有钱赚。李泽荣是一名建档立卡贫困户，加入合作社后，实现了脱贫。"我们现在收入挺好的，每天收入80元，每月最低能有两千块钱收入。"

泸水佳梨农产品加工专业合作社成立于2015年11月。合作社以木瓜种植销售为主，采取"合作社+基地+农户+加工+市场"的经营模式，并注册了"佳梨"品牌商标。2020年，在农行产业精准扶贫贷款支持下，合作社加大了木瓜收购力度。

和忠妹介绍说，合作社生产的佳梨牌木瓜醋、木瓜果脯，不添加任何化学药剂、色素、防腐剂，广受客户好评。合作社建有木瓜初加工车间、压榨车间、发酵车间、烘干房、仓库、晒场等，能辐射带动周边1 000多农户增收致富。

推进产业扶贫是金融助力泸水市打赢脱贫攻坚战的重要举措。刘圣君介绍，农行泸水市支行通过农户小额贷款、农村个人生产经营贷款、创业担保贷款等多种形式，重点支持了木瓜、草果、重楼等当地特色农业发展。

　　在推进金融精准扶贫的深入实践中，泸水市支行推出了"党建+扶贫""渠道+扶贫""产业+扶贫""扶智+扶贫""挂联+扶贫""创新+扶贫"等一系列扶贫模式。其中，泸水市支行选派优秀干部，提高定点扶贫的精准度和有效性，着力增强贫困地区造血功能，近年来先后组织230多人次，深入挂联村进行脱贫攻坚政策宣讲和落实精准扶贫工作。

　　泸水市人民政府扶贫开发办公室主任刘德华表示："农行等金融机构对农村危房改造、易地扶贫搬迁、产业扶贫、基础设施建设、教育精准扶贫等项目的支持，为泸水解决'两不愁三保障'、打赢脱贫攻坚战作出了重要贡献"。

（原文刊登于2019年6月26日《中国城乡金融报》作者：夏明辉　梁志强）

金融活水浇灌一方热土

——农行河北承德分行助力地方脱贫攻坚纪实

世界文化旅游名城、国家森林城市、世界文化遗产避暑山庄和世界最大寺庙群外八庙、皇家猎苑木兰围场、京北第一草原、金山岭长城，这是人们印象中的大美承德。然而，地处燕山—太行山集中连片特困地区，全市经济结构单一，总量列全省末位，全辖8个县中有6个国定贫困县、1个省定贫困县，906个贫困村，贫困户23万户、47万人，这又是承德经济社会发展更为真实的另一面。

面对脱贫攻坚这个党中央和时代赋予的历史使命，农行承德分行1 100多名干部员工，在总分行党委的坚强领导下，根植地区实际、勇于突破创新，发扬愚公移山的韧劲，遵循"精准扶贫、精准脱贫"基本方略，戮力同心打赢打好金融助力脱贫这场攻坚战。截至2020年末，承德分行在7个贫困县各项贷款余额165.68亿元，近5年年均增速达19.83%，贷款存量和增量始终保持四行第一位，贷存比达到107.18%；全行精准扶贫贷款余额49.2亿元，带动服务贫困人口37.8万人次，占全市贫困人口的80.42%。真情的付出、巨大的成效得到了行内外的高度认可。2018年，承德分行在全国农行金融扶贫工作推进会议上作典型发言；党委书记、行长被河北省授予"全省脱贫攻坚贡献奖"，承德分行被河北省金融市场协会授予"河北省金融助力脱贫攻坚工作先进单位"称号；2019年，分别被总行、省分行评为"脱贫攻坚先进集体"，被市委市政府评为"金融支持承德市经济发展创新单位"。

一个个沉甸甸的荣誉、一块块闪闪发光的奖牌，浸透着承德分行全体干部员工的辛勤汗水，饱含着农行人埋藏在内心深处的"三农"情怀。

产业扶贫"造血"，增强发展后劲

"扶贫先扶产业，产业要兴旺必须走'做强基础设施+做大龙头企业+做多小微民营'的整体发展新路子，我们要做的就是创新金融助力产业发展新方式，让承德各个龙型产业经济链实现腾飞！"承德分行党委书记、行长马韬自信而又清晰地描述着全行金融扶贫的工作思路。以此为出发点，承德分行通过不懈努力和持续探索，打造了以"三大基金"为依托的产业扶贫新格局。2016年，主导发起了由农银国际和承德市政府共同出资的全国第一只农业产业化发展引导基金，基金总规模达50亿元，期限10年，主要投向全市扶贫开发、美丽乡村建设等领域。5年来该基金共支持175个行政村的基础设施建设，278个扶贫开发建设项目，受益人口达104万人，使20万贫困人口、8.8万户实现稳步脱贫。同年，又与承德市政府及其农业产业化办公室合作，成立担保金总计1亿元撬动贷款规模达10亿元的农业产业化增信基金，用以专项支持全市农业产业化龙头企业。截至2020年末，累计为108个农业产业化企业发放贷款13.7亿元，覆盖带动了1.2万贫困户增收，《农民日报》《财经日报》相继对基金助力脱贫成效进行了跟踪报道。随后，契合承德市小微民营企业多、科技创新型行业蓬勃发展的新趋势，与市科技局、财政局开展增信基金融资业务合作，建立了科技型小微企业增信基金，有效满足了创业型科技小微短、急、快的融资需求。

精准帮扶"输血"，找准支持路径

"长期以来，农行承德分行以推动承德经济社会发展为己任，创新举措、勇于担当、积极作为、贡献突出！"这是承德市委书记周仲明在承德分行报送的一篇金融扶贫工作报告上的批语，满满的赞赏透过字里行间跃然而出，这些高度评价背后，是承德分行勇拓新路、矢志创新的不懈努力，"六业"便是其中的成功典范。

早在2015年初，为破解金融扶贫如何着手、如何打好模式"组合拳"这一前所未有的难题，承德农行在全市率先提出了"创业+就业+立业+安业+助业+善业"的精准金融扶贫新模式，即以创业扶贫支持贫困户自主创业增收；以就业扶贫支持企业雇佣有劳动能力的贫困户；以立业扶贫支持贫困户通过产权的流转、入股实现增收脱贫；以安业扶贫支持贫困户深度融入产业链条实现稳定增收；以助业扶贫通过对贷款企业在利率定价等方面给予一定优惠，要求企业将让利反哺贫困户；以善业扶贫动员农行党员干部捐赠支持贫困户。地处深度贫困县的围场天原药业是与承德分行在"六业"精准扶贫模式合作中建立紧密银企关系的中成药制造企业，自2013年双方建立信贷关系以来，承德分行累计向天原药业提供信贷资金3.54亿元，以金莲花产业发展助推脱贫攻坚，通过"六业"天原药业辐射周边6个乡镇、37个行政村，解决了农户资金、技术、信息、市场等问题，帮扶带动贫困户2 000余户、2 600多人，实现户均增收3 000元，金莲花成为了周边群众的致富花、幸福花。在承德分行的大力推动下，截至2020年末，全行"六业"精准扶贫模式帮扶带动建档立卡贫困户已达11 000余户，惠及贫困人口2.8万人，"六业"已然成为承德农行助力脱贫攻坚的重要抓手，地区百姓口口称赞的农行名片。

图4-53 农行承德分行客户经理到平乡县大棚种植户调研了解生产经营和融资需求情况

激发脱贫"热血"，培育内生动力

"感谢党 感谢政府 感谢农行"，几十双手共同将一条鲜红色条幅拉得没有一丝褶皱……这是国定贫困县隆化县白虎沟乡蛤蟆梁村跨河大桥奠基仪式上的一个感人场面。村支书郭景琛说，"农行不愧姓农，真心实意地为农民着想，给农民办实事儿，'政银企户保'让村民能够贷得了款，还有惠农贷款支持自主创业，现在驻村工作队又为全村人解决了几十年来没能解决的出村难问题，我代表全体村民向承德农行表示感谢，谢谢你们。"

他所说的"政银企户保"，是承德农行的又一创新。为有效破解长期困扰"三农"客户发展的融资难、担保难、融资贵问题，又切实保证贷款"放得出、收得回"，2015年，承德分行与基金管理单位——承德市供销社签订《框架合作协议》，在全市率先开启"政府增信+农户"贷款融资模式，市委书记将合作模式命名为"政银企户保"，贷款融资模式核心是银政合作、政府增信、服务农户。该行所辖8个县支行全部建立了"政银企户保"金融扶贫合作平台，有效解决农户融资瓶颈，2017年河北省政府将"政银企户保"作为金融扶贫模式写入政府工作报告。与此同时，承德分行按照全市农业产业发展的"一环六带""五个百万""九大扶贫主导产业"等整体规划，大力推广"惠农e贷""蔬菜大棚贷""菊花贷""板栗贷""农家游""两委贷""民宿温泉贷"等一大批特色产品相继问市，截至2020年末，全行"惠农e贷"余额达到8.06亿元，支持带动7 640户农户稳定增收。

图4-54　白虎沟乡蛤蟆梁村跨河大桥奠基仪式上的感人场面

承德分行对蛤蟆梁村来说还有另外一个情感联结，那就是定点帮扶单位。"帮扶就得帮到点上，落到实处，来不得半点马虎！"分行党委书记、行长马韬同志一再叮嘱驻村工作队。跨河大桥就是该行为村里办的一件大实事。蛤蟆梁村对外交通被大河阻断，只靠一条年久失修的吊桥连通外部，村民的生产生活极为不便，交通成为制约该村经济发展的瓶颈。因交通原因，该村的玉米销售每斤都比邻村少卖2~3分钱，村民购买化肥每吨多花60多元，村民说："扶贫扶贫，你们修上桥我就服。"驻村工作组在市分行党委的大力支持下，跑办项目资金200多万元，2016年10月15日，宽5.5米、长101米的跨河大桥建成通车，圆了村民多年的建桥梦，凝聚了民心，提振了村民脱贫的信心和决心。随后，驻村工作队建广场、设路灯、兴水利、修危房、通道路，一项项民心工程一步步拉近了农行与当地居民的心理距离，赢得了村里百姓的由衷赞誉。2018年末，该村提前2年整村脱贫出列。截至2020年上半年，该行驻村工作队累计筹资2 500余万元，建成扶贫项目30余项。2016年，驻村工作队被评为"河北省精准脱贫先进驻村工作队"和"承德市扶贫工作优秀驻村工作队"，2018年被评为"全市优秀驻村工作队"，2019年被评为"全省优秀驻村工作队"，并多次在市、县两级大会上作典型发言，市、县两级电视台也多次跟踪报道。

完善渠道"活血"，打通服务梗阻

承德地域辽阔、人口稀少，金融基础设施建设落后。该行秉承"服务零距离、贷款零障碍"的理念，搭建了"物理网点+自助银行+惠农金融服务点+互联网金融"的"四位一体"渠道体系。按分层管理中心村带动模式，大力发展惠农通金融服务点，积极创新产品模式，不断拓宽服务功能和应用场景，把惠农通服务点打造为集基础金融服务、电商交易、产品推广、贷款辅助和信息咨询等功能于一体的惠农综合金融服务站，推动惠农通工程经营管理向数字化、综合化转型升级，全面提升工程质量和效能。同时，推出了"惠农网贷"产品，依托政府县乡村三级金融服务站，通过惠农网贷手机APP逐级审查、审批生成贫困户贷款白名单，最终对符合授、用信条件的白名单客户线上发放贷款。截至2020年末，惠农通电子机具行政村履盖率达82.6%，较2015年末提高13.42个百分点。

打赢脱贫攻坚战，走好乡村振兴路。农行承德分行将深学笃用习近平扶贫重要论述，牢记责任使命、不忘扶贫初心，按照总分行党委工作部署，进一步延伸服务网络、创新金融产品、增加贫困地区信贷投放，推动金融扶贫工作继续前进，为实施乡村振兴战略作出更大贡献。

红土地上的大行担当

——农行江西赣州分行助力赣南苏区脱贫攻坚纪实

2020年4月26日，从江西省贫困县脱贫退出新闻发布会上传来喜讯，于都县、宁都县、兴国县、赣县区4个县（区）符合国家贫困县退出标准，正式退出贫困县序列。至此，赣州11个贫困县全部脱贫摘帽，这标志着赣南，这个全国著名的革命老区、原中央苏区所在地、万里长征的出发地、全国较大的集中连片特殊困难地区实现整体脱贫。赣州市贫困人口从2011年末的194.88万人到2020年末的全部清零，累计减少194.88万人，贫困发生率由26.71%降至零；全市932个"十三五"贫困村全部退出。

作为国务院扶贫开发领导小组成员单位唯一的商业银行，农行勇担使命，敢于担当，迅速融入，主动作为，探索农行方案，打出农行特色，为赣南苏区全面打赢脱贫攻坚战提供强有力的金融支撑。截至2020年末，农行赣州分行各项贷款余额达552.26亿元，比2015年末增长112.70%，其中精准扶贫贷款余额70.98亿元，惠及建档立卡贫困人口28.53万人。

特色产品"贷"动产业扶贫

赣州瑞金市是著名的"红色"旅游胜地，近年来，金融的支持使得景区建设、交通道路、卫生服务、酒店民宿、农家乐等配套设施日臻完善，红色旅游的品牌越来越响。

"我们不仅要在信贷上支持旅游项目，还要予以规划性的支持。在全产业链里去拓展……"对于怎样服务好县域旅游乃至全赣州的旅游项目，农行赣州分行行长肖连斌道出了一些思路方法。农行瑞金支行6.2亿元的信贷支持，让"共和国摇篮景区"、叶坪—罗汉岩景区从"内"到"外"实现"美颜"，"我们在景区内建中心、修栈道、造景观，增强游客体验感，景区外打造路好走、车好停、进场快，提升服务效率及水平。"当地旅游发展公司负责人说。针对赣南丰富的旅游资源，农行赣州分行连续多年放宽项目准入门槛，加大信贷支持，先后发放贷款12.3亿元，相继支持瑞金共和国摇篮景区、大余丫山景区、石城通天寨景区、安远三百山景区等4A级及以上重点景区，旅游行业项目贷款在全省农行系统占比最高，超过50%。贷款支持、引导和带动周边绿色、生态、乡村旅游发展，直接或间接惠及叶坪、沙洲坝、象湖、壬田等地建档立卡贫困人口9 700人。

游客的增多也带动了周边的农家乐，在罗汉岩景区山脚下，龙潭度假山庄庄园可谓是红红火火。"一天营业额超1万元，年营收入达450万左右……"刘文有，一位54岁的地道农民，笑着说："我们这造了泳池，养了家禽，种了水果、蔬菜，还有纯手工制作的农产品……方方面面能够自产自销、自给自足，如果没有农行支持的90多万元贷款，就没有我们现在的好局面。"在这里务工的贫困户也有了一份工作，能谋得一份收入。针对专业大户、家庭农场、专业合作社、农家乐等带动型新型经营主体，农行赣州分行适时推出了"产业扶贫信贷通"。采取经营主体与贫困户签订劳务或分红等方式，精准扶持6.68万户建档立卡贫困户。

此外，为满足贫困农户和带贫主体的金融需求，农行赣州分行2015年创新推出了"金穗油茶贷"这款特色扶贫信贷产品，累计发放贷款超过23.6亿元，受益农户10 325户，受益贫困农户达到3 388户。在此基础上，农行赣州分行又陆续推出了"金穗光伏贷""金穗脐橙贷""金穗葡萄贷""金穗茶叶贷""金穗烟叶贷""金穗蔬菜贷""金穗白莲贷"等系列信贷产品，满足金融扶贫个性化和多样化信贷需求。

线上线下助推消费扶贫

赣州市寻乌县地处赣、闽、粤三省交界处，是革命老区，也是国家扶贫开发重点县，官方数据显示，2014年全县人口有33万人，其中建档立卡贫困人口51 377人、贫困发生率18.9%。寻乌县以柑橘驰名世界，是赣南果业产业的核心区和果品流通集散地，根据有关部门提供的数据，全县现有果业面积50万亩，果品产量60万吨，产值12亿元。

每年的九月和十月，是赣南脐橙集中采摘期，也是脐橙收购旺季，江西杨氏果业股份有限公司正忙着采购贫困户的脐橙，公司利用自身水果"买全球、卖全球"的优势，采取"以买代扶"的方式，通过收购贫困农户的脐橙、蜜橘等生鲜水果，解决贫困农户销售、贮存难题。企业采购优质鲜果需要大量资金，杨氏果业也不例外。2019年9月，农行赣州分行和寻乌县支行了解到企业融资需求后，第一时间主动上门对接，新增授信6 000万元，用于支持企业采购鲜橙、鲜橘等原辅材料。2020年新冠肺炎疫情发生后，再次给予企业贷款3 000万元，全力保障企业生产经营。2019年，农行赣州分行帮助寻乌县销售蜜橘1 300万公斤、金额2 574万元，销售脐橙880万公斤、金额2 464万元，惠及果农267户，其中贫困户55户，年人均增收5 000元。同时，赣州分行还积极引导杨氏果业入驻农行扶贫商城，打通线上销售渠道。

扶贫商城是农行发挥自身科技、渠道、客户等优势，依托庞大的掌银客群和影响力，在掌上银行专门搭建的"扶贫商城+扶贫企业+贫困农户"的"三位一体"的扶贫产品线上销售渠道。扶贫商城上线后，赣州农行积极与中央党校、中国社会科学院等多家中央国家机关单位对接，在宁都、于都等县结对共建扶贫专区，找准有合作意向和示范带动作用的贫困地区商户，甄选辖区内具有地方特色的产品，通过扶贫商城进行销售，并组织开展"年货节""一元购""爱心购"等各种活动，最大限度地让利给商城商户。截至2020年末，累计上线200多种特色农产品，实现了辖区内11个国定扶贫县全覆盖，是全省农行系统上线商户、产品最多的二级分行。

农行干部驻村定点扶贫

在崇义县脱贫攻坚先进典型表彰大会上，农行赣州分行驻崇义县上堡乡赤水村第一书记、工作队长朱传军上台接受表彰。因其在脱贫攻坚工作中表现突出，成绩显著，被崇义县委、县政府授予"优秀第一书记、工作队长"荣誉称号，颁发荣誉证书。"疾风知劲草，烈火见真金"，荣誉属于过去，第一书记朱传军如是说。

朱传军驻点的赤水村是"十三五"省定贫困村，全村共有531户，2 057人，80岁以上的有28人，占全村人口的1%，其中90岁以上的有1人。全村有653人在外务工，其中常住人口1 471人，贫困人口59户、187人。脱贫攻坚工作开展以前，全村基础设施十分薄弱，全村70%以上的村民居住在土坯房中，跑风漏雨现象十分严重，饮水基本上都是依靠引用山泉水，一到下雨天就只能喝"浑水"了，80%以上的人使用旱厕。为提升全村基础设施建设，朱传军带领工作队积极向各方争取资金、项目，累计投入3 200多万元用于修路架桥、集中供水、土坯房改造、厕所改建及环境整治基础设施建设工程，其中由农行赣州分行直接投入资金136万元，用于赤水村集体活动场所环境整治等扶贫项目建设。这些举措从根本上改变了赤水村的生产生活环境，让群众出行"晴天一身灰、雨天一身泥"的日子一去不复返，让群众喝上了自来水、住上了安全房。如今的赤水村，一幢幢整修一新的房屋散落在青山绿水间，形成了一幅美丽的乡村图画。农行赣州分行驻崇义上堡赤水村扶贫工作队被市政府评为"先进单位"。

图4—55　农行赣州分行驻村干部在果园查看贫困户果树生长情况

近年来，农行赣州分行高度重视定点扶贫工作，将定点扶贫作为推动贫困地区加快发展的一个有力手段。截至2020年末，赣州分行和辖区内17个县域支行共计派出27名驻村干部（其中第一书记14人），结对帮扶员工220人，定点帮扶17个贫困村，其中两个深度贫困村（全省269个），累计帮扶1 478户、5 630名贫困户，年均增收39 750元。自2016年以来，累计投放贫困人口贷款3 076万元，其中贫困人口贷款2 032万元。尤为可贵的是，在人民银行2019年扶贫重点县金融机构精准扶贫贷款政策效果考核评估中，安远县支行被评为优秀档，得分位列全省252家国定贫困县金融机构首位，彰显了农行服务"三农"、助力脱贫攻坚的大行风范。

大行德广，伴您成长。这是农行的一句承诺，也是农行始终如一的追求。下一步，农行赣州分行将继续融入赣州发展规划，立足自身优势，发挥金融功能，持续深入做好脱贫攻坚和乡村振兴有效衔接，做到信贷支持政策不变、力度不减、水平不降，在巩固提升脱贫成效、确保贫困地区和贫困人口稳定脱贫上狠下工夫，真正成为精准扶贫的排头兵、服务实体经济的国家队。

第五章
基本经验与启示

  经过8年的不懈奋斗，作为有着14亿人口的世界上最大的发展中国家，中国如期打赢脱贫攻坚战，取得了举世瞩目的伟大成就，创造了彪炳史册的人间奇迹。脱贫攻坚取得举世瞩目的成就，靠的是党的坚强领导，靠的是中华民族自力更生、艰苦奋斗的精神品质，靠的是新中国成立以来特别是改革开放以来积累的坚实物质基础，靠的是一任接着一任干的坚守执著，靠的是全党全国各族人民的团结奋斗。农行作为党领导下的国有控股大型银行，有幸参加这场波澜壮阔的脱贫攻坚人民战争，有幸投身到这项对中华民族对人类都具有重大意义的伟大事业，这是所有农行人的骄傲和自豪。作为一家商业金融机构，如何把服务好贫困人口脱贫与实现金融扶贫业务商业可持续发展两者有机结一起来，做到"服务到位、风险可控、商业可持续"，是农行人在实践中必须努力破解的难题。8年来，农行围绕开展好商业金融扶贫这一主题进行了积极探索，取得了一些实践成果，积累了一些实践经验。现将农行近年来在开展脱贫攻坚金融服务的切身体会记录下来、基本经验总结出来，以期对中国商业金融机构做好乡村振兴金融服务工作及其他发展中国家商业金融机构开展金融扶贫工作有所借鉴和启发。

一、中国农业银行开展金融扶贫工作的基本经验

商业金融扶贫是一个世界性难题。这个"难题"主要体现在三个方面：一是贫困地区普遍经济基础较差、发展潜力不足，符合传统信贷准入条件的主体较少，商业金融机构往往"无从着手"。二是贫困地区大多地广人稀、偏远闭塞、交通不便，在这些地区商业金融机构普遍网点少、人员少、服务覆盖不足，金融服务往往"力不从心"。三是商业金融追求盈利的内在属性与贫困地区落后经济社会环境导致的高风险、高成本、低收益之间存在矛盾，商业金融扶贫"难以持续"。

农行"因农而生、因农而长"，自成立以来一直高度重视金融扶贫和服务"三农"工作，特别是2012年中央全面打响脱贫攻坚战以来，更是把金融扶贫作为全行工作的重中之重，在实践中始终坚持以习近平总书记关于扶贫工作的重要论述为根本遵循和行动指南，认真贯彻落实中央脱贫攻坚决策部署，不断探索商业金融扶贫的有效模式和实现路径，为破解商业金融扶贫这一"世界难题"努力贡献农行力量。总结近年来农行商业金融扶贫的主要做法和工作经验，最为核心的是以下四点：

（一）始终坚持加强党的领导，不断提高全行对金融扶贫工作的认识和站位，构建强有力的组织推进体系

金融扶贫涉及主体多、资源投入大、盈利性较弱，是一个"千家万户、千山万水、千辛万苦"的苦活、累活。金融机构要持续做好金融扶贫工作，必须解决好思想认识和组织领导问题。从农行的经验来看，始终坚持加强党的领导，始终坚持以党的创新理论武装

全行干部员工头脑，不断提高全行对金融扶贫工作的认识和站位，总行党委直接谋划推动组织部署全行金融扶贫工作，并自上而下建立一整套强有力的组织推进体系，是全行做好金融扶贫工作的根本保证。

1. 从践行党的初心和使命高度认识和谋划推动金融扶贫工作

党的初心和使命，就是为中国人民谋幸福，为中华民族谋复兴。团结带领全体人民摆脱贫困、逐步实现共同富裕是践行党的初心和使命最生动的体现，是中国特色社会主义最本质的要求。农行作为党领导的国有控股大型商业银行，始终将金融扶贫提高到国有大型商业银行坚持和加强党的领导的政治高度，切实把金融扶贫工作作为国有大型商业银行必须履行好的政治责任来认识和谋划推动。

在理论武装方面，农行把持续加强党的脱贫攻坚理论学习作为开展金融扶贫工作的首要任务，总行党委带头组织全行持续深入学习习近平总书记关于扶贫工作的重要论述，通过学习不断提高全行做好金融扶贫工作的政治站位。在组织机构方面，设立了由总（分）行党委书记任组长的金融扶贫工作领导（推进）小组，构建了对接中央的"五级书记抓扶贫"组织架构，在总行和中西部脱贫任务重的分行设立扶贫开发金融部，为全系统做好金融服务脱贫攻坚工作提供了有力的组织保证。在工作推进方面，不断夯实农行各级党委脱贫攻坚主体责任和各级纪委监督责任，建立完善金融扶贫全方位考核激励机制，倾斜配置各类经营资源，配强扶贫金融服务人员，选拔使用优秀扶贫干部，充分调动全行上下做好金融扶贫工作的积极性、主动性、创造性，各级行各部门拧成一股绳，用实际行动切实发挥好农行金融扶贫国家队和主力军作用。

2.从履行企业社会责任高度认识和谋划推动金融扶贫工作

"人之初、性本善"。追求社会公平正义、消除贫困、实现"大同社会"是中华民族自古以来最美好的夙愿。做好金融扶贫工作，是国有大型商业银行履行企业社会责任的内在要求，是回报社会、回报大众最直接最有力的方式。农行自成立以来，一直把服务"三农"和贫困地区贫困群体作为自身重要职责和使命，在企业经营中始终强调扶贫济困的社会责任，积极探索以正向激励、表彰先进、树立典型、培训督导、广泛宣传等方式，在全行大力弘扬传承中华民族守望相助、和衷共济、扶贫济困的传统美德，号召和引导广大员工积极投身金融扶贫事业，充分发挥大型商业银行在扶贫减贫工作中的示范引领作用，切实肩负起大型商业银行在扶贫救困方面应尽的社会责任。

3.从赢得自身长远发展高度认识和谋划推动金融扶贫工作

对金融企业来说，开展金融扶贫工作，不仅具有政治和社会意义，而且为自身长远发展创造了更好条件、开拓了更大空间。以农行为例，全行上下通过金融扶贫有力助推了贫困地区企业发展和贫困人口增收致富，在服务脱贫攻坚、伴您成长的过程中，也为自身长远发展锁定了更多潜在客户、拓展了更大市场空间。2016—2020年末，农行累计发放精准扶贫贷款9 778.1亿元，带动服务贫困人口1 646万人，在832个国家扶贫工作重点县贷款净增6 707.5亿元，基本实现了对贫困地区贫困人口基础金融服务的全覆盖，扶贫贷款不良率控制在较低水平，实现了业务的快速、健康、可持续发展，进一步巩固和提升了农行在"三农"和县域市场的领军银行地位，为做好乡村振兴和普惠金融服务打牢了基础、赢得了先机。

（二）始终坚持落实精准方略，找准贫因精准发力，让金融活水真正流到"拔穷根"关键地方

金融扶贫工作具有"千头万绪、千差万别、千变万化"的特点，单个金融机构不可能"面面俱到、科科全优"。为了更好地发挥金融体系扶贫功效，农行深入研究金融扶贫的共性和规律，指导分支机构结合当地贫情，围绕中央和地方党政要求，深入分析当地致贫原因，找准金融扶贫的重点领域和服务方向，聚焦各地"贫根"创新金融模式，实行靶向服务，将金融活水精准滴灌到贫困地区贫困农户，让金融扶贫工作取得实实在在成效、发挥实实在在作用。

1. 聚焦易地扶贫搬迁提供"一揽子"服务，助力破除"天穷"

"天穷"是指当地自然禀赋差，"一方水土难养一方人"，如沙漠地区、高寒地区等。针对"天穷"，最好的扶贫方法是"改天"，即通过易地扶贫搬迁实现贫困地区整体脱贫和生态涵养等目标。农行围绕破除"天穷"，重点聚焦易地扶贫搬迁工程和移民集中安置点金融需求，做好针对性金融服务。一是对易地扶贫搬迁工程提供资金支持，重点服务各地符合易地扶贫搬迁规划的政府专项债，从承销发行和债券投资两个环节做好融资支持。二是为移民安置区产业发展提供信贷资金和配套金融服务，帮助搬迁群众在安置区"稳得住、有就业、逐步能致富"。三是在移民安置区设立人工网点、自助银行、惠农通服务点、流动金融服务车等服务渠道，为安置区"农民变市民"提供多元化、便民化金融服务。比如，云南昭通分行在全国最大的跨县易地扶贫搬迁安置点（靖安新区）新设二级支行，在镇雄鲁家院子等移民安置点设立了4个自助银行"小

康驿站"，在提供基础金融服务的同时，为周边居民提供无线上网、社区公告、电视阅读等便民服务。

2.支持基础设施建设补齐发展短板，助力破除"地困"

"地困"是指当地有一定自然资源，但因山高路远、"进出两难"，阻碍了地区整体发展。针对"地困"，最好的解决办法是"换地"，即加快当地"水电路气桥讯"等基础设施建设。农行围绕破除"地困"，积极探索为各类基建项目提供多元化、结构化的融资服务。在实践中，各级行对贫困地区基建项目主要采取"宜贷则贷、宜股则股、宜债则债"的服务策略，在深入调查分析各类项目建设运营特点和预计现金流的基础上，针对性提供项目贷款、一般固定资产贷款、PPP项目融资、产业基金"投贷联动"、政府债企业债"债贷联动"等综合融资方案和配套金融服务。

3.综合运用信贷和非信贷手段，助力破除"人贫"

"人贫"是指因为人的因素导致贫困，可分为主观和客观两个方面，主观致贫原因主要是"缺智、少志"，客观致贫原因可归结为"身弱"，即"老弱病残妇"。针对"人贫"，扶贫工作既要"强人"，激发贫困人口的内生发展动力，也要做好政策引导和社会帮扶。围绕破除"人贫"，农行积极探索多元化服务方式，一是通过信贷手段，主要是为贫困地区学校、医院、社会福利企业、贫困户等提供企事业法人贷款、到户扶贫贷款等信贷支持和综合金融服务；二是通过非信贷手段，包括与各级党政机关和贫困村加强党建联系帮扶、为贫困地区学校和贫困学生捐赠助学资金、为贫困地区贫困人口提供免费技能培训和开展助老助残等各类公益慈善活动，多措并举提升贫困地区贫困群体的脱贫致富能力和社会保障水平。

4. 支持产业发展夯实产业基础，助力破除"业差"

"业差"是指当地产行业发展基础差、链条短、附加值低，缺乏行业龙头企业和市场整体竞争力。针对"业差"，最直接最有效的方法是开展产业扶贫，即充分发挥产业扶贫辐射面广、带动力强、可持续性好的优势，从根本上解决贫困地区产业发展难题。对商业银行来说，以金融手段助力产业扶贫是最具优势、最有经验的领域。在实践中，农行始终坚持商业化运作原则，围绕贫困地区主导产业、特色产业发展规划和金融需求，探索金融扶贫与产业扶贫的有效结合方式，特别是加大产业链供应链和普惠金融产品模式创新力度，支持推动产业链供应链核心企业和上下游配套企业、规模农户、贫困户协同发展，不断夯实贫困地区产业发展基础，延伸产业链条，提升产品附加值，实现"金融+产业"的良性循环发展。

（三）始终坚持落实以人民为中心的发展思想，科学设计商业金融扶贫的有效路径，发挥好商业金融机构在扶贫中的独特作用

分析致贫原因、明确服务重点是做好金融扶贫工作的基础。在这一基础上，更重要的工作是坚持落实以人民为中心的发展思想，设计好商业金融扶贫带贫的有效路径，形成金融扶贫的利益联结机制和各方合力。农行在实践中，围绕信贷扶贫和非信贷扶贫两大领域，探索形成了金融扶贫带贫的若干路径，并在行内外大力宣传推广，推动形成全社会扶贫合力。

1. 围绕信贷扶贫，总结推广三条路径

信贷扶贫是中央对农行等金融机构提出的扶贫工作重点要求。围绕这一要求，农行从"人脱贫、县摘帽、消除区域性整体贫困"

的目标和角度出发，探索推广了三条有效路径。

一是信贷支持有劳动能力的贫困户，助力贫困户发展生产勤劳致富（"给穷人贷款，助自我发展"）。这条路径是金融扶贫最精准的方式，其特点可概括为：资金跟着穷人走、穷人跟着政府走、政府跟着产业走、产业跟着市场走。具体方式是：银行对接政府扶贫部门批量获取贫困户名单；贫困户由政府（或政府委托企业、担保机构、保险公司）组织批量向银行申请贷款并按期归还；政府引导贫困户围绕地方主导产业、特色产业发展生产勤劳致富。围绕这一路径，农行创新推广了扶贫小额信用贷款、"惠农e贷"、产业链农户贷款、创业担保贷款等一批适用性产品，探索实施了"政府增信、银政共管"、信用村信用户创建、龙头企业担保带动、互联网平台线上申贷等批量信贷服务做法。实践发现，该路径要实施好，必须把握三个关键：第一是选好承贷主体，贫困户要"真身份、真生产、真用款、真归还"；第二是设计好信贷服务模式，要针对当地产业特点和贫困户经营需求，探索批量营销、批量运作模式；第三是防控好风险，特别是防范"户贷企用、多贷一用"等违规风险和信用风险。

二是信贷支持有带贫作用的企业、大户、能人，带动贫困户融入产业经营致富（"给富人贷款，带穷人发展"）。这条路径是金融扶贫最可持续的方式，其特点可概况为：银行让利、企业（大户）承贷、贫困户受益。具体方式是：银行调查掌握企业（大户）生产经营及带动贫困户情况，并将带贫情况作为贷款审批、利率优惠、优先受理等条件；企业（大户）向银行申请信贷支持、遵守银行信贷管理要求；贫困户通过与企业（大户）开展订单种植、畜禽托养、岗位就业、土地流转、资金入股等方式，建立利益联结机制，实现对贫困户批量带动。围绕这一路径，农行有产业化龙头企业贷款、专业大户（家庭农场）贷款、农民专业合作社贷款、个人生产经营贷款等信贷产品对接，各级行还根据辖区内产行业及客户特点，创新推出了产业链核心企业带动、新型农业经营主体带动等批量信贷扶贫做法。在对该路径的实践中，经营行总结了三个关键点：第一是选好承贷主体，优先选择有一定实力、带贫能力强、可持续发展的企业（大户）；第二是设计好扶贫带贫方式和利益联结机制；第三是防控好风险，避免出现信贷资金挪用、担保落空、过度融资和产行业不发展等风险。

三是信贷支持贫困地区补短板惠民生重点项目，改善提升当地经济社会发展环境（"给项目贷款，让区域发展"）。这条路径是金融扶贫最具长远性的方式，其特点可概况为：银行让利、给项目贷款、促进区域整体发展。具体方式是：银行信贷支持贫困地区城镇化、园区改扩建、产行业升级和公共服务设施建设等重点项目，改善当地生产生活条件，破除限制地区经济社会发展的瓶颈制约。围绕这一路径，农行可以提供项目贷款、政府购买服务贷款、PPP项目贷款和投贷联动、债贷联动等综合融资解决方案，探索形成了农田水利、光伏、旅游项目和工业园区、民生工程、新农村建设等项目扶贫带贫方式。实践发现，要实施好这一路径，必须做实三个环节：第一是把好调查准入关，重点考察项目的经济效益、社会效益和带贫效益；第二是把好信贷运作关，落实"选好客户（项目）、做好评估、设计好融资方案、建立好利益联结机制"四项要求；第三是把好风险防控关，在信贷运作中坚持合法合规，重点防范以扶贫名义增加政府隐性债务等风险。

围绕信贷扶贫这一重点工作，农行在探索实践中找到了以上三条路径。为最大限度发挥信贷扶贫路径的实施效果，农行还为扶贫贷款单独匹配了信贷规模，出台了针对贫困地区和建档立卡贫困户的差异化信贷政策，倾斜配置了扶贫贷款经济资本，建立了信贷审查审批"绿色通道"，有效提升了对贫困地区贫困人口信贷服务的水平和覆盖面，扶贫贷款增速持续高于全行贷款平均增速，信贷扶贫工作取得了较好成效。

2. 围绕非信贷扶贫，探索实施六种方式

非信贷扶贫是金融扶贫的重要内容。围绕这一领域，农行紧跟中央扶贫重点工作部署，充分发挥金融机构平台效应和资源整合作用，探索实施了六种服务方式。

一是延伸服务网络，提升贫困地区贫困群体金融服务的可得性。延伸服务网络是中央对金融扶贫工作提出的重点要求之一。近年来，农行倾斜资源大力支持贫困地区金融服务渠道建设，2016—2020年，累计新建人工和自助网点近800个，惠农通服务点对832个国家扶贫工作重点县行政村覆盖率超过89%，在金融空白乡镇和偏远地区推广互联网及流动金融服务，初步构建了"人工网点+自助银行+惠农通服务点+互联网平台+流动服务"的"五位一体"渠道体系，可以为贫困地区各类客户提供存取款、转账、代缴费、代理财政补贴等基础金融服务，以及惠农理财、电商购物、涉农信息、乡村治理等增值服务，大幅提高了贫困地区贫困人口金融服务的覆盖面和可得性，提升了贫困群体的获得感和满意度。

二是开展消费扶贫，帮助贫困户将辛勤劳动转化为实实在在的经营收入。消费扶贫是社会各界通过消费手段帮助贫困人口就业增收的一种扶贫方式。近年来，农行积极响应国家号召，调动全行力量，发挥系统优势，深入推进消费扶贫工作。一方面，在农行掌银、网银等线上渠道设立"扶贫商城"，以"农行+中央地方单位+定点扶贫县"的合作模式，为全国300余家中央及地方单位开辟定点扶贫商品展卖专区，免费为832个国家扶贫工作重点县提供公益、开放、精准、共享的农产品助销平台，帮助贫困地区特色产品"走出去"。另一方面，发挥农行遍布全国的客户资源、机构资源和员工资源优势，加大线上线下消费扶贫促销力度，通过对接购销双方、组织后勤采购、鼓励员工购买等方式，扩大贫困地区特色产品销售渠道。仅2020年，全行直接购买和帮助销售扶贫商品超过19亿元，其中，"扶贫商城"线上渠道销售超过7.9亿元，带动3 000余户带贫企业和商户增收。

三是开展东西部扶贫协作，通过"先富帮后富"实现共同富裕。东西部扶贫协作是中国特色扶贫开发事业的重要组成部分，是"先富帮后富"最终实现共同富裕的有效方式。近年来，农行根据中央政策要求，启动实施了东西部扶贫协作专项行动，组织上海、江苏、浙江、山东等12家东部地区行结对帮扶"三区三州"12个地州和农行4个定点扶贫县，安排东部100家支行与深度贫困地区100家支行开展"一对一"干部交流任职，精准帮扶贫困地区招商引资、扩大产品销售、引进捐赠资金和提供人才支持，多措并举助推贫困地区加快发展。

四是开展教育扶贫，帮助贫困学子求学求知，用"知识改变命运"。教育扶贫对破解贫困人口"内生动力"不足和贫困代际传递问题具有重要作用。2018年6月，农行启动实施了"金穗圆梦"助学活动，通过单位捐赠和员工自愿捐款共筹集善款5 000余万元，用于资助"三区三州"深度贫困县、农行定点扶贫县和重点帮扶县等建档立卡贫困户家庭的大一新生，累计帮助1万余名贫困家庭学生圆大学梦，向贫困学子传递了爱心和希望。

五是开展就业扶贫，助力阻断贫困家庭贫困人口的代际传递。促进贫困人口就业是扶贫工作的重要方向和手段。2018年，农行在金融同业率先实施了"千人计划"就业扶贫行动，对口招聘深度贫困地区贫困家庭大学毕业生进入农行工作，三年来，共招聘近千名贫困家庭大学生员工，通过"一人就业、全家脱贫"，有效阻断了贫困现象的代际传递。

六是开展公益扶贫，为弱势群体摆脱贫困贡献更多力量。公益行动是扶贫工作的重要补充。近年来，农行积极参与"希望工程""母亲水窖""母亲健康快车"等公益活动，探索开展免费培训、书画下乡、文化扶贫等工作，不断丰富金融扶贫的内容和手段，为帮扶贫困弱势群体贡献了农行力量。

（四）始终坚持求真务实较真碰硬，认真研判系统防控金融扶贫各类风险，真正让金融扶贫成效经得起时间检验

农行在工作实践中，始终绷紧风险防控这根弦，注重加强金融扶贫工作各类风险的跟踪研判，严肃认真地对待金融扶贫工作中有可能出现的"无所作为、无所不为、无中生有"三类主要风险，有针对性地采取了一系列有力的风险防控举措，切实加大纪检监察、巡视巡查和专项审计工作力度，确保金融扶贫工作取得实实在在的成效，经得起时间检验。

1. 着力解决金融扶贫"不愿干、不会干、不敢干"问题，切实防控"无所作为"风险

针对"不愿干"，一是加强思想教导，总行党委高度重视金融扶贫工作，将"站在高点看"的思想层层宣讲贯彻到各级行各部

门，从"要我扶贫"转变为"我要扶贫"，形成全行金融扶贫的行动自觉；二是加强行政督导，通过行领导约谈、工作组现场督导、下发提示函等方式，推动全行上下共同做好金融扶贫工作；三是加强考核引导，将金融扶贫工作纳入总行各相关部门和一级分行综合绩效考核体系，对境内一级分行和832个国家扶贫重点县支行出台金融扶贫专项评价方案，将考核结果与机构人、财、物等资源配置和领导员工业绩及工资挂钩，强化考核的"指挥棒"作用。

针对"不会干"，全方位加强培训指导。在全行构建了多层级（总、省、市、县四级行）、多条线（前、中、后台）、多角度（东西部扶贫协作、扶贫挂职干部、贫困县支行党委书记等）的培训体系。仅2018年以来，农行针对金融扶贫的现场指导、调研、培训累计超过1 000次，有效提升了全行金融扶贫的能力和水平。

针对"不敢干"，从提高风险容忍度和落实尽职免责两个方面发力。一是对创新的产业类精准扶贫贷款等信贷产品，各一级分行可自主确定停复牌不良率指标，最高可到5%；二是在全行尽职免责十四条规定框架下，针对性地出台扶贫小额贷款、法人精准扶贫贷款等扶贫专项尽职免责办法，从总行层面层层推动落地实施。

2. 着力解决金融扶贫"不讲方法、不计成本、不管风控"问题，切实防控"无所不为"风险

一是明确风险偏好，坚持金融扶贫稳健经营原则，确保扶贫贷款"放得出、收得回、有效益、能带动"；二是加强"双基"管理，坚持合法合规的经营理念，严格遵守国家法律法规和金融监管规定，做实扶贫贷款"选好户、把好度、管好人、真用途、降利率、不搭售"等管理要求，对贫困县支行加强风控管理和指导，提升基层行经营管理水平；三是强化模式设计，通过设计实施政府增信、龙头企业担保带动、互联网大数据、东西部扶贫协作等成熟金融扶贫模式，实现业务的批量化、规范化运作，在扩大扶贫业务规模、降低运营成本的同时，有效防控信用风险和操作风险；四是用好风控工具，包括风险预警系统、电话外呼核实信息、信贷产品停复牌管理、政府风险补偿等手段，提升风险管理的针对性和实效性。

3. 着力解决金融扶贫"光说不做、数据不真、形式主义"问题，切实防控"无中生有"风险

一是加强作风治理，将金融扶贫工作作为全行纪检监察和作风治理的重点内容，通过"三线一网格"、信访核查、警示教育大会等方式，切实加强员工管理和案件防控；二是加强系统（机器）制约，按照监管部门要求建立金融精准扶贫贷款统计系统，不断完善C3信贷管理系统相关功能，指导督促经营行合规填报金融扶贫数据，提高数据统计的真实性和准确性；三是加强巡视审计，总行带头开展金融扶贫专项巡视、专项审计、专项检查等工作，针对中央扶贫巡视和"回头看"提出的各项问题，总行党委牵头成立整改专班，制定落实整改举措，实行挂图作战、销号管理，加大违法违规责任处罚力度，在全行形成"真扶贫、扶真贫"的工作机制和氛围。

二、对发展中国家做好金融扶贫工作的借鉴之处

（一）走对接国家扶贫战略、"融入式"的金融扶贫路子

当前，世界性贫困问题仍然存在，特别是在拉丁美洲、东南

亚、非洲的发展中国家，贫困问题较为严峻，部分国家的贫困人口不断增加、贫富差距日益扩大、贫困带来的一系列经济社会问题愈演愈烈。对这些国家而言，如何有效减贫是政府长期关注和重点施政的领域，很多国家出台了一系列减贫政策推动解决贫困问题。同时，随着金融在现代经济社会发展中发挥越来越重要的作用，金融扶贫作为一种专门的扶贫方式逐渐为政策制定者所关注和采纳。从金融机构视角来看，开展金融扶贫首要工作就是研究国家扶贫规划及政策，有针对性地开展金融服务对接。以农行为例，金融扶贫工作之所以取得了明显成效，主要原因就是认真研究和贯彻国家扶贫战略及政策要求，不断加强与各级政府密切合作，积极对接政府扶贫规划、政策、项目和资源，走出了一条银政合作、融合发展的金融扶贫路子。

对其他发展中国家而言，金融机构在扶贫减贫领域同样能发挥积极作用。对这些有志于扶贫带贫的金融机构，可以根据自身的经营特点和发展优势，积极对接国家扶贫战略导向，融入国家扶贫组织体系，在政府扶贫规划和政策框架下，有针对性地开展金融扶贫工作，充分发挥金融扶贫在资源整合、优化配置、助推产业发展等方面的独特作用。

（二）走助力当地特色产业发展、"造血式"的金融扶贫路子

从世界各国近百年扶贫工作经验来看，产业扶贫是最有效、最具持续性的手段，具有辐射面广、带动力强、能够激发贫困地区贫困人口内生动力等优势。从金融扶贫角度来看，金融的商业属性要求金融扶贫工作必须从"救助式扶贫"向"开发式扶贫"转变，从

"一次性扶贫"向"持续性扶贫"转变。以农行为例，农行自恢复设立以来充分发挥大型国有银行规模优势，坚持走产业带动、服务实体的"大扶贫"路子，不断探索产业扶贫、项目扶贫、消费扶贫的有效方式，积极推动贫困地区主导产业发展，促进贫困地区特色产品销售，进而带动贫困人口参与生产、实现就业、增收脱贫。

对其他发展中国家而言，要提升金融扶贫工作成效，一个重要途径是推动金融与产业扶贫深度融合。在具体实践中，可以围绕贫困地区资源禀赋和产业特点，聚焦产业扶贫、项目扶贫、消费扶贫等重点领域持续发力，把支持产业发展、带动贫困人口增收作为金融扶贫的主导模式和治本之策，将贫困地区贫困人口纳入到现代产业链供应链发展中，不断增强贫困群体的自我"造血"功能，巩固提升脱贫效果。

（三）走找准贫根靶向创新、"精准式"的金融扶贫路子

"穷有百样、困有千种"。从世界范围来看，不同国家、不同贫困地区的资源分布、发展阶段、信用环境、社会治理等有着显著差异。同时，贫困地区普遍存在金融基础设施薄弱、金融市场程度不高、金融有效供给不足等问题，实施商业化金融扶贫面临很多难点和障碍。从农行的实践来看，要破解商业金融扶贫难题，关键是要找准"贫根"，精准施策，通过政策、产品、工具、模式等靶向创新，不断提高金融服务贫困地区贫困人口的精准性和有效性。

对其他发展中国家而言，可以根据自身国情和金融发展状况，引导金融机构聚焦致贫关键原因，开展精准靶向创新。在具体实践中，可以针对不同地区贫困状况和脱贫目标，创新出台适用性强的金融扶贫政策、产品、工具和服务模式，做到精准识别扶贫对象、

精准选择带贫载体、精准谋划扶贫路径、精准开展金融服务对接工作。特别是近年来，随着互联网、大数据、云计算等信息科技的飞速发展，为金融机构服务普惠和长尾客户提供了更多、更有效的服务工具和技术支撑，不仅扩大了金融机构的服务半径，而且大大降低了金融服务的交易成本和信用风险，为商业金融机构精准识别扶贫对象、精准创新金融扶贫产品和模式提供了新的突破口，是世界各国包括发展中国家重点探索实践的新领域，未来发展潜力巨大。

（四）走多方联动、"协作式"的金融扶贫路子

对世界各国来说，扶贫减贫工作都具有全局性、长期性和复杂性，需要国家层面组织推动和全社会的广泛参与。从金融扶贫角度来看，金融机构开展扶贫工作不能唱"独角戏"，而应该加强与社会各方的联动合作，推动建立"信息共享、风险共担、利益共赢"的协同扶贫机制。以农行为例，金融扶贫工作涉及政府、企业、农户、担保机构、其他金融组织等众多关联方，全行在制定金融扶贫政策、创新金融产品、设计服务模式时充分考虑了各方诉求和独特作用，通过建立"银政共管""银担合作""银行让利、企业带动"等多种联结机制，取得了金融扶贫"1+1＞2"的效果。

对其他发展中国家而言，树立开放共赢的金融扶贫合作理念具有现实意义。在金融机构层面，可以推动政府制定完善金融扶贫规划及定向奖励政策、改善优化金融生态环境、建立推广政府增信机制；可以通过与行业协会、带贫企业、担保机构等开展总对总合作，批量支持贫困群体获得信贷资金和金融服务；可以加强与银行、证券、保险等不同金融组织协同，通过信息共享、系统共建、业务代理、资金批发、银团贷款等方式，构建多层次广覆盖的金融

扶贫组织体系。

（五）走助力"扶志+扶智""立体式"的金融扶贫路子

从国际经验来看，要有效解决贫困问题，关键是要激发贫困人口脱贫内生动力和提高脱贫致富能力。在这方面，金融机构可以发挥积极作用。一方面，可以通过金融手段直接帮扶，比如为贫困地区学校提供综合金融服务、为贫困家庭学生发放助学贷款、为贫困人口投放创业担保贷款等；另一方面，可以发挥金融的全国网点网络和客户资源整合优势，帮助贫困地区招商引资及销售产品，为贫困人口提供免费技术培训等。以农行为例，近年来，通过开展东西部扶贫协作、定点扶贫、教育扶贫、就业扶贫、党建扶贫等金融扶贫工作及专项行动，推动扶贫与"扶志、扶智"相结合，在传统信贷扶贫之外积极探索非信贷扶贫的有效模式，不断增强贫困地区贫困人口的内生发展动力。

对其他发展中国家而言，可以结合自身国情，探索推广金融扶贫与"扶志+扶智"有效结合的方式。比如，可以发挥金融机构专业咨询优势，配合政府研究制定扶贫规划和政策，通过共建扶贫服务机制、培训技术人员等方式，夯实贫困地区贫困人口可持续发展基础；还可以发挥金融机构点多面广、人力资源丰富优势，为贫困地区社会治理、产业发展、乡村建设和金融知识普及等方面提供支持。

（六）走商业化运作、"持续式"的金融扶贫路子

商业金融开展扶贫工作，面临着资本回报、监管规则、风险控制等多种约束，必须始终坚持商业化、可持续的经营原则。农行在

金融扶贫工作中，始终树立"服务到位、风险可控、商业可持续"的战略导向。服务到位，就是要围绕金融扶贫的重点领域和关键环节，通过持续努力和不断创新，增加对贫困地区贫困人口的金融服务供给，在提高客户满意度的同时获得合理回报。风险可控，就是坚守审慎、规范、稳健的经营理念，坚持信贷运作和金融服务的基本条件，将金融扶贫业务风险始终控制在可容忍的范围内。商业可持续，就是要妥善处理好金融扶贫的成本与收益、风险与回报、短期与长远、内部效益与社会效益之间的关系，实现内生性良好发展。

对其他发展中国家而言，要提高金融扶贫的商业可持续性，可以从获取合理回报、降低服务成本、防控金融风险等角度研究和实践。一是可以通过支持贫困地区贫困人口持续发展，分享客户成长带来的合理回报；二是探索开发金融扶贫信息系统，加快贫困地区征信体系和信用环境建设，为金融机构批量金融支持提供信用和信息基础，降低金融扶贫工作成本；三是推动建立金融扶贫政策性担保体系、风险补偿体系等政府增信机制，探索银行、证券、保险等金融机构协同配合和风险分担机制，有效防控金融机构信用风险。

从中国扶贫实践来看，商业金融扶贫是一个复杂性、系统性工程，不是金融机构"单兵突进"就能完成的任务，需要政府、企业、贫困主体和社会各界共同努力，需要综合利用政府之手和市场机制调动商业金融扶贫各参与主体的积极性，最终在社会公平与市场效率、公益性扶贫与商业化盈利、激励创新与防范风险之间取得平衡。农行的探索和实践给发展中国家金融机构提供的只是一些可资参考和借鉴的基本理念、基本思路、基本路径和方法。每个发展中国家国情贫情不同，要做好本国的商业金融扶贫工作，根本还是要结合本国的实际情况，具体情况具体分析，在实践中不断探索形成符合本国本地实际的行之有效的商业金融扶贫具体路径和运作模式。

在乡村振兴伟大征程中再立新功

2021年2月25日，在全国脱贫攻坚总结表彰大会上，习近平总书记庄严宣告，在迎来中国共产党成立一百周年的重要时刻，我国脱贫攻坚战取得了全面胜利，现行标准下9 899万农村贫困人口全部脱贫，832个贫困县全部摘帽，12.8万个贫困村全部出列，区域性整体贫困得到解决，完成了消除绝对贫困的艰巨任务，创造了又一个彪炳史册的人间奇迹！

脱贫摘帽不是终点，而是新生活、新奋斗的起点。中央提出，脱贫攻坚取得胜利后，要全面推进乡村振兴。这是我国"三农"工

2021年3月，中国农业银行召开脱贫攻坚金融服务表彰大会暨2021年服务乡村振兴工作会议

作重心的历史性转移。乡村振兴是实现中华民族伟大复兴的一项重大任务，全面实施乡村振兴战略的深度、广度、难度都不亚于脱贫攻坚。农行因农而生、因农而长，服务"三农"是党中央赋予农行的历史使命和政治责任，也是农行的立行之本。站在脱贫攻坚取得全面胜利、持续推进乡村振兴的历史关口，农行将进一步提高政治站位，以习近平新时代中国特色社会主义思想为根本遵循，以服务乡村振兴为总抓手，围绕乡村振兴重点服务领域，强化产品政策渠道支撑，完善体制机制保障，全力打造县域金融服务领军银行，在全面推进乡村振兴新征程上再立新功。

农行将全力服务好巩固拓展脱贫攻坚成果，在过渡期内保持金融扶贫政策总体稳定，继续加大对易致贫返贫人口的金融支持力度，全力做好脱贫地区主导特色产业及易地扶贫搬迁后续帮扶的金融服务工作，继续开展定点帮扶、东西部行协作帮扶等专项行动；将全面加强国家粮食安全金融服务，积极支持高标准农田建设，完善对种业全链条服务，助力涉粮市场主体发展壮大；将大力支持乡村产业发展，助力乡村产业集聚发展和产业链条不断延伸，服务好农村产权制度改革和农村集体经济发展壮大；将积极支持乡村建设行动，加大对乡村公共基础设施建设综合支持力度，助力提升城乡公共服务一体化水平；将踊跃参与数字乡村建设，积极发展"惠农e贷""小微e贷"等线上综合特色融资业务，打造服务乡村线上平台，优化县域渠道布局，让"三农"金融服务插上科技的翅膀；将坚持党建统领金融服务乡村振兴工作，进一步压实各级行党委服务乡村振兴领导责任，强化服务乡村振兴考核激励约束，鼓励引导人才到乡村振兴一线工作。

征途漫漫，惟有奋斗。农行将更加紧密地团结在以习近平同志为核心的党中央周围，按照习近平总书记关于"三农"工作的重要论述和党中央关于全面推进乡村振兴战略的系列决策部署，以永不懈怠的精神状态、一往无前的奋斗姿态，真抓实干、埋头苦干，为加快实现农业农村现代化、建设社会主义现代化国家贡献农行全部力量！

附录一

中国农业银行脱贫攻坚金融服务大事记

2012年8月	印发《关于做好集中连片特困地区金融服务工作的通知》
2013年11月	为贯彻落实国家发展改革委印发的11个集中连片特困地区区域发展与扶贫攻坚规划，印发《中国农业银行关于加强集中连片特困地区金融服务工作的意见》
2013年12月	印发《关于建立集中连片特困地区基础数据统计体系的通知》
2014年4月	为贯彻落实《关于创新机制扎实推进农村扶贫开发工作的意见》，向国务院扶贫办和人民银行报送《农业银行金融扶贫十条措施》
2014年10月	与国务院扶贫办签署"金融扶贫合作协议"
2015年4月	印发《关于进一步做好金融扶贫工作的意见》
2015年7月	与国务院扶贫办在四川巴中联合召开扶贫小额信贷研讨会
2015年9月	与中国残联联合印发《中国农业银行 中国残疾人联合会关于加强残疾人金融服务工作的意见》
2015年12月	召开全行金融扶贫工作推进（视频）会
2015年12月	总行挂牌成立扶贫开发金融部
2016年1月	总行成立金融扶贫工作领导小组
2016年1月	印发《关于做好"十三五"期间金融扶贫工作的意见》
2016年3月	总行召开定点扶贫县金融扶贫工作对接会，印发《中国农业银行定点扶贫工作支持政策》
2016年7月	总行为832个国家扶贫工作重点县建立金融扶贫专项激励工资制度
2016年9月	开展金融精准扶贫贷款统计工作
2017年1月	召开全行服务"三农"暨金融扶贫工作会议
2017年2月	印发《关于做好2017年金融扶贫工作的意见》

续表

2017年2月	印发《关于做好2017年定点扶贫工作的意见》
2017年10月	召开深度贫困地区金融扶贫工作推进会，印发《中国农业银行关于金融支持深度贫困地区脱贫攻坚的意见》
2017年11月	中国农业银行定点扶贫县重庆秀山县通过国家贫困县退出验收
2017年12月	印发《中国农业银行总行定点扶贫挂职干部考核办法（试行）》
2018年1月	印发《中国农业银行扶贫领域作风问题专项治理工作方案》
2018年1月	启动在深度贫困地区招聘贫困家庭应届大学毕业生的"千人计划"
2018年3月	总行启动精准扶贫专项审计工作
2018年3月	召开中国农业银行2018年服务"三农"和金融扶贫工作会议
2018年4月	中国农业银行在2017年定点扶贫工作成效评价中获评等次为"好"
2018年4月	印发《中国农业银行2018年定点扶贫工作计划》
2018年4月	将贵州雷山、台江、甘肃渭源、舟曲、江西石城纳入总行帮扶范围
2018年4月	为全行扶贫干部建立扶贫补贴制度
2018年6月	启动"金穗圆梦"助学活动
2018年8月	召开全行金融扶贫工作推进会
2018年9月	农行定点扶贫县河北饶阳县通过国家贫困县退出验收
2018年10月	印发《中国农业银行关于金融支持脱贫攻坚三年行动方案（2018—2020年）》
2018年12月	召开东西部扶贫协作推进会
2019年1月	印发《关于加强扶贫干部管理服务工作的指导意见》
2019年3月	发布《中国农业银行金融扶贫区域特色产品名录》
2019年3月	召开2019年金融扶贫和服务"三农"工作会
2019年3月	印发《关于扎实推进新形势下定点扶贫工作的实施意见》
2019年3月	印发《关于做好2019年脱贫攻坚金融服务工作的意见》
2019年3月	印发《关于进一步加强金融扶贫产品创新工作的意见》
2019年3月	印发《关于开展消费扶贫工作的实施意见》
2019年3月	印发《关于贯彻落实2019年中央一号文件精神　全面做好金融扶贫和服务"三农"工作的意见》
2019年3月	表彰2016—2018年度中国农业银行金融扶贫先进集体和先进个人

续表

2019年4月	印发《中国农业银行2019年定点扶贫工作计划》
2019年4月	印发《中国农业银行东西部扶贫协作金融服务行动方案》
2019年4月	印发《中国农业银行个人精准扶贫贷款调查审查指引》
2019年4月	印发《中国农业银行法人精准扶贫贷款业务审查审批指引》
2019年4月	印发《中国农业银行助力深度贫困地区脱贫攻坚二十条倾斜政策》
2019年5月	印发《中国农业银行聚焦精准扶贫开展"双百"干部人才结对帮扶计划实施方案》
2019年5月	中国农业银行定点扶贫县河北武强县通过国家贫困县退出验收
2019年6月	印发《深度贫困地区脱贫攻坚挂点指导工作方案》
2019年7月	发布《中国农业银行金融扶贫新模式新案例汇编》，总结推广25种金融扶贫模式
2019年9月	李海波同志（总行扶贫干部，挂职河北饶阳县副县长）获评2019年全国脱贫攻坚创新奖
2019年10月	举办2019年全国扶贫日系列论坛——金融支持产业扶贫论坛
2019年10月	在银保监会召开"不忘初心　牢记使命——农行全面助力打赢脱贫攻坚战"新闻发布会
2019年10月	举行扶贫商城发布会
2019年11月	印发《中国农业银行"三区三州"深度贫困地区差异化信贷政策》
2019年11月	出台《中国农业银行定点扶贫捐赠事项管理办法》
2019年12月	出台《中国农业银行法人精准扶贫贷款业务尽职免责实施细则》
2020年3月	中国农业银行定点扶贫县贵州黄平县通过国家贫困县退出验收
2020年3月	印发《关于做好2020年脱贫攻坚金融服务工作的意见》
2020年3月	出台《关于做好国务院扶贫开发领导小组挂牌督战的52个贫困县、1 113个贫困村脱贫攻坚金融服务工作的意见》
2020年3月	印发《中国农业银行党委2020年定点扶贫工作计划》
2020年3月	印发《关于做好疫情防控期间脱贫攻坚工作的通知》
2020年4月	中国农业银行在2019年定点扶贫工作成效评价中获评等次为"好"
2020年4月	印发《总分行党委成员挂点指导未摘帽县支行金融扶贫工作方案》
2020年4月	印发《大力推广扶贫商城　深入开展消费扶贫2020年行动方案》

2020年4月	印发《中国农业银行总行机关各部室党组织与贫困村党建结对帮扶方案》，总行机关部室党组织开展与挂牌督战县贫困村党建结对帮扶活动
2020年5月	印发《中国农业银行深度贫困地区、挂牌督战贫困县和定点扶贫县差异化信贷政策》
2020年5月	出台《组建督导专班加强52个未摘帽县支行金融扶贫工作专项督导方案》
2020年5月	印发《关于强化组织保障扎实做好抓党建促决战决胜脱贫攻坚的通知》
2020年6月	重庆秀山支行获评全国金融五一劳动奖状
2020年6月	李建平同志（总行扶贫干部，挂职贵州黄平县副县长）获评全国金融五一劳动奖章
2020年6月	总行召开2020年金融扶贫工作推进（视频）会
2020年6月	表彰中国农业银行2019年度金融服务脱贫攻坚先进集体和先进个人
2020年10月	举办"扶贫路上的农行力量　农行金融服务决战决胜脱贫攻坚成功发布会"
2020年11月	李海波同志（总行扶贫干部，挂职河北饶阳县副县长）被评为2020年全国劳动模范
2021年1月	表彰中国农业银行定点扶贫先进集体和先进个人
2021年1月	总行组织开展十八大以来金融服务脱贫攻坚先进集体和先进个人评先表彰工作
2021年2月	耿建国（山东阳信支行客户经理）、龙俊（湖南保靖支行派驻阳坪村第一书记，2019年因公殉职在脱贫攻坚岗位）、付志强（总行派驻河北武强县周窝镇党委副书记、李封庄村第一书记）同志被评为全国脱贫攻坚先进个人，江西分行扶贫开发金融部、重庆秀山支行、贵州安顺分行、西藏自治区分行、总行扶贫开发金融部扶贫金融处被评为全国脱贫攻坚先进集体，农行获奖个人与部分获奖集体代表受邀参加全国脱贫攻坚总结表彰大会，习近平总书记等中央领导与出席大会的获奖个人和获奖集体代表合影留念
2021年2月	中国农业银行党委书记、董事长谷澍向荣获"全国脱贫攻坚先进个人"和"全国脱贫攻坚先进集体"称号的三名个人（家属）和五个集体分别致贺信
2021年3月	总行召开脱贫攻坚金融服务表彰大会暨2021年服务乡村振兴工作会议

附录二

中国农业银行荣获总行及以上脱贫攻坚
先进个人和先进集体名单

一、中国农业银行国家级脱贫攻坚先进个人和先进集体

龙俊（湖南保靖县支行派驻阳坪村第一书记，2019年因公殉职在脱贫攻坚岗位）获评全国脱贫攻坚先进个人

耿建国（山东阳信县支行客户经理）获评全国脱贫攻坚先进个人

付志强（总行国际金融部综合管理处副处长，派驻河北武强县周窝镇党委副书记、李封庄村第一书记）获评全国脱贫攻坚先进个人

李海波（总行公司业务部业务管理处处长，挂职河北饶阳县人民政府副县长）获评2019年全国脱贫攻坚创新奖、2020年全国劳动模范

李建平（总行网络金融部商城运营中心副处长，挂职贵州黄平县委常委、副县长）获评2020年全国金融五一劳动奖章

重庆秀山支行获评全国脱贫攻坚先进集体

贵州安顺分行获评全国脱贫攻坚先进集体

江西分行扶贫开发金融部获评全国脱贫攻坚先进集体

西藏分行获评全国脱贫攻坚先进集体

总行扶贫开发金融部扶贫金融处获评全国脱贫攻坚先进集体

二、2016—2018年度中国农业银行金融扶贫先进个人和先进集体名单

先进个人（98名）：刘磊（河北分行扶贫开发金融部科员）、耿园园(河北分行农户金融部单元经理)、杨明生（河北盐山县支行客户部经理)、褚笑菲（河北唐县支行客户部副经理）、王子嗣（河北承德分行三农对业务部

总经理）、马浩程（河北枣强县支行公司业务部经理）、郭守春（山西山阴县支行客户部经理）、贺映华（山西静乐县支行三农部经理）、张韶（山西晋中分行三农金融部客户经理）、陈满鑫（内蒙古开鲁县支行公司部副经理）、国光（内蒙古新巴尔虎右旗支行副行长）、王慧敏（内蒙古锡林郭勒分行三农金融部副总经理）、曲兆利（吉林镇赉县支行客户部经理）、王寿军（吉林和龙市支行副行长）、高蕴昕（黑龙江分行三农对公业务部单元经理）、袁君（黑龙江延寿县支行客户部经理）、范冬梅（安徽分行三农对公业务部经理）、路霞（安徽岳西县支行营业部主任）、马建军（安徽阜阳分行党委委员、副行长，临泉县城关杜庄社区任第一书记、扶贫工作队队长）、张少华（安徽阜南县支行营业部副主任)、邱小龙（江西广昌县盱江支行行长,驻招禾村工作队员）、赖伟秀（江西赣县支行副行长）、李态（江西分行巡视一组副组长、专家,派驻招禾村第一书记）、李浔燕（江西分行三农对公业务部高级专员）、崔又午（河南分行三农对公业务部科员）、李海龙（河南洛阳分行综合管理部科员，驻村第一书记）、闫结实（河南兰考县支行个人金融部科员）、徐爱华（湖北恩施州分行三农对公业务部副总经理）、李红胜（湖北红安县支行营业室党支部书记、经理）、胡学君（湖北分行农户金融部副总经理、副调研员，驻村第一书记）、李贤辉（湖北分行三农对公业务部经理）、李寿昌（湖南益阳分行人力资源部副督导员，派驻羊公村扶贫干部）、段桂萍（湖南武冈市支行副行长）、龙兴登（湖南花垣县支行客户部副经理）、吴兴无（湖南张家界分行三农金融部高级专员）、吴峥智（广西分行三农对公业务部扶贫金融部经理，驻村第一书记）、周明娜（广西分行三农对公业务部客户经理）、黄辉武（广西凤山县支行个贷分中心副主任）、陈开省（海南临高县支行风险管理部高级专员，派驻新贤村第一书记、驻村工作队长）、曹礼元（重庆秀山支行党委委员、纪委书记）、伍元平（重庆彭水支行客户经理）、张光浩（重庆奉节支行客户经理）、杨尉（四川南江县支行客户经理）、史江春（四川沐川县支行副行长、纪委书记）、张段平（四川平武县支行科员）、郭砚（四川分行农户金融部科员）、唐莉（四川分行三农对公业务部科员）、徐爽（四川分行三农对公业务部资深专员）、张会（四川珙县支行客户经理）、杨虎（贵州普定县支行业务发展部客户经理）、岑龙源（贵州安龙县支行副行长）、何筱潇（贵州六盘水分行扶贫金融部副总经理）、黎卫（贵州遵义分行农户金融部总经理）、罗定贵（贵州惠水县支行客户部副经理）、浦应明（贵州威宁县支行客户经理）、彭发江（贵州普安县支行个人金融部经理）、杨光霞（贵州从江县支行风险管理部经理，驻村第一书记）、陈德磊（云南泸水市支行个人客户部经理）、陈跃红（云南分行三农对公业务部高级专员）、滕钢柱（云南分行机构业务部经理，驻村帮扶队队员）、冯建华（云南牟定县支行网点主任，任高家村委会驻村扶贫工作队长、第一书记）、苏贵雄（云南大关县支行科员）、李逯（云南大理分行三农金融部副总经理）、拉巴扎西（西藏措勤县支行江让营业所主任）、次仁尼玛（西藏洛隆县支行客户经理）、仁青罗布（西藏当雄县宁中营业所主任）、仁青加措（西藏米林县支行客户经理）、扎西玛祖（西藏比如县面堂营业所主任）、赵新吉（西藏分行三农金融部专员）、巴桑（西藏南木林县支行党委委员、副行长）、吉律（西藏山南分行党委委员、副行长）、张文强（陕西凤县支行综合管理部副经理，派驻平木东庄村第一书记兼驻村工作队长）、党俊升（陕西商洛商州支行三农服务中心经理）、吴管团（陕西分行三农对公业务部客户经理）、徐晓锋（陕西镇巴县支行营业部大堂经理，派驻简池大垭村第一书记）、韩博韬（甘肃分行农户金融部专员）、何万喜（甘肃临洮县支行党委委员、副行长）、黄音亮（甘肃西和县支行党委副书记、副行长，派驻西和县洛浴镇段家村帮扶工作队第一书记兼工作队长）、买坤华（甘肃东乡县支行客户经理）、杨建平（甘肃环县支行营业室主任）、张秀中（甘肃天祝县支行副行长）、杨云森（青海海东分行对公业务部客户经理）、张艺瀚（青海互助县支行客户经理）、扎西求达（青海玉树市支行客户部经理）、张成泰（青海湟源县东郊支行副行长）、赵宇（宁夏固原长城路支行副行长，驻村第一书记）、朱政（宁夏西吉县城区支行副主任，西吉县红耀乡张白湾村第一书记）、何世甫（新疆墨玉县支行客户经理）、刘智博（新疆分行三农对公业务部科员）、彭雪峰（新疆分行农户金融部科员）、艾则孜·司马仪（新疆于田县支行客户经理）、刘勇涛（总行个人金融部风险合规处专家，挂职重庆市秀山县副县长）、李浩（总行三农政策与业务创新部发展规划处副处长，河北饶阳县北歧河村驻村"第一书记"）、欧海燕（总行三农对公业务部县域商业金融处副处长，挂职河北武强县副县长）、王瑜洁（总行三农对公业务部扶贫金融处资深专员）、李建平（总行网络金融部商城运营中心副处长，挂职贵州省黄平县委常委、副县长）、李海波（总行公司业务部业务管理处处长，挂职饶阳县人民政府副县长）、付志强（总行国际金融部综合管理处副处长，派驻河北武强县周窝镇党委副书记、李封庄村第一书记）

先进集体（47个）：河北邢台分行扶贫开发金融部、河北保定分行农户金融部、河北饶阳县支行、山西阳高县支行营业部、内蒙古宁城县支行、内蒙古突泉县支行、吉林汪清县支行、黑龙江饶河县支行、黑龙江海伦市支行、安徽砀山县支行、安徽临泉县支行、安徽金寨县支行、江西安远县支行、江西吉安县支行、河南淮滨县开发区分理处、河南虞城县木兰分理处、湖北阳新县支行、湖北红安县支行、湖北房县支行、湖南新化县支行、湖南桂东县支行、湖南芷江县支行、广西田东县支行营业室、广西龙州县支行、海南五指山市支行、重庆城口支行、四川金川县支行、四川马边县支行、四川九龙县支行、四川昭觉县支行、贵州镇宁县支行、贵州凤冈县支行、贵州毕节分行农户金融部、贵州印江县支行、云南沧源县支行、云南洱源县支行、云南宁洱县支行、西藏南木林县芒热营业所、西藏曲水县支行、西藏当雄县支行、陕西淳化县支行、陕西白河县支行、甘肃西和县支行、甘肃合作市支行、青海化隆县支行、宁夏盐池县支行、新疆墨玉县支行

三、中国农业银行2019年度金融服务脱贫攻坚先进个人和先进集体名单

先进个人（160名）：张天冬（北京东城支行党委委员、副行长，参加东西扶贫协作交流任新疆和田分行党委委员、副行长）、邢辰（北京平谷支行新平东路支行副行长，主持工作）、吴学博（天津大港支行西青支行党委委员、副行长）、郑勇（天津大港支行公司业务部经理）、张胜魁（河北分行信用管理部资深专员，派驻康保县屯垦村驻村第一书记）、侯慧敏（河北阳原县支行党委书记、行长）、王文阁（河北围场县支行党委书记、行长）、齐涛（河北阜平县支行党委书记、行长）、毕研浩（河北海兴县支行客户部经理）、王彦青（河北武强县支行党委书记、行长）、舒玉青（山西壶关县支行党委书记、行长）、周拴柱（山西河曲县支行三农部经理）、原军锋（山西分行纪委办公室综合管理科科长）、郭峰（山西分行农户金融部高级产品经理）、付冠英（内蒙古分行农户金融部扶贫信贷部经理）、白四林（内蒙古准格尔旗支行客户经理，派驻准格尔旗薛家湾镇阳塔村驻村工作队队长、第一书记）、田民英（内蒙古鄂伦春旗支行党委书记、行长）、罗铁钢（内蒙古察哈尔右翼中旗支行党总支书记、行长）、肖洪亮（辽宁义县支行党委书记、行长）、韩明（辽宁朝阳分行三农金融部科员，派驻辽宁省朝阳县尚志乡范家沟村驻村第一书记）、王浩淏（辽宁兴城市支行公司业务

部经理）、郑有强（吉林大安市支行客户经理，派驻大安市新平安镇长兴村驻村第一书记）、朱宏升（吉林汪清县支行客户经理，派驻汪清县春阳镇五家子村扶贫工作队队员）、崔斌（黑龙江佳木斯分行安全保卫部督导员，派驻桦川县四马架镇文化村驻村扶贫工作队队长、第一书记）、吕国莉（黑龙江分行三农对公业务部总经理）、沈元锋（上海金山支行公司金融部第二营销团队高级客户经理，参加"双百"干部人才结对帮扶交流任云南怒江泸水市支行党委副书记、副行长）、顾卫明（上海临汾路支行内勤行长，参加"双百"干部人才结对帮扶交流任云南昭通鲁甸县支行党委副书记、副行长）、章融（江苏常州经济开发区支行党委委员、副行长，参加"双百"干部人才结对帮扶交流任青海共和县支行党总支委员、副行长）、徐慧敏（江苏沛县朱寨支行行长）、张志永（浙江分行三农对公业务部专家兼副总经理，参加东西扶贫协作派驻贵州黄平扶贫工作组组长）、来呈（浙江桐庐县支行党委委员、副行长，参加"双百"干部人才结对帮扶交流任贵州黔东南剑河县支行党委书记、行长）、陈伟科（浙江诸暨市支行党委委员、副行长，参加"双百"干部人才结对帮扶交流任四川凉山会理县支行党委副书记、副行长）、闵云忠（浙江湖州分行调研员，参加东西扶贫协作挂职凉山州人民政府副秘书长、驻四川凉山扶贫工作组组长、凉山分行党委委员、副行长）、余勇（安徽安庆分行党委委员、副行长，派驻宿松县五谷村驻村第一书记）、李惠侠（安徽灵璧县支行党委书记、行长）、李鹏（安徽利辛县支行党委委员、副行长）、朱永慧（安徽石台县支行行长）、石志平（福建分行扶贫开发金融部正科级干部，参加"双百"干部人才结对帮扶交流任陕西丹凤县支行党委书记、行长）、林凯（原福建宁化县支行党委书记、行长，参加"双百"干部人才结对帮扶交流任宁夏西吉县支行党委副书记、副行长）、匡永爽（江西武宁县支行营业室副主任）、徐旭坤（江西横峰县支行党委书记、行长）、安平（山东菏泽分行党委副书记、副行长）、肖月强（山东聊城分行党委委员、副行长）、贾力（原山东鱼台县支行党委书记、行长，参加"双百"干部人才结对帮扶交流任重庆酉阳县支行党委书记、行长）、张延兵（山东分行资产负债管理部资深专员，派驻山东聊城莘县王奉镇西时固村驻村第一书记）、魏晓明（山东分行三农对公业务部资深专员）、纪文俊（山东临沂分行三农对公业务部副总经理）、杨兴甫（河南信阳分行党委书记、行长）、吕其亮（河南分行三农对公业务部总经理）、张天宏（河南封丘县支行党委委员、副行长）、付永卫（河南正阳县支行党委书记、行长）、张宏宇（湖北分行三农对公业务部科员）、张宇（湖北利川市支行党委书记、行长）、张菡玉（湖北保康县支行客户经理）、孙娥玲（湖北竹山县支行党委书记、行长）、蔡斌（湖南分行纪委办公室调研员，派驻湖南安化县东坪镇羊公村驻村扶贫工作队队长）、龙云（湖南保靖县支行党委书记、行长）、李凤华（湖南宜章县支行公司业务部经理）、刘炜（湖南分行扶贫开发金融部高级专员）、陈耀丰（广东分行办公室主任）、聂诚亮（广东从化支行党委委员、副行长，派驻广东汕尾市陆河县河口镇麦湖村驻村第一书记）、傅耀珍（原广东东莞厚街支行党委书记、行长，参加"双百"干部人才结对帮扶交流任四川泸定县支行党委书记、行长）、刘殿军（广西博白县支行党委委员、副行长，派驻博白县博白镇春石村驻村第一书记）、李庆君（广西昭平县支行运营财会部副经理，派驻广西昭平县文竹镇大广村驻村工作队员）、任得让（广西田东县支行党委书记、行长）、梁道通（广西马山县支行党委书记、行长）、陈祥达（广西凤山县支行营业室员工，派驻广西凤山县金牙乡外里村驻村第一书记）、陈妙媚（海南保亭县支行党委委员、副行长）、陈海林（海南琼海市支行个人金融部经理，派驻临高县皇桐镇金波村乡村振兴工作队队长）、韩玉川（重庆分行巡视二组调研员，派驻重庆市石柱县中益乡定点扶贫干部）、徐治国（重庆梁平支行副调研员，派驻重庆市奉节县平安乡驻乡包村扶贫干部）、王中明（重庆云阳凤鸣支行客户经理）、冉江胜（重庆丰都县社坛网点主任）、唐江（四川分行农户金融部农户信贷部经理）、周茜（四川分行大客户部客户二部经理）、袁也（原四川成都牛市口支行行长，交流任四川甘孜九龙县支行党委副书记、副行长）、王华刚（四川盐边县支行客户经理，派驻四川盐边县格萨拉彝族乡后元村驻村第一书记）、晏建（原四川合江县支行客户部主任，交流任四川甘孜道孚县支行行长助理）、强远刚（四川广元东城支行副行长，派驻广元利州区白朝乡新房村党支部第一书记、驻村工作队队长）、曹玻（四川射洪县支行人民街支行代理网点负责人，交流任四川凉山昭觉县支行行长助理）、邹佳岑（四川内江分行机构业务部科员，交流任四川甘孜九龙县支行行长助理）、李磊（四川屏山县支行副经理，派驻屏山县吴家坝村驻村扶贫干部）、龚莉玲（四川蓬安县支行客户经理，派驻蓬安县锦屏镇黄莲垭村驻村第一书记）、王登宾（四川大竹县周家支行员工，派驻大竹县中和乡环山村驻村第一书记）、张旭（四川雅安分行计划财会部资金计划管理岗，交流任四川凉山盐源县支行行长助理）、赵发苓（四川九龙县支行客户经理，派驻甘孜州稻城县桑堆镇吉乙三村驻村工作队队员）、铁日哈（四川雷波县支行营业室员工，派驻雷波县松树乡松树村驻村第一书记）、杨春雷（贵州分行党委委员、副行长）、张峰（贵州分行扶贫开发金融部副总经理，派驻贵州黔东南州从江县常务副县长）、周建纯（贵州瓮安县支行党委书记、行长）、刘清（贵州从江县支行客户经理，派驻黔东南州从江县脱贫攻坚省级挂牌督战队成员）、安洋（贵州铜仁分行营业部党总支委员、副总经理）、肖川（云南巧家县支行综合管理部客户经理，派驻巧家县老店镇团林堡村驻村扶贫干部）、刘姣（云南师宗县支行营业室副主任，派驻师宗县竹基镇阿白村第一书记）、李贵马（云南石屏县支行综合管理部员工，派驻石屏县牛街镇那刀村驻村扶贫干部）、李宗政（云南双江县支行党委书记、行长）、杨小良（云南福贡县支行党委委员、副行长）、颜洪强（云南施甸县支行由旺分理处主任）、杨荣靖（云南陇川县支行陇把分理处副主任，派驻陇川县陇把镇帮湾村第一书记）、黄毅（云南砚山县支行客户部经理）、王洪（西藏分行党委委员、副行长）、张长伟（西藏分行三农金融部副总经理）、加永旺堆（西藏分行人力资源部资深专员）、向巴泽西（西藏分行信用管理部单元经理）、索朗念扎（西藏林周县支行党总支部书记、行长）、旺拉（西藏白朗县支行党支部书记、行长）、边巴扎西（西藏浪卡子县支行卡热营业所员工）、宁晓杰（西藏工布江达县支行党委书记、行长）、李茂胜（西藏昌都分行三农金融部员工）、扎西群培（西藏昌都分行巡察一组副组长，派驻西藏昌都市分行驻村工作队副总队长）、郎土觉丹（西藏索县支行行长助理）、德吉曲宗（西藏阿里分行三农金融部副总经理）、黎光宇（陕西千阳县支行石坊街分理处员工）、马超（陕西白水县支行客户部副经理）、吴曦（陕西宁强县支行党委书记、行长）、吴兴忠（陕西商南县支行营业室员工）、钟想红（甘肃武山县支行党总支书记、行长）、赵文荣（甘肃古浪县支行党委书记、行长）、倪向阳（甘肃镇原县支行资深专员兼支行党委书记、行长）、赵宏毅（甘肃礼县支行党委委员、副行长）、马红玉（甘肃东乡县支行党总支书记、行长）、杜世荣（甘肃卓尼县柳林分理处客户经理，派驻卓尼县扎古录镇晒如那村工作队队长）、白尚清（甘肃白银分行个人金融部员工，派驻靖远县靖安乡开龙村第一书记兼驻村工作队队长）、马扶民（青海海北分行对公业务部副总经理，派驻青海省海晏县金滩乡东达村驻村第一书记）、韩敏（青海尖扎县支行党总支书记、行长）、李春录（青海达日县支行资深专员兼支行党支部书记、行长）、马福军（青海格尔木分行对公业务部总经理）、田萍（青海分行三农金融部单元经理）、张怀昌（宁夏彭阳县支行党委书记、行长）、马小云（宁夏同心县支行韦州支行行长）、白雪原（新疆分行党委委员、副行长，派驻疏附县塔什米里克乡阿亚克色日克阿塔村总领队、队长、第一书记）、卡德尔别克·哈力亚斯汉（新疆阿勒泰分行副调研员，派驻富蕴县吐尔洪乡托留拜克孜勒村驻村工作队队长、第一书记）、王政政（新疆巴里坤县支行党总支书记、行长）、刘志刚（新疆柯坪县支行党总支书记、行长）、吐尔逊江·帕塔尔（新疆莎车县支行党总支委员、副行长，派驻莎车县喀拉苏乡吐格曼贝希村访惠聚工作队队长）、周鹏（新疆阿克陶县支行党总支书记、行长）、王久顺（新疆策勒县支行党总支书记、行长）、汤豫（新疆伊犁分行营业部客户经理，派驻伊犁分行"访惠聚"工作队副队长）、马建伟（新疆喀什兵团分行党委委员、副行长）、赵桐（深圳中心区支行营业部副经理）、赵原野（大连庄河支行党委委员、副行长）、蔡潇（原青岛市北三支行行长，参加"双百"干部人才结对帮扶交流任云南曲靖会泽县支行党委委员、副行长）、林震志（宁波奉化支行党委委员、纪委书记，参加"双百"干部人才结对帮扶交流任贵州黔西南分行党委委员、副行长）、张路泓（原厦门金融中心支行软件园支行行长，参加"双百"干部人才结对帮扶交流任甘肃白银靖远县农行党委副书记、副行长）、陈宇（驻农行纪检监察组副组长）、谭新见（总行办公室秘书一处资深专员）、张武文（总行财务会计部财会监督管理处处长）、刘韬（总行内控合规监督部合规管理二处副处长，派驻贵州黔东南雷山县脚猛村驻村第一书记）、郧玺（总行运营管理部后台运营管理处副处长，派驻河北省衡水饶阳县五公镇邹村任驻村第一书记）、彭胜鑫（总行公司业务部现金管理处副处长，派驻重庆秀山县洪安镇平马居委会驻村第一书记）、王冠壹（总行普惠金融事业部产品研发处副处长，派驻河北保定阜平县副县长）、刘献良（总行三农政策与业务创新部发展规划处副处长）、何源源（总行扶贫开发金融部农业金融处处长）、石磊（总行扶贫开发金融部农业产业化金融处资深专员）、陈言（总行农户金融部农户信贷处资深专员）、许修和（总行信用审批部三农及普惠金融信用审查处副处长）、吴剑（总行网络金融部零售网金处副处长，派驻贵州黔东南黄平县学坝村党支部第一书记）、刘大伟（总行科技与产品管理局业务应用管理三处高级专员）、潘国伟（总行企业文化部高级专家）、彭明扬（总行机关党委监督和审理处副处长）

先进集体（99个）：北京分行普惠金融事业部、天津分行河西支行、河北分行三农对公业务部、河北张家口分行、河北承德分行、山西临县支行、山西天镇县支行、内蒙古赤峰分行、内蒙古巴彦淖尔分行、内蒙古突泉县支行、辽宁彰武县支行、辽宁西丰县支行、吉林延边分行、黑龙江青冈县支行、上海闵行支行、江苏泗阳县支行、浙江分行三农对公业务部、浙江衢州分行、安徽宿州分行、安徽寿县支行、福建长汀县支行、江西修水县支行、江西广昌县支行、山东临沂分行、山东菏泽分行、山东寿光市支行、河南兰考县支行、河南嵩县支行、河南周口分行、湖北黄冈分行农村产业金融部、湖北五峰县支行、湖南分行三农对公业务部、湖南湘西分行、广东分行三农对公业务部、广东河源分行、广西百色分行、广西环江县支行、广西隆安县支行、海南临高县支行、重庆石柱支行、重庆秀山支行、四川分行三农对公业务部、四川阿坝分行、四川广元分行、四川北川县支行、四川峨边县支行、四川稻城县支行、四川九寨沟县支行、四川布拖县支行、四川昭觉县支行、四川泸定县支行、贵州遵义分行、贵州安顺黔中支行、贵州大方县支行、云南分行三农对公业务部、云南昆明东川支行、云南镇雄县支行、云南泸西县支行、云南澜沧县支行、云南迪庆分行三农金融部、西藏拉萨堆龙德庆支行、西藏定日县支行、西藏曲松县支行、西藏工布江达县支行、西藏八宿县支行、西藏那曲色尼支行、西藏日土县支行、陕西分行扶贫开发金融部、陕西白河县支行、甘肃通渭县马营分理处、甘肃西和县支行、甘肃临夏县支行、甘肃玛曲县支行、甘肃分行驻西和县扶贫团队、青海玉树分行、青海海南分行、青海大通县支行、宁夏西吉县支行、新疆巴里坤县支行、新疆岳普湖县支行、新疆阿克陶县支行、新疆策勒县支行、新疆乌什县支行、新疆兵团分行农户金融部、深圳分行普惠金融事业部、大连瓦房店支行、青岛莱西支行、宁波慈溪分行、厦门分行工会工作部、驻农行纪检监察组监督检查二室、总行办公室秘书二处、总行财务会计部考评监管处、总行内控合规监督部内控管理处、总行运营管理部网点规划处、总行三农政策与业务创新部三农产品处、总行扶贫开发金融部扶贫金融处、总行农户金融部县域市场拓展处、总行信用管理部三农政策制度处、总行网络金融部产业场景处

四、中国农业银行定点扶贫先进个人和先进集体名单

先进个人（101名）：王红岐（北京分行普惠金融事业部总经理）、李照（北京分行总务部物业管理部副经理，主持工作）、周霖（北京分行团

委副书记、工会工作部正科级干部）、李浩（北京平谷支行党委书记、行长）、左晓冬（北京朝阳财满街支行正科级干部，挂职内蒙古乌兰察布卓资县支行副行长）、李爵（天津分行高级专家、网络金融部总经理）、褚继田（河北分行党委委员、副行长）、王典科（河北分行三农对公业务部单元经理）、宋焕忠（河北衡水分行党委书记、行长）、骆树丰（河北衡水分行农户金融部总经理）、王俊国（河北衡水分行三农金融部客户经理）、张清源（河北饶阳县支行金融扶贫部/客户部副经理）、杨清泉（山西忻州分行专家，派驻山西静乐县平型关镇帮扶工作队队长）、张伟（内蒙古分行农户金融部单元经理）、周学军（辽宁分行党委委员、副行长兼沈阳分行党委书记、行长）、王铭晨（吉林靖宇县支行副行长）、马立业（黑龙江分行三农对公业务部副总经理）、陈鑫（上海崇明支行党委书记、行长）、房友标（江苏宿迁分行副调研员）、史雯（浙江分行总务部副总经理）、周睿旻（浙江分行三农对公业务部产品经理）、谭玉良（浙江海盐县支行党委书记、行长）、孔春晖（浙江婺城江北支行行长）、侯杰（安徽分行三农对公业务部高级专员）、林欣（福建分行农户金融部/扶贫开发金融部个人业务部经理）、谢作超（福建分行三农对公业务部城镇化部经理）、熊广平（江西分行人力资源部副总经理，正处级）、刘东亮（江西广昌县支行副行长，派驻江西广昌县贯桥村扶贫工作队队长兼第一书记）、冯永利（山东分行三农对公业务部专员）、孙卫华（山东海阳市支行党委书记、行长）、杨兵（山东寿光市支行党委书记、行长）、惠振升（山东曹县支行个人金融部客户经理）、赵士军（河南开封分行党委副书记、副行长）、胡小龙（湖北三峡东山支行党委副书记）、周常嵩（湖北恩施分行风险资产处置部副总经理，派驻湖北利川市中原村第一书记）、梁永银（湖南泸溪县白沙分理处客户经理，派驻湖南泸溪县下广村扶贫工作队队员）、黄腾江（广东分行资深专家）、严俊玲（广东分行三农金融部总经理）、黄文静（广东河源分行公司业务部经理）、林海峰（广东顺德龙江支行公司业务部经理）、梁建敏（广西凤山县支行党委副书记、副行长，派驻广西凤山县上牙村第一书记）、王苣（海南临高县江北支行副行长，主持工作）、陈颖（重庆分行人力资源部副总经理）、涂小刚（重庆分行三农对公业务部/扶贫开发金融部高级客户经理）、杨怡（重庆分行农户金融部产品经理）、黄晓艳（重庆秀山支行党委书记、行长）、黄诚（重庆秀山支行营业部副主任兼金库主任，派驻重庆秀山县红星村第一书记）、曹伟（四川甘孜分行办公室综合文秘，派驻四川甘孜县然洛村驻村工作队队员）、卢易成（四川金阳县支行党委委员、纪委书记）、李运（贵州分行党委书记、行长）、江河（贵州分行信用管理部副总经理）、龙瑛（贵州分行财务会计部单元经理）、邬荣飚（贵州黔东南分行扶贫金融部高级专员）、黄春敏（贵州黄平县支行副行长）、杨亚军（贵州台江县支行行长助理）、熊永红（云南昭通分行办公室副主任，派驻云南永善县凉水村工作队队长兼第一书记）、罗立波（西藏分行人力资源部副总经理，总行援藏干部）、申红卫（陕西延安分行副行长）、徐军（甘肃庆阳分行农户金融部经理）、王国锋（甘肃天水分行运营管理部专员，派驻甘肃张家川县草川梁村扶贫帮扶工作队队长兼第一书记）、邵合章（甘肃古浪县支行党委书记、行长）、吉太加（青海泽库县支行客户经理）、张汉军（宁夏固原分行个人金融部高级客户经理）、万可（新疆喀什分行个人金融业务部客户经理）、陈广生（新疆喀什兵团分行党委书记、行长）、李世昌（深圳中心区支行公司业务部客户经理）、肖福斌（大连瓦房店支行个贷业务团队经理）、苏青（青岛崂山支行副行长，挂职云南迪庆分行副行长）、陆文锋（浙江慈溪分行综合管理部正科级干部，挂职贵州六盘水水城县支行党委书记、行长）、李军晖（厦门分行网络金融部副总经理）、郜雪（驻农行纪检监察组监督检查二室资深专员）、周金涛（总行审计局综合管理处副处长）、蒋鹏（总行人力资源部员工管理处资深专员）、黄天颐（总行人力资源部总部员工管理处高级专员）、李睿智（总行财务会计部系统财务管理处资深专员）、李晓彤（总行财务会计部考评监管处专员）、李忠良（总行资产负债管理部三农及普惠金融资产负债管理处高级专员）、李海波（总行公司业务部业务管理处处长，挂职河北饶阳县县委常委、副县长）、顾然（总行公司业务部综合管理处高级专员）、刘勇涛（总行个人金融部风险合规处专家，挂职重庆秀山县副县长）、杨骥东（总行三农政策与业务创新部发展规划处高级专员）、惠超（总行三农对公业务部城镇化金融处处长）、欧海燕（总行三农对公业务部县域商业金融处处长）、蒋潏潏（总行三农对公业务部扶贫业务处高级专员）、赵云鹏（总行农户金融部业务管理处资深专员，挂职重庆秀山县扶贫领导小组副组长兼扶贫办副主任）、陈琦（总行信用管理部三农政策制度处副处长）、付志强（总行国际金融部综合管理处副处长，派驻河北武强县周窝镇党委副书记、李封庄村第一书记）、李建平（总行网络金融部数字乡村处副处长）、陈露希（总行网络金融部数字乡村处资深专员）、管振宇（总行网络金融部场景运营中心资深专员）、张翀（总行企业文化部品牌管理处副处长）、胡畔（总行企业文化部新闻中心副处长）、郭锐（总行机关党委高级专家）、田雨（总行机关党委监督和审理处高级专员）、马云燕（中国农业银行团委书记、副总经理）、齐波（总行工会工作部经费管理处/综合管理处副处长）、文震威（总行机关服务管理局实体经营监管处处长）、董秀义（总行机关服务管理局实体经营监管处高级专员）、郭海虹（总行巡视六组处长）、黄景莉（农银报业新媒体中心高级专员）、张宁（总行审计局广州分局审计一处高级专员）

先进集体（69个）：北京分行网络金融部、北京中关村分行、天津分行总务部、河北分行农户金融部、河北衡水分行三农金融部、河北饶阳县支行、河北武强县支行、山西大同分行驻浑源县杨庄村工作队、内蒙古扎赉特旗支行、辽宁凤城市支行、吉林镇赉县支行、黑龙江鹤岗分行、上海金山支行、江苏宿迁分行、浙江分行工会工作部、浙江温州分行、安徽阜阳分行、福建龙岩新罗支行、江西鄱阳县支行、江西石城县支行驻岩岭村扶贫队、山东潍坊分行、山东滨州沾化支行、河南分行驻台前县马楼村工作队、湖北分行驻兴山县白竹村扶贫工作队、湖南分行驻安化县羊公村扶贫工作队、广东分行总务部、广东东莞分行、广西马山县支行、海南文昌市支行、重庆分行三农对公业务部、重庆秀山支行公司业务部、重庆秀山支行营业部、四川越西县支行、贵州分行办公室、贵州分行总务部、贵州黔东南分行、贵州黄平县支行、云南分行机关党委、西藏那曲分行、陕西商洛分行、甘肃渭源县支行、甘肃舟曲县支行、甘肃宕昌县支行、青海海北分行、宁夏固原分行、新疆柯坪县支行、新疆喀什兵团分行、深圳分行网络金融部、大连普兰店支行、青岛黄岛支行、宁波余姚支行、厦门翔安支行、总行办公室秘书一处、总行人力资源部三农及普惠金融人力资源管理处、总行公司业务部定点扶贫工作团队、总行大客户部客户一处、总行三农政策与业务创新部发展规划处、总行扶贫开发金融部农业产业化金融处、总行农户金融部业务管理处、总行信用审批部三农及普惠金融信用审查处、总行国际金融部综合管理处、总行研发中心扶贫商城团队、总行企业文化部品牌管理处、总行工会工作部经费管理处/综合管理处、总行机关服务管理局实体经营监管处、总行巡视四组、农银报业报纸编辑部、总行审计局成都分局审计一处、审计局昆明分局审计一处

五、中国农业银行脱贫攻坚金融服务先进个人和先进集体名单

先进个人（392名）：张天冬（北京东城支行党委委员、副行长，东西扶贫协作交流干部，挂任新疆和田分行党委委员、副行长）、冯维勇（天津分行公司业务部/扶贫开发金融部总经理）、刘凤旗（河北衡水分行党委委员、纪委书记）、张静（河北分行三农对公业务部/扶贫开发金融部总经理）、杨朝华（河北张家口分行党委书记、行长）、宋焕忠（河北衡水分行党委书记、行长）、齐涛（河北阜平县支行党委书记、行长）、郭立华（河北承德分行三农对公业务部总经理）、王健梅（河北分行农户金融部资深专员）、赵建兵（河北饶阳县支行党委委员、副行长）、郝诚（河北万全县支行科员，驻万全区杏园庄村第一书记）、李谦（河北邢台分行三农对公业务部副主任科员，驻临城县磁窑沟村第一书记）、苏永波（河北平山县支行党委书记、行长）、朱孟伟（河北唐县支行党委书记、行长）、焦铁鹏（河北盐山县支行党委书记、行长）、姜广辉（河北青龙县支行党委书记、行长）、孙东旭（河北围场县支行客户部经理）、刘江涛（河北威县支行党委书记、行长）、朱拥军（河北涞源县支行党委书记、行长）、毛乃华（河北大名县支行党委书记、行长）、李伟（河北丰宁县支行党委书记、行长）、李学俭（河北枣强县支行党委委员、副行长）、郭一芳（山西分行党委委员、副行长）、崔晓伟（山西平顺县支行党委委员、副行长）、储显（山西右玉县支行党委委员、副行长）、李平（山西浑源县支行党委委员、副行长）、邓步云（山西神池县支行党委副书记、副行长）、马培杰（山西临县支行党委委员、副行长）、孙富怀（山西忻州分行三农金融部经理，驻繁峙县平型关镇工作队队长）、章鹏（山西临汾尧都支行行长助理）、董银康（山西平陆县常乐镇支行副行长）、马铁军（内蒙古赤峰分行党委书记、行长）、孟杨（内蒙古通辽分行三农金融部副总经理）、王玉海（内蒙古鄂尔多斯分行三农金融部副总经理）、付小东（内蒙古呼和浩特分行三农金融部总经理）、王晓东（内蒙古奈曼旗支行党委书记、行长）、田民英（内蒙古鄂伦春旗支行党委书记、行长）、乃日勒图（内蒙古正蓝旗支行党委副书记、纪委委员）、杜水波（内蒙古化德县支行党委委员、副行长）、张常锁（内蒙古科尔沁右翼中旗支行客户部客户经理）、白新国（内蒙古阿拉善左旗支行公司业务部客户经理）、王文娟（内蒙古宁城县支行个人金融部副经

理）、孙增跃（内蒙古五原县西街支行客户经理）、王雅廷（内蒙古土默特右旗支行党委委员、行长助理）、苑智（辽宁分行三农对公业务部/扶贫开发金融部资深专员）、邱硕（辽宁辽阳分行三农金融部副督导员，驻村第一书记）、林海飞（辽宁西丰县支行党委书记、行长）、王铭晨（吉林靖宇县支行党委委员、副行长）、马志强（吉林大安市安广支行行长）、周学仕（吉林延边分行营业部主任）、邢江林（吉林柳河县支行对公业务部经理）、高蕴昕（黑龙江分行三农对公业务部/扶贫开发金融部资深专员）、武伟男（黑龙江克东县支行党委书记、行长）、刘锐（黑龙江绥滨县支行党委书记、行长）、高海鑫（黑龙江桦南县支行党委书记、行长）、郁瑞根（上海金山支行公司金融部资深专员）、仇玉昭（江苏分行三农对公业务部/扶贫开发金融部经理）、章融（江苏常州经济开发区支行副行长，东西扶贫协作交流干部，挂任青海共和县支行党总支委员、副行长）、闵云忠（浙江湖州分行调研员，驻四川凉山分行东西部协作工作组组长、凉山州政府副秘书长）、张志永（浙江分行三农对公业务部/扶贫开发金融部专家、副总经理，贵州黄平定点帮扶工作组组长）、来呈（浙江桐庐县支行党委委员、副行长，东西扶贫协作交流干部，挂任贵州黔东南剑河县支行党委书记、行长）、李骑（浙江分行纪委办公室副主任）、范冬梅（安徽分行农户金融部副总经理）、马建军（安徽阜阳分行党委委员、副行长）、王磊（安徽六安分行党委委员、副行长）、潘新（安徽金寨县支行党委委员、副行长）、李鹏（安徽利辛县支行党委委员、副行长）、杨苏群（安徽望江县鸦滩支行行长）、时培磊（安徽寿县支行党委委员、副行长）、王潇（安徽灵璧县尤集支行行长）、施俊（安徽潜山市支行余井分理处副主任）、韦磊（安徽临泉县支行党委委员、副行长）、彭洋洋（安徽阜南县支行客户经理）、李敏（安徽怀远县支行公司部副经理）、营浩（安徽定远县炉桥支行网点主任）、刘婧（福建分行农户金融部科员）、郑曼姝（福建分行纪委办公室资深纪检监察专员、综合管理科经理）、刘衍平（江西分行三农对公业务部/扶贫开发金融部调研员）、李静（江西分行农户金融部高级专员）、晏勇开（江西吉安分行三农金融部经理）、匡乐峰（江西井冈山市支行党委委员、副行长）、蔡锦龙（江西瑞昌市支行运营财会部副经理，驻瑞昌市码头镇三源村第一书记）、曹文林（江西鄱阳县古县渡镇支行副主任，驻古县渡镇石上村第一书记）、朱国安（江西抚州分行运营管理部科员，驻南城县株良镇城上村第一书记）、周峰平（江西莲花县支行营业部主任）、曹逸峰

（江西石城县支行党委副书记、副行长）、许厚万（江西赣县王姆渡支行主任）、魏晓明（山东分行三农对公业务部/扶贫开发金融部资深专员）、邱华（山东莒南县支行党委书记、行长）、武继良（山东阳谷县支行党委委员、副行长）、禹政（山东东平县支行党委委员、副行长）、孙文献（河南分行办公室主任）、袁晓东（河南分行农户金融部副总经理）、陈静（河南分行三农对公业务部/扶贫开发金融部科员）、冯炜（河南安阳分行党委书记、行长）、王子玮（河南夏邑县支行营业部营销主任）、石琳琳（河南封丘县城关分理处网点主任）、赵晓辉（河南卢氏县支行党委委员、行长助理）、崔爽（河南内乡县支行党委书记、行长）、韩东浩（河南淮阳县支行党委委员、副行长）、宋晓晓（河南武陟县支行公司业务部/三农对公业务部经理）、李士勇（河南舞阳县支行党委委员、副行长）、胡忠东（湖北分行三农对公业务部/扶贫开发金融部总经理）、钟亮（湖北分行农户金融部高级专员）、欧阳堰（湖北阳新县支行党委书记、行长）、邹学武（湖北十堰分行扶贫开发金融部/三农对公业务部总经理）、王拥军（湖北丹江口市支行公司部经理）、柴小华（湖北三峡分行党委委员、副行长）、李江峰（湖北秭归县支行高级专务，驻屈原镇长江村第一书记）、李红（湖北谷城县支行综合管理部经理）、毛晓鹏（湖北孝感分行党委委员、副行长）、冯小军（湖北通山县支行党委副书记、高级经理）、吕鹏（湖北建始县支行党委书记、行长）、邓斌（湖南邵阳分行纪委办公室主任）、谭小兵（湖南邵阳分行党委委员、副行长）、谢阶志（湖南分行农户金融部资深专员兼农户信贷部经理）、刘文敏（湖南分行资产负债管理部单元经理）、胡宗晶（湖南新晃县支行党委书记、行长）、郑小辉（湖南慈利县支行党委委员、副行长）、钟朋成（湖南平江县支行党委委员、副行长）、王晚成（湖南茶陵县支行综合管理部督导员）、童安君（湖南安化县支行公司业务部副经理）、周利君（湖南石门县支行公司业务部经理）、聂国平（湖南新化县白沙洲分理处客户经理）、陈华（湖南安仁县支行营业室副主任）、黄涛（湖南新田县支行综合管理部副经理）、王政辉（湖南新邵县支行党委委员、副行长）、张良（湖南古丈县支行高级客户经理）、黄腾江（广东分行资深专家）、李勇军（广东龙川县支行营业室三农服务专员）、卢伟锋（广东清远清新支行党委书记、行长）、卢永耀（广西西林县支行党总支书记、行长）、杨小锋（广西乐业县支行营业室副主任）、覃振儒（广西罗城县支行党委书记、行长）、韦海峰（广西东兰县支行党委副书记、副行长）、韦立革（广西三江县支行党委书记、行长）、韦江冰（广西融水县支行扶贫专干，融水县永乐镇北高村驻村工作队员）、黄有庆（广西龙州县支行党委书记、行长）、欧阳朝代（广西恭城县支行综合部副经理，驻恭城县西岭镇西岭村帮扶）、温创良（广西富川县支行公司业务部副经理）、刘殿军（广西博白县支行党委委员、副行长，曾挂职那林镇多福村第一书记、博白镇春石村第一书记）、莫禅蔓（广西藤县支行党委委员、副行长）、黄仕龙（广西钦州分行信用卡与网络金融部高级客户经理，驻钦南区大番坡镇青龙村帮扶）、梁道通（广西马山县支行党委书记、行长）、沈翠娟（广西南宁分行党委委员、副行长）、黄韩（广西河池分行党委副书记、副行长）、覃恺（广西河池分行三农金融部副总经理）、吴峥智（广西分行扶贫开发金融部副总经理）、许斌（广西分行农户金融部资深专员）、江山（广西分行纪委办公室副主任）、韦善锋（广西都安县支行党委副书记、纪委书记）、王云（海南白沙县支行党委书记、行长）、王庆玉（海南临高县支行党委委员、副行长）、朱烈（重庆分行三农对公业务部/扶贫开发金融部副总经理）、张渝（重庆分行农户金融部经理）、潘钰琳（重庆分行办公室高级专员）、黄晓艳（重庆秀山支行党委书记、行长）、张雪松（重庆石柱支行普惠金融部经理）、王盛（重庆武隆支行公司业务部经理）、牟连滢（重庆奉节县诗城路支行客户经理）、郑耀荣（重庆巫山支行三农金融部副经理）、黎川（重庆彭水支行三农金融部客户经理）、李航（重庆温泉支行网点负责人）、韩玉川（重庆分行巡察办调研员）、徐治国（重庆梁平支行副调研员）、李进华（四川广安市广安区支行客户经理部经理）、李果（四川平武县支行党委委员、副行长）、王章龙（四川广元昭化支行党委书记、行长）、刘方园（四川剑阁县支行公司业务部经理）、黄胜权（四川万源市支行综合管理部科员，驻罗文镇马蹄坝村任第一书记）、董朝晖（四川阿坝分行三农金融部总经理）、魏强（四川九寨沟县支行综合管理部科员，驻双河镇全脱产扶贫干部）、余保敏（四川茂县支行党委书记、行长）、蒲桥（四川仪陇县支行党委委员、副行长）、张伟亮（四川康定市支行党委委员、副行长，东西扶贫协作交流干部，原任广东惠州仲恺支行纪委书记）、建东（四川稻城县支行客户经理，驻桑堆镇吉乙三村帮扶）、陈仕君（四川稻城县支行党委书记、行长）、夏晓君（四川九龙县支行党委书记、行长）、陈涛（四川古蔺县支行客户部经理）、陈云（四川马边县支行党委书记、行长）、何雪芒（四川布拖县支行党委书记、行长）、马超（四川喜德县支行党委书记、行长）、木洛说哈（四川越西县支行客户部经理）、尼日尔扎（四川昭觉县支行客户部副经理）、梁佛（四川美姑县支行综合部科员，驻觉洛乡典阿尼村第一书记）、钟成金（四川屏山县支行主任科员）、谭毅（四川分行三农对公业务部/扶贫开发金融部副总经理）、朱劲川（四川分行财务会计部单元经理）、苏帅（四川分行农户金融部单元经理）、唐小林（四川分行信用管理部副总经理）、王鑫（四川分行运营管理部副总经理）、王清富（四川分行纪委办公室副调研员）、樊磊（四川分行办公室专家、副主任）、贾丽英（四川阿坝分行纪委办公室科员）、贾敏（四川仪陇县支行党委委员、纪委书记）、何懿（贵州分行党委委员、副行长）、王晓（贵州分行扶贫开发金融部专家、副总经理）、张丹（贵州分行农户金融部资深专员）、韦丽（贵州分行人力资源部经理）、陈国江（贵州遵义分行党委书记、行长）、吴长智（贵州贵阳分行普惠金融事业部总经理，挂职黔东南苗族侗族自治州从江县政府办副主任）、夏德敏（贵州六盘水分行三农金融部总经理）、黄虎（贵州安顺分行三农金融部客户经理）、徐红（贵州湄潭县支行客户业务部经理）、陈建新（贵州凤冈县支行党委副书记、副行长）、黄柏峰（贵州安顺分行营业部副总经理）、周兰（贵州安顺平坝支行客户部经理）、万凯（贵州紫云县支行扶贫金融部经理）、莫廷健（贵州独山县支行党委委员、副行长）、杨富俊（贵州瓮安县支行客户经理）、蒙能文（贵州黄平县支行扶贫金融部经理）、吴凯（贵州从江县江东支行副行长，驻谷坪乡谷洞村帮扶）、王盛（贵州榕江县古州支行副主任）、肖再贵（贵州台江县支行扶贫金融部经理）、黎东（贵州德江县支行党委委员、副行长）、肖勇军（贵州石阡县支行党委书记、行长）、李玮（贵州纳雍县支行扶贫金融部客户经理）、胡尘（贵州毕节七星关支行扶贫金融部经理）、唐锋（贵州盘州市支行党委书记、行长）、陈延（贵州望谟县支行党总支委员、行长助理）、朱婷（贵州晴隆县支行科员）、万铭（贵州贞丰县支行党总支书记、行长）、傅鹏（贵州毕节分行党委委员、纪委书记）、笪沛娟（贵州分行纪委办公室副主任）、苏靖宇（云南分行信用管理部单元经理）、周赢（云南分行公司业务部单元经理，驻德钦县佛山乡纳古村帮扶）、耿帆（云南分行三农对公业务部/扶贫开发金融部专员）、刘丝雨（云南分行人力资源部/三农及普惠金融人力资源管理中心专员）、张辉（云南曲靖分行党委书记、行长）、朱旭鹏（云南红河分行党委书记、行长）、王永丽（云南贡山县支行综合管理部经理）、菊贤（云南德钦县支行党委委员、副行长）、袁晓伟（云南镇雄县支行党委副书记、副行长）、梅勇（云南澜沧县支行党委书记、行长）、阿龙宝（云南宁蒗县支行党委委员、副行长）、黄晓云（云南广南县支行客户部副经理）、李利辉（云南昆明东川支行党委委员、副行长，主持工作）、杨晓燕（云南泸水市支行客户部副经理）、肖东海（云南维西县支行党委委员、副行长）、徐剑锋（云南牟定县支行党委委员、纪委书记）、罗婷婷（云南江城县支行营业室大堂经理）、孔祥明（云南永善县支行综合管理部经理）、杨欣（云南兰坪县支行党委委员、纪委书记）、王亚娇（云南文山分行信用管理部副总经理）、刘建存（云南泸西县金马分理处客户经理）、谢海霞（云南勐海县支行党委委员、副行长）、罗艳飞（云南双江县支行党委委员、副行长）、范同坤（云南巧家县支行营业室主任，曾驻东坪镇树叶村帮扶）、常成（云南大理分行个人信贷部副总经理，驻永平县阿林村工作队队长、第一书记）、苏荣相（云南施甸县由旺分理处客户经理，驻太平镇李山村帮扶）、管有华（云南梁河县支行客户部副经理）、方世稳（云南会泽县支行党委委员、纪委书记）、李建平（云南普洱分行纪委办副主任）、达娃次仁（西藏分行三农对公业务部/扶贫开发金融部客户经理）、边巴琼达（西藏分行农户金融部科员）、达娃央金（西藏拉萨达孜支行邦堆营业所主任）、桑桑卓玛（西藏聂荣县尼玛乡营业所客户经理）、罗桑（西藏隆子县支行党委书记、行长）、强巴曲增（西藏分行办公室副主任）、扎西顿珠（西藏日土县热帮营业所主任）、洛桑（西藏双湖县支行党支部委员、副行长）、米玛次仁（西藏分行计划财务部经理）、强培贡觉（西藏札达县支行客户部经理）、格桑塔杰（西藏安多县帕那营业所主任）、尼玛拉松（西藏改则县麻米营业所主任）、罗布群培（西藏拉萨分行三农金融部主任科员）、四朗巴桑（西藏边坝县支行党委委员、副行长）、元旦（西藏革吉县雄巴营业所主任）、格桑（西藏那曲分行三农金融部经理）、扎西顿珠（西藏林芝分行党委委员、副行长）、巴嘎多吉（西藏昌都卡若支行党委书记、行长）、曲布泽仁（西藏江达县支行党委委员、副行长）、扎旺（西藏南木林县支行党委书记、行长）、尼玛次仁（西藏扎囊县支行党委委员、副行长）、尼玛旦增（西藏拉萨堆龙德庆支行党委书记、行长）、昂旺曲增（西藏察隅县支行客户经理）、其美多吉（西藏白朗县支行客户经理）、王腾飞（西藏分行纪委办主任科员）、张莉（西藏波密县支行客户经理）、索朗坚才（西藏隆子县支行客户经理）、李宝军（陕西分行机构业务部调研员，挂职安康白河县副县长）、董建勋（陕西分行安全保卫部总经理）、郭小虎（陕西分行总务部总经理）、杨毅（陕西分行资产负债管理部单元经理）、王栋（陕西周至县支行党委书记、行长）、张立（陕西铜川耀州支行党委委员、副行长，驻石柱镇神漱村帮扶）、王永建（陕西陇县支行党委委员、纪委书记）、师亚锋（陕西永寿县支行党委委员、副行长，驻渠子镇渠子村扶贫工作队队长）、张博（陕西渭南分行三农金融部副总经理，驻白水县林皋镇郭畔村第一书记）、吴兴忠（陕西商南县支行客户部客户经理）、陈硕腾（陕西柞水县支行党委委员、副行长）、袁玮（陕西汉中分行党委委员、副行长）、王建学（陕西汉中分行三农金融部高级客户经理，驻佛坪县西岔河镇耖家庄第一书记）、李安庆（陕西延川县支行党委书记、行长）、刘胜利（陕西岚皋县支行三农部科员，驻堰门镇团员村第一书记）、亢伟（陕西榆林分行运营中心科员，驻子洲县曹家沟村帮扶）、谢建军（陕西安康分行党委委员、纪委书记）、张莉（甘肃分行三农对公业务部/扶贫开发金融部单元经理）、何花（甘肃分行农户金融部高级专员）、张万红（甘肃秦安县支行客户部客户经理，驻郭嘉镇耀紫村第一书记）、年玉堂（甘肃渭源县支行公司业务部客户经理）、王建民（甘肃古浪县大靖支行行长）、张三泰（甘肃静宁县李店支行行长）、郑吉庆（甘肃镇原县支行党委副书记、副行长）、张文强（甘肃正宁县山河支行网点主任）、林明（甘肃陇南分行党委书记、行长）、贾利军（甘肃康县支行营业室客户经理）、杜利平（甘肃文县城关支行行长）、白剑峰（甘肃临夏分行党委委员、副行长）、任忠汉（甘肃临夏县支行客户部经理）、陈世孝（甘肃东乡县支行副督导员，驻高山乡岔巴村第一书记）、杨国晋（甘肃夏河县支行党总支书记、行长）、龚晓乾（甘肃碌曲县支行客户经理）、周霖（甘肃分行纪委办公室监督检查科科长）、王成连（甘肃西和县支行党委委员、纪委书记）、王生丽（青海分行三农金融部总经理）、赵孟（青海大通县支行党总支书记、行长）、蒲光胜（青海班玛县支行党支部纪检委员、副行长）、永旦尖措（青海玛多县支行党支部书记、行长）、韩斌斌（青海贵南县支行党总支组织委员、副行长）、阿吾尼玛（青海囊谦县支行副行长）、马海林（青海化隆县支行副行长，驻群科镇舍仁村第一书记）、秦吉平（青海德令哈市支行客户经理）、韩有明（青海循化县支行党总支书记、行长）、王顺林（青海格尔木分行个人金融部副总经理）、林永祥（青海海北分行对公业务部客户经理）、阿为彦（青海玛沁县支行副行长兼纪检委员）、柳鹏（宁夏固原分行调研员）、李博（宁夏中卫分行个人金融部经理）、宋政毅（宁夏彭阳县城区支行行长）、林洁（宁夏分行三农金融部/扶贫开发金融部高级客户经理）、李柏玉（宁夏西吉县支行纪委书记）、肖伟（新疆分行党委委员、副行长）、努尔曼（新疆分行三农金融部/扶贫开发金融部单元经理）、阿地力·阿卜杜卡得尔（新疆分行内控合规部副总经理）、张彩霞（新疆乌什县支行党总支委员、副行长）、石玉平（新疆克孜勒苏分行营业部客户经理）、王春莉（新疆乌恰县支行党总支委员、副行长）、阿卜杜瓦斯提·吾普尔（新疆英吉沙县支行三农金融部客户经理）、李杨（新疆叶城县支行党总支委员、副行长）、张朝（新疆莎车县支行副行长）、王新奇（新疆和田分行农户金融部总经理）、阿布都乃比江·买吐送（新疆和田分行个贷中心客户经理）、王久顺（新疆于田县支行党总支书记、行长）、苏来曼·导力坤（新疆巴里坤县支行副行长）、王新全（新疆尼勒克县支行客户经理）、阿布力克木·吾甫（新疆喀什分行党委委员、纪委书记）、张勇（新疆墨玉县支行党总支委员、纪检委员）、陈广生（新疆喀什兵团分行党委书记、行长）、张乾敬（深圳分行现金中心副总经理）、毕方彦（大连分行三农金融部/扶贫开发金融部单元副经理）、孙霄臻（青岛莱西市支行运营财会部股长，东西扶贫协作交流干部，挂任云南迪庆香格里拉市支行副行长）、尹玉萍（宁波分行三农金融部/扶贫开发金融部总经理）、刘熹（厦门思明支行党委书记、行长）、刘勇涛（总行个人金融部风险合规处专家，挂职重庆秀山县副县长）、陈传兴（总行大客户部客户二处副处长，曾挂职河北武强县副县长）、付强（总行扶贫开发金融部农业金融处资深专员，挂职河北武强县副县长）、吴剑（总行网络金融部零售网金处副处长，驻贵州黄平县新州镇学坝村第一书记）、刘韬（总行内控合规监督部合规管理二处副处长，驻贵州雷山县丹江镇脚猛村第一书记）、彭胜鑫（总行公司业务部现金管理处副处长，驻重庆秀山县洪安镇平马社区第一书记）、王冠壹（总行普惠金融事业部产品研发处副处长，挂职河北阜平县副县长）、郧玺（总行运营管理部后台运营管理处副处长，驻河北省饶阳县五公镇邹村第一书记）、郜雪（驻农行纪检监察组监督检查二室资深专员）、秦亮杰（总行办公室党风廉政建设处副处长）、周红乐（总行审计局业务审计一处副处长）、梁伟（总行审计局分局管理处资深专员）、王方仁（总行审计局西安分局审计一处高级专员）、田东林（总行人力资源部高级专家、三农及普惠金融人力资源管理处处长）、雷娅滨（总行财务会计部固定资产管理处资深专员）、吴兵（总行资产负债管理部高级专家）、李晓君（总行信息管理部统计管理处高级专员）、肖丹（总行风险管理部三农及普惠金融风险管理处/零售评级管理处高级专员）、雷亮（总行内控合规监督部责任追究处副处长）、彭施政（总行运营管理部网点规划处高级专员）、任玉婷（总行公司业务部房地产与建筑业处高级专员）、王振江（总行普惠金融事业部网络融资处资深专员）、陈猛（总行大客户部客户一处资深专员）、黎立博（总行个人信贷部综合管理处高级专员）、杨晓尉（总行三农政策与业务创新部发展规划处专家）、王瑜洁（总行扶贫开发金融部扶贫金融处专家）、么晓颖（总行扶贫开发金融部扶贫金融处资深专员）、蒋潇潇（总行扶贫开发金融部扶贫金融处高级专员）、程春辉（总行农户金融部农户信贷处高级专员）、董晓宇（总行信用管理部三农政策制度处高级专员）、贺鹏（总行信用审批部三农及普惠金融信用审查处处长）、徐作强（总行网络金融部场景运营中心高级专员）、曹凯（总行科技与产品管理局业务应用管理二处处长）、周园（总行企业文化部新闻中心处长）、章俊（总行机关党委综合管理处处长）、张艺华（总行机关党委群工处副处长/机关团委书记）、昌君（总行工会工作部经费管理处/综合管理处处长）、巴信勇（总行巡视五组处长）

先进集体（200个）：北京延庆支行、天津西青支行、河北分行三农对公业务部/扶贫开发金融部、河北承德分行、河北张家口分行、河北保定分行、河北石家庄分行三农金融部、河北秦皇岛分行三农金融部、河北武强县支行、河北海兴县支行、河北平乡县支行、山西分行三农对公业务部/扶贫开发金融部、山西灵丘县支行、山西大宁县支行、山西神池县支行、山西分行驻繁峙县平型关镇工作队、内蒙古巴林左旗支行、内蒙古突泉县支行、内蒙古莫力达瓦旗支行、内蒙古太仆寺旗支行、内蒙古阿拉善左旗支行、内蒙古扎鲁特旗支行、辽宁阜新分行、吉林汪清县支行、吉林镇赉县支行、黑龙江分行三农对公业务部/扶贫开发金融部、黑龙江哈尔滨分行三农金融部、黑龙江望奎县支行、上海金山支行、江苏泗阳县支行、浙江分行三农对公业务部、浙江湖州分行、安徽分行三农对公业务部/扶贫开发金融部、安徽萧县支行、安徽亳州分行、安徽阜阳分行、安徽安庆分行、安徽六安分行、安徽石台县支行、福建柘荣县支行、江西分行办公室、江西上饶分行、江西赣州南康支行、江西石城县支行、江西乐安县支行、江西余干县支行、山东分行三农对公业务部/扶贫开发金融部、山东临沂分行三农对公业务部、河南分行三农对公业务部/扶贫开发金融部、河南开封分行、河南洛阳分行、河南鲁山县支行、河南台前县支行、河南光山县支行、湖北分行三农对公业务部/扶贫开发金融部、湖北十堰分行、湖北三峡分行、湖北孝昌县支行、湖北红安县支行、湖北恩施市支行、湖南分行三农对公业务部/扶贫开发金融部、湖南分行财务会计部、湖南邵阳分行、湖南湘西分行、湖南沅陵县支行、湖南花垣县支行、湖南桑植县支行、湖南芷江县支行、广东分行三农金融事业部、广西分行三农对公业务部/扶贫开发金融部、广西乐业县支行、广西西林县支行、广西河池分行、广西东兰县支行、广西隆安县支行、广西三江县支行、广西龙州县支行、广西钟山县支行、广西分行纪委办公室、海南琼中县支行、重庆分行三农对公业务部/扶贫开发金融部、重庆秀山支行、重庆石柱支行、重庆城口支行、重庆奉节支行营业部、重庆武隆火炉支行、四川巴中分行三农金融部、四川宣汉县支行、四川甘孜分行三农金融部、四川九龙县支行、四川广安分行、四川泸州分行三农金融部、四川南充分行、四川昭觉县支行、四川屏山县支行、四川苍溪县支行、四川阿坝分行、四川若尔盖县支行、四川绵阳分行、四川分行党委组织部/人力资源部、四川分行三农对公业务部/扶贫开发金融部、四川分行大客户部、四川分行纪委办公室、贵州分行三农对公业务部/扶贫开发金融部、贵州分行农户金融部、贵州黔东南分行、贵州毕节分行、贵州六盘水分行、贵州黔南分行扶贫金融部、贵州正安县支行、贵州紫云县支行、贵州黄平县支行、贵州从江县支行、贵州沿河县支行、贵州赫章县支行、贵州望谟县支行、贵州分行纪委办公室、贵州分行信用管理部、云南分行办公室、云南分行大客户部、云南分行农户金融部、云南怒江分行、云南普洱分行、云南迪庆分行人力资源部、云南屏边县支行、云南洱源县支行、云南禄劝县支行、云南大姚县支行、云南勐海县支行、云南盈江县支行、云南永胜县支行客户部、云南耿马县支行综合管理部/风险管理部/运营财会部、云南盐津县支行客户部、西藏分行三农对公业务部/扶贫开发金融部、西藏拉萨分行、西藏当雄县乌玛塘营业所、西藏洛隆县支行、西藏察隅县支行、西藏比如县支行、西藏措勤县支行、西藏日喀则分行三农金融部、西藏班戈县支行、西藏昌都分行三农金融部、西藏琼结县支行、西藏普兰县支行、西藏定日县支行、陕西分行农户金融部/扶贫开发金融部、陕西分行网络金融部、陕西商洛分行、陕西富平县支行、陕西延安安塞支行、陕西汉中分行、陕西咸阳分行驻永寿县永平镇碾子沟村扶贫工作队、陕西宝鸡分行三农金融部、陕西白河县支行、甘肃分行三农对公业务部/扶贫开发金融部、甘肃分行驻西和县扶贫团队、甘肃榆中县支行、甘肃秦安县支行、甘肃天祝县支行、甘肃镇原县支行、甘肃西和县支行、甘肃东乡县支行、甘肃舟曲县支行、甘肃分行纪委、青海玉树分行、青海海东分行、青海同德县支行、青海湟源县支行、青海尖扎县支行、青海海晏县支行、宁夏分行三农金融部/扶贫开发金融部、宁夏西吉县支行、新疆分行三农金融部/扶贫开发金融部、新疆策勒县支行营业部、新疆和田分行营业部、新疆克孜勒苏分行风险管理部、新疆沙雅县支行、新疆麦盖提县支行、新疆青河县支行、新疆巴里坤县支行、新疆墨玉县支行营业部、新疆分行纪委办公室、新疆喀什兵团分行、深圳分行工会工作部、青岛分行市南第三支行、宁波鄞州分行、厦门分行总务部、驻农行纪检监察组监督检查二室、总行办公室督办处、总行人力资源部薪酬管理处、总行财务会计部系统财务管理处、总行运营管理部自助银行管理处、总行三农政策与业务创新部业务管理处、总行扶贫开发金融部业务管理处/风险合规处、总行农户金融部农户信贷处、总行信用管理部三农政策制度处、总行网络金融部场景运营中心、总行企业文化部新闻中心、总行机关党委综合管理处